현대한국불교의 방향

高翊晋 佛教時論集

현대한국불교의 방향

1984년 7월 8일 초판 제1쇄 인쇄
2019년 10월 13일 삼판 제1쇄 발행

저   자 고익진
기획편집 일승보살회
디 자 인 비단길NET
펴 낸 이 신춘열
펴 낸 곳 담마아카데미
         광주광역시 동구 백서로 125번길 12-5(금동)
         062-222-7801   010-3221-7801

공 급 처 일승보살회
         서울특별시 성북구 동소문로 13길 33 복전빌딩 2층
         02-916-7471   02-953-7801   010-3221-7801

다음카페 cafe.daum.net/ilseung
         독자의 의견을 기다립니다.

©고익진
ISBN 979-11-953097-3-3   03220
값 10,000원

현대한국불교의 방향

高翊晋 佛教時論集

담마아카데미

책 머리에

처음으로 석굴암 부처님 앞에 섰을 때 받은 그 감동을 저는 영원히 잊을 수가 없습니다. 부처님을 직접 만나 뵙진 못했지만, 부처님은 바로 저런 분이라고 느껴졌습니다.

원효(元曉)는 대승(大乘)의 몸을 이렇게 묘사했습니다, "크다고 할까 하니 속이 없는 것에 들어가도 오히려 모자라고, 작다고 할까 하니 밖이 없는 것을 감싸고도 오히려 넉넉하다. 이것을 도대체 뭐라고 불러야 할까."

석굴암 부처님은 바로 그런 사상이 무르녹아 아름다운 형태를 갖춘 모습입니다. 우리 민족은 불교를 받아들여 그런 부처님을 탄생시켰던 것입니다. 저는 이 땅에 태어나 불교를 공부하게 된 인연에 한없이 감사했습니다.

그러나 오늘날 한국불교는 어떻습니까? 만나는 불자

마다 불교 중흥을 다짐하는 착하고 착한 사람들뿐인데
도 불교는 부처님의 뜻과는 거리가 먼 방향으로 흘러가
고 있습니다. 마치 키 잃은 배처럼 망망대해를 표류하고
있는 것입니다.

여기에 모은 글들은 그런 불교를 바라보며 제 괴로운
심정을 서투른 글로 적어 본 것들입니다. 신문·잡지사의
청탁을 받고 쓴 글들이라서 체계성이 없고 중복되는 것
도 없지 않습니다. 그러나 한 편 한 편 당시에 제기됐던
문제들을 제 나름대로 열심히 분석하고 생각을 정리해
표현했던 것 같습니다. 어리석은 소견이 눈에 띄더라도
다정한 사람끼리 차를 나누며 주고받는 이야기에 허물
이 없듯이 그렇게 받아들여 주셨으면 합니다.

평소에 제 건강을 걱정해 주신 모든 분들과 원고를 정
리해 준 최봉수, 류동호, 채성만, 그리고 출판을 맡아 주
신 사장님께 깊은 감사를 드립니다.

불기 2528(서기 1984)년 4월 20일
남산 필동에서 고익진 합장

차 례

책 머리에

■ 부록 I : 불교 칼럼

■ 부록 II

1. 현대 한국불교의 방향

1 이념 정립의 필요성

1913년 발표된 한용운(韓龍雲)의 《조선불교 유신론》에는 다음과 같은 12항이 들어 있다.

① 승려에게 현대교육을 시킬 것.

② 참선을 올바르게 지도할 것.

③ 염불당을 폐지할 것.

④ 포교를 현대화할 것.

⑤ 사원을 도시로 옮길 것.

⑥ 무속적(巫俗的)인 산신·칠성(山神·七星) 등을 제거하고 석가불(釋迦佛)만을 봉안할 것.

⑦ 의식(儀式)을 간소화할 것.

⑧ 승가(僧伽)의 경제적 자립을 이룰 것.

⑨ 승려의 결혼을 허용할 것.

⑩ 주지(住持) 결정은 선거에 의할 것.

⑪ 승가의 화합을 꾀할 것.

⑫ 사원을 통할(統轄)할 것.

불교유신론을 발표한 뒤 한용운은 대장경에서 긴요한 부분을 뽑아 《불교대전》이라는 일종의 불교성전을 편찬하고 있다.

한용운의 불교유신론과 때를 같이 하여 발표된 것에 권상로의 《불교개혁론(1912~1913)》이 있으며, 박한영 또한 논설을 통해 끊임없이 불교 혁신을 부르짖고 있었다. 1921년 백용성의 대각교(大覺敎) 창설도 당시의 이러한 불교개혁론과 보조를 함께 한 실제적인 운동의 하나였다고 볼 수 있다.

일제의 식민지 정책은 한국불교를 일본불교에 통합하려는 음모를 끊임없이 획책하였는데, 그러한 가운데서 한국불교의 전통을 지키고자 했던 것이 1941년 발족된 조계종이다. 그러나 일본불교의 영향에서 완전히 벗어날 수는 없었던 것으로, 1945년 조국의 광복을 맞게 되자, 그러한 일제의 잔재를 말끔히 씻어 버리려는 교단 정화운동이 발생한 것은 당연한 순서였다. 그리하여 비구·대처(比丘·帶妻)간에 심한 분쟁이 일어나고, 드디어는

1970년 태고종(太古宗)의 분립에 이르렀던 것은 주지의 사실이다.

불교 혁신은 오늘날도 한국불교가 당면한 가장 시급한 과제로 거론되고 있다. 명칭은 물론 '불교현대화'로 바뀌어 있다. 지난 4월 23일 조계종 총무원 주최로 '한국불교, 어제와 내일'이라는 세미나가 있었는데, 그때 제기되었던 한국불교의 당면 과제는 다음과 같다.

① 산중 불교를 도시로 끌어내려 민중 선교에 임해야 한다.

② 기복과 불사에 집중된 신앙 형태를 지양해야 한다.

③ 정기법회와 신도 조직에 힘쓰고 적절한 불교성전의 편찬이 필요하다.

④ 사찰 재정과 운영을 합리화해야 한다.

⑤ 주지직과 종권에 이권(利權)이 개입되어서는 안된다.

⑥ 승려의 자질 향상을 위해서는 무엇보다도 먼저 교육이 필요하며 불전(佛典) 이외의 학문도 익히도록 해야 한다.

⑦ 승려를 관할할 제도를 정비하고 종단의 행정체계를 튼튼한 기반 위에 올려 놓아야 한다.

⑧ 사회 구제와 민중 포교에 적극성을 띠고 매스컴·병원 등을 운영할 필요가 있다.

종단에서 주최한 최근의 세미나에서 거론된 한국불교의 이러한 당면 문제를 69년 전 한용운의 불교유신론에 제기된 12항목과 비교해 볼 때 '승려의 결혼을 허용하라' 는 제의를 제외하고는 그 밖의 모든 항목이 지금도 여전히 문제로 제기되고 있다는 사실을 발견하게 된다. 이것은 무엇을 의미하는가? 그동안 많은 노력과 성과가 없었던 것은 아니다. 현 동국대학교를 비롯한 많은 교육 기관이 설립되어 승려교육과 불교학 진흥에 기여하고 있으며, 포교 현대화와 종단정화에 괄목할 만한 성과를 거두었던 것이다. 그럼에도 불구하고 그것이 아직도 만족할 만한 단계에 이르지 못하였음을 의미한다.

따라서 앞으로도 그러한 문제는 계속 극복해 나가야 할 것은 물론이다. 그러나 필자가 여기에서 문제로 삼고자 하는 것은 한국불교의 중흥을 위한 당면 과제를 과연 그런 각도에서 생각해야 할 것인가 하는 것이다. 종단을 정비하고 승려를 교육하고 민중 속에 뛰어들어 사회 구제에 나서야 한다는 것이 중요하지 않다는 것은 아니다. 한국불교가 현대 사회에서 의미를 갖기 위해서는 그런 일들이 반드시 실현되어야만 한다. 그러나 그런 일이 사상적인 뒷받침 없이 이루어질 수 있겠느냐는 것이다.

종교에 있어서 가장 근본이 되는 것은 종교사상이다. 종교사상에 입각해서 종교행동이 있게 되고, 종교행동에 의해서 종교 경험이 있게 되며, 그 위에 종교 집단이 형성된다. 종교에 두루 나타나는 이러한 현상에서 가장 근본이 되는 것은 종교사상이다. 따라서 사상적인 방침이 결정되지 않은 채 승려 교육이나 포교 현대화, 종단 문제 등을 논한다는 것은 근본을 망각하고 지엽을 쫓는 것과 같다.

필자의 이러한 문제 제기에 대해 혹자는 이렇게 반문할지 모른다. 그러한 것은 이미 자명한 일이 아닌가. 조계종의 경우 1956년에 공포된 종헌 제2조에는 그 종지(宗旨)가 다음과 같이 뚜렷이 밝혀져 있기 때문이다.

본 종은 석가 세존의 근본 교리인 자각(自覺)·각타(覺他)·각행원만(覺行圓滿)을 바탕으로 삼고, 직지인심(直指人心)·견성성불(見性成佛)·전법도생(傳法度生)을 종지로 삼는다.

그런 뒤에 금강경과 전등법어(傳燈法語)로써 소의경전(所依經典)을 삼되, 기타 경전의 연구와 염불·지주(持呪) 등을 제한하지 않는다고 규정하고 있다(제3조). 한마디로 말해서 금강경에 의해 오도(悟道)한 육조혜능(六祖慧能)의 선사상을 계승한다는 입장이다. 조계(曹溪 : 六祖의 住處)라는 종명에 어울리는 종지이다.

그러나 종단에서 이러한 종지가 실제로 얼마만큼 지켜지고 있을까? 승려교육을 맡아 왔던 전통적 강원(講院)의 커리큘럼은 사집[四集 : 書狀·都序·禪要·節要]과 사교[四敎 : 楞嚴經·起信論·金剛經·圓覺經]로 구성되고 그 위에 대교과(大敎科 : 華嚴經)가 있는데, 이것은 화엄을 최상의 교법으로 치고 있음이 뚜렷하다. 선원(禪院) 또한 오로지 화두(話頭)에만 골몰하여, 경전은 전적으로 배제하고 있는 실정이다. 따라서 교육과정에서부터 선과 교는 심한 대립 상태에 있다고 말할 수가 있다.

일반을 상대로 한 포교에서는 더욱 심각한 문제가 발생하고 있다. 신도회가 조직되고, 정기 법회가 봉행되고, 포교 활동이 활발한 것은 다행한 일이다. 그러나 그러한 포교가 현재 어떤 상태로 진행되고 있는가? 각 법회마다 방침이 다르고, 동일한 법회라고 해도 수시로 방침이 달라진다. 설법자의 뜻에 따라 어떤 때는 금강경이 설해지고 어떤 때는 능엄경이 강의된다. 염불이 권해지는가 하면, 선이 권장되기도 한다. 심지어는 나이 많은 보살에게까지 화두를 주어, '화두 타러 간다'는 말까지 들린다.

이렇게 일정한 방침이 없는데도 포교가 제대로 되고 있다고 말할 수 있을까? 일정한 교리가 반복적으로 설해지고 사유될 때 비로소 듣는 사람의 마음에 신앙체제가 형성된다. 정기 법회의 가장 큰 목적은 이러한 신앙체제의 형성과 강화에 있음은 다시 말할 필요가 없다. 그러나 일정한 방침 없이 임의로 법문이 주어진다면, 사람들은 계속해서 새로운 소리를 구하게 될 것이고, 단순히 그렇게 '듣는 법회'에서 경건한 신앙심이 함양될 수 없음은 물론이다.

이렇게 생각할 때, 오늘날 불교 중흥을 논함에 있어서

가장 시급한 문제는 사상적인 이념의 정립에 있다고 말할 수가 있다. 종헌에 종지가 명시되어 있다는 것만으로 만사가 해결되었다고 할 수는 없기 때문이다. 시대의 추이와 함께 교리는 끊임없이 새로 해석되고 새로 적용되어야 한다. 종헌에 명시된 종지에 대해서 그런 연구가 일찍이 우리 종단에서 행해진 일이 있는가? 그러한 연구가 체계적으로 논술된 논서(論書)나 장소(章疏)가 생산된 일이 있는가? 논서는 차치하고, 종지에 상응하는 통일된 성전 하나 제대로 발간되지 않고 있는 실정이다.

이런 견지에서 필자는 힘에 닿지 않는 일인 줄 번연히 알면서도 감히 한국불교의 이념적인 측면을 잠시 생각해 보고자 한다. 필자가 염두에 두는 대상은 소수 엘리트를 위한 불교나, 종파에 국집된 불교가 아니다. 일반 대중에게 오늘날 어떤 교리를 제시하는 것이 바람직한 일인가를 폭넓게 생각해 보자는 것이다.

② 선의 문제성

한국불교의 주류를 이루고 있는 것은 선(禪)이라고 해도 좋다. 삼국시대에 이 땅에 토착한 불교는 통일기 신라 때 찬란한 교학의 꽃을 피웠다. 그러한 교학 중에 가장 성했던 것은 화엄(華嚴)이었다. 그러나 신라 하대에는 선이 전래하여, 고려 일대는 선과 교의 대립과 지양이라는 현상을 드러낸다. 특히 보조지눌(普照知訥)과 그의 제자 진각혜심(眞覺慧諶)에 의해 창도된 간화선(看話禪)은 조선조에 들어와서는 '교를 버리고 선에 들어간다[捨敎入禪]'는 위치로 부상하였으며, 이런 전통이 오늘에 이르고 있는 것이다.

간화선이란 한마디로 말해서 화두라는 문제를 가지고 조용히 사유하는 것을 뜻한다. 그러한 화두는 1천 7백개를 헤아리고 있는데, 그 중에서 가장 유명한 것은 '무자(無字) 화두'이다. 옛날 중국에 조주(趙州)라는 유명한 선승(禪僧)이 있었는데, 하루는 어떤 스님이 그에게 '개에게도 불성이 있습니까?'라고 물었더니 그는 서슴지 않고 '무'라고 답했다는 것이다. 불교에서는 일체 중생에게 모두 부처가 될 성품이 있다고 한다. 그런데 조주는 왜 없다고 답하였을까? 간화선은 이런 '무'자를 열심히 참구하는 것인데, 과연 어떤 방법으로 그 문제를 풀어야 할까? 보조지눌은 이에 대해 다음과 같이 지시하고 있다.

한마음으로 그 문제[話頭]를 들되 이리 저리 생각해서는 안된다. 유와 무로 풀어도 안되고, 참다운 무라고 해도 안되고, 도리로 따져도 안되고, 마음 깊이 생각하고 헤아려도 안되고, 눈썹을 치켜세우고 눈을 깜박이는 곳에서 근거를 찾아도 안되고, 언어 위에서 살 길을 찾아도 안되고, 무사

(無事)한 갑속에 들어 앉아도 안되고, 일어나는 곳에서 합당함을 얻어도 안되고, 문자 가운데서 인증(引證)해도 안되고, 미혹을 버리고 깨침을 기다려도 안된다. 모든 헤아림을 떨쳐 버리고 밝고 밝은 곳에서 간파할지니, 영리한 사람이면 듣는 순간 깨칠 것이다. 그러지 못할진댄 '유다 무다' 하지 말고 다만 그것을 응시해야 한다. '이 무슨 도리인고?'

　간화선이란 이런 형태의 선법을 가리킨다. 송나라 대혜(大慧) 선사의 사상을 계승한 것이다. 대승불교는 생사[俗]를 부정하고 열반[聖]을 추구하는 소승불교의 염세적인 가치관을 극복하고자 흥기한 것이다. 모든 법이 공(空)하다는 대승의 직관지(直觀智) 곧 반야(般若)에는 생사와 열반이라는 분별은 자리할 수가 없기 때문이다. 선은 대승불교의 그러한 실천적 반야를 가장 강력하게 나타내고 있다. 대혜선사는 그러한 선에 다시 독창적인 테크닉[話頭]을 가하여 새로운 차원을 연 것이라고 할 수가 있다. 보조지눌은 이러한 대혜의 선사상을 깨달음에 이르는 곧바로 뚫린 길[경절문(徑截門)]이라고 부르고, 이것을 이해시키기 위해 세 가지 법문을 조직하고 있다.

　첫째는, 육조혜능의 선법을 크게 선양했던 하택신회(荷澤神會)의 선인데, 이것은 명석한 면이 있지만 아직 헤아림[知解]의 자취를 완전히 떨쳐 버리지 못하였다. 둘째는, 중생의 무명망념(無明妄念)이 곧 부처의 보광명지(普光明

智)라는 이통현(李通玄)의 화엄관이다. 이것 또한 교리적인 헤아림의 자취가 아직 남아 있다. 그러나 셋째번의 대혜선에는 불덩어리에 눈송이가 붙지 못하듯이, 그런 분별이 붙을 곳이 없는 것이다.

오늘날 우리 주변에서 행해지고 있는 간화선은 바로 이러한 대혜선이다. 그렇다면 현 한국불교에서 가장 시급한 과제라고 할 '사상적 이념 정립'의 문제에 있어서 우선적으로 관심을 보내야 할 곳은 그러한 선이라고 해야 할 것이다. 그것은 한국불교의 주류를 이루고 있을 뿐만 아니라, 대표적 종단이라고 할 수 있는 조계종의 종지가 그러한 선의 전승을 표방하고 있기 때문이다.

그러나 필자는 그러한 선이 과연 일반 대중을 위한 불교가 될 수 있을 것인가 회의하지 않을 수가 없다. 불교는 매우 지적인 종교이기 때문에 일반이 쉽게 접근하기 어렵다. 더구나 대승의 심오한 공(空)사상은 범인의 상식을 초월하고 있다. 선은 다시 그러한 교의 경계에서는 상상할 수도 없는 전혀 다른 정신적 차원을 전개시키고 있기 때문이다. 더구나 오늘날은 간화선을 체계적으로 이해시키려고 했던 보조의 선학까지도 비판하면서 더욱 극단에 흐르고 있는 경향이다. 일반 대중이 어떻게 그런 난해한 선을 이해하여 그로써 종교적 생활을 영위할 수가 있겠는가? 소수 엘리트나 서구 지성인의 호기심을 끌지는 모르지만, 일반 대중을 위한 불교가 되기는 어렵다고 필자는 보고 싶다.

　일반 대중뿐 아니라 전문적인 출가인에게도 선은 쉬운 길이 아닌 것 같다. 확철대오(廓徹大悟) 하였다고 자신할 사람이 몇이나 될까? 많은 해를 선원에서 보내고도 답답한 마음이라면 이것은 심각한 문제가 아닐 수 없다. 중국의 연수(延壽) 선사는 '열 사람이 가서 아홉 사람은 탈락한다'고 말하고 있다. 뿐만 아니라 선에 대한 속단이나 오해가 오늘날 불교계에 얼마나 많은 해독을 끼치고 있는가. 불립문자(不立文字)라는 표방 아래 경전을 배척하면서도 조사어록은 탐독한다. 무애행(無碍行)을 한다면서 파계를 일삼고 이를 합리화한다. 법도 마땅히 버려야 하거늘 어찌 법 아닌 것[非法]에 집착하는지. 일종의 테크닉에 불과한 화두에 집착하여 교묘한 희론을 일삼는다. 그러면서도 언어와 사량(思量) 분별을 떠난다고 자처한다. 이 어찌 난센스가 아닌가.

　일반 대중을 위한 불교를 생각하는 견지에서 필자는 선을 이상과 같이 본다. 그러나 이러한 필자의 견해를 선에 대한 전적인 부정으로 이해해서는 안된다. 필자도 선이 불교의 진정한 뜻을 발휘하는데 놀랄 만한 장점을 갖고 있다고 시인한다. 불교의 목적이 언어와 사유를 초월한 궁극적 진리를 깨닫는데 있을진대, 선보다 더 직접적으로 그러한 깨달음을 제시한 것은 없을 것이다. 선은 반야사상의 극치라고 할 수 있을 것이다. 다만 필자가 여기에서 문제로 삼고자 하는 것은, 선은 그러한 파격적인 독창성으로 말미암아 일반 대중을 위한 불교로는 오히려 부적당하다는 말일 뿐이다.

③ 교학의 문제성

교는 선에 비해 매우 자상하고 친절하다. 일반 대중과 의사를 소통할 수 있는 언어와 사유를 전적으로 배제하지는 않기 때문이다. 따라서 교는 선보다도 대중불교에 더 적합하다고 말할 수가 있다. 그러나 교에도 문제가 전혀 없는 것은 아니다.

우리들이 보통 '교'라고 말하는 것은 경전보다는 경전에 대한 학문적 연구를 가리킨다. 부처님의 입멸 후 1백여 년이 지난 뒤(B.C. 4세기경) 불교교단은 교리와 계율에 관한 의견 대립으로 크게 둘로 갈라지고, 그로부터 다시 소소한 분열이 일어나 20부파를 헤아리게 된다. 경전에 대한 연구는 이 부파불교 시대에 이미 왕성하게 행해지고 있었다. 그 뒤 대승불교가 일어나면서(B.C. 1세기경) 그에 상응한 경전들이 성립하는데, 이러한 대승경전에 대해서도 다시 체계적인 연구가 행해져 중관(中觀)과 유식(唯識)이라는 두 학파를 형성하게 되었음은 주지의 사실이다.

기원 1세기경부터 불교는 서역을 통해 중국에 전해진다. 인도불교의 경전과 연구논서가 중국어로 번역됨은 물론이다. 그러자 이번에는 중국사람들에 의해 한역 경전과 논서가 연구되고 그러한 연구를 토대로 종파가 형성된다. 삼론(三論)·법상(法相)·화엄(華嚴)·천태(天台)·율(律)·선(禪)·정토(淨土)·밀교(密敎) 등은 중국 종파의 대표적인 것들이다. 이중에서도 특히 천태와 화엄은 인도불교가 중국적으로 전개된 중국 교학불교의 2대 쌍벽으로 칭해지고 있다.

중국불교의 이러한 종파적인 교학은 신라 통일기부터 본격적으로 한국에 전해지고 여기에 한국적 사유가 가해져 더욱 그 내용을 풍부하게 한다. 오늘날 우리들이 선에 대한 교라고 하는 것은 바로 이러한 한국적인 교학을 의미한다. 그러한 한국불교의 교학 중에서 가장 큰 흐름을 형성하고 있는 것은 화엄학(華嚴學)이라고 말할 수가 있다.

화엄학은 의상(義湘)이 중국에 들어가 중국 화엄종의 제2조 지엄(智嚴)에게 수학하고 그 종지를 전래한 뒤, 통일기 신라교학의 주축을 이루었다. 고려시대에도 균여와 의천과 같은 훌륭한 화엄학자를 배출했으며, 심지어는 지눌과 같은 선가(禪家)도 화엄을 연구하였다. 조선조에 들어와서는 고려시대의 11종이 6종으로 감축되고[태종 7년], 다시 선·교 2종으로 폐합된다(세종 6년). 그 뒤 청허

휴정(淸虛休靜)의 '사교입선(捨敎入禪)'설에 의해 교학은 크게 위축된 것으로 보인다. 그러나 화엄학만은 여전히 연구되고 전승되었음은 조선조 중엽에 성립되었을 강원과 그 커리큘럼[四集·四敎·大敎]의 존재가 그것을 증명하고 있다.

그렇다면 오늘날 '교'라고 하면 곧 화엄학을 뜻하는 것으로 보아도 좋다. 그리고 선보다는 교가 대중불교에 적합하다면, 이러한 화엄학으로 대중불교를 삼자는 말이 된다. 그러나 문제는 그러한 화엄학이 과연 대중불교에 적절한 교리가 될 수 있겠느냐 하는 것이다. 필자는 이에 대해서도 의문을 표시하지 않을 수가 없다.

화엄학은 불교학 가운데서도 가장 난해하고 복잡한 교리로 알려져 있다. 중관학파의 변증법적 공관(空觀)과 유식학파의 아라야연기설[阿賴耶緣起說], 기신론의 여래장사상(如來藏思想) 등의 모든 교학적 이론을 종합하여 체계화한 것이 화엄의 법계관(法界觀)이다. 따라서 화엄을 제대로 이해하려면, 인도에서 중국에 이르는 전 불교교학을 철저하게 연구하지 않으면 안된다. 전문적인 불교학자도 감당키 어려운 이러한 화엄학이 어떻게 일반 대중을 위한 불교가 될 수 있겠는가?

비슷한 말을 삼론·법상·천태·밀교와 같은 교학들에 대해서도 할 수 있다. 그들 또한 엄청난 부피의 전적을 소유하고 있기 때문이다. 뿐만 아니라 화엄을 비롯한 이러한 종파적 교학들은 부처님의 뜻을 각 파의 소의경전이나 논서에 한정시키는 편협성을 면치 못하고 있다. 각 파의 소위 교상판석(敎相判釋)이라는 경전 분류법에서 최고의 경전으로 판정된 경전만이 집중적으로 천착되고, 그런 각도에서 다른 경전들을 이해하고자 하고 있기 때문이다. 모든 종교에서 경전은 영원한 진리를 간직한 문헌이지만, 시대의 변천과 함께 그 뜻은 언제나 새로운 해석과 새로운 적용이 가해져야 한다. 그러므로 어느 한 시대에 어느 한 종파에서 가졌던 견해로 불교의 진정한 뜻이 한정되어 버린다면, 이것을 어찌 문제라고 하지 않겠는가?

이런 견지에서 필자는 '선'에 못지 않게 '교'에도 문제성이 있다고 본다. 일반 대중을 위한 오늘날의 불교를 위해서는 지나치게 종파적인 교학은 부적당하다는 뜻이다. 이를테면 기독교에서 신학이 곧 기독교가 될 수 없는 것과 같다. 그렇다면 어떻게 해야 할 것인가? 말할 필요도 없이 경전에 의해야 할 것이다. 경전으로 하여금 부처님의 말씀을 각자의 마음 속에 직접 들려주도록 해야 한다. 새삼스러운 말인 것 같지만 너무나도 명백한 이와 같은 사실을 우리는 지금껏 소홀히 하고 있었던 것이다. '육조의 불교, 법장의 불교, 천태의 불교는 있지만 석가의 불교는 없다'는 한 불교학자의 말을 생각해 볼 필요가 있다.

4 바람직한 방향

선이나 교보다는 경전에 의해야 한다는 것은 앞서 말한 바와 같거니와, 그렇다면 이제 어떤 경전을 택해야 할까. 불교에는 소승에서 대승에 이르는 방대한 경전이 있어서 모든 사람이 그 많은 경전을 다 읽고 지닐 수는 없기 때문이다. 우리는 다시 새로운 문제에 부딪히게 된 셈인데, 이에 대한 해결책으로 현재 널리 행해지고 있는 것은 여러 경전에서 긴요한 부분을 발췌하여 그것을 새로운 체계로 엮어 놓는 방법이다.

《불교유신론》을 쓴 한용운이 곧이어 《불교대전》을 편찬한 것은 그런 선구적인 작업이었다고 말할 수가 있다. 그 뒤 그런 종류의 불교성전은 여러 곳에서 편찬되었고, 최근의 것으로는 1972년 동국역경원에서 나온 《불교성전》을 들 수가 있다.

그러나 지금까지의 불교성전에 나타난 공통적인 양상은 그 목적이 깨달음을 얻게 하는데 있는 것이 아니라, 불교 전반에 대한 상식이나 교양을 얻게 하는데 있는 것처럼 보인다. 대개의 경우 불·법·승의 삼보(三寶)를 중심으로 그에 관한 경전의 요문(要文)을 수록하고 있는데, 그것도 교훈적인 말씀을 열거하는데 촛점을 맞추고 있다. 뿐만 아니라 번역 또한 '읽을 수 있는 성전'을 만든다는 취지 아래 지나친 윤문(潤文)이 행해져, 불교 술어가 지닌 미묘한 구조가 크게 손상되고 있다. 경전의 목적이 '깨달음을 가리키는 손짓'의 구실을 하는데 있을진대, 이러한 성전이 절대적인 귀의(歸依)를 받을 수 없음은 물론이다.

그렇다면 깨달음을 얻을 수 있는 성전이란 어떤 것일까? 불교경전은 어느 것이나 깨달음에 이르는 일미(一味)의 것이라고 설해지고 있다. 어느 경전이든 하나를 택하여 그것을 열심히 참구하면 궁극적으로는 깨달음에 이르게 된다는 뜻이다. 종래의 교학이 어느 한 경전을 집중적으로 천착한 것은 이러한 판단에서였을 것이고, 또 그것은 커다란 성과를 거두었던 것이다. 그러나 모든 경전이 일미의 것이라는 말은 모든 경전이 다 동등한 수준의 교리를 갖고 있다는 뜻은 아니다.

불교의 가장 두드러진 특색의 하나는, 다른 종교가 궁극적인 진리 — 신관(神觀)이나 우주론(宇宙論) — 에서부터 설해 주는 것과는 달리, 인간의 현실세계에서 시작하여 궁극적인 진리를 향해 교설이 베풀어지고 있다는 사실이다. 그리고 그 궁극적인 진리는 스스로 깨닫도록 그에 이르는 길만이 제시되었을 뿐, 구체적인 내용은 결코 말로 설해져 있지 않는 것이다. 그러기에 부처님은 '나는 다만 길을 가리킬 뿐'이라고 설하시고, 형이상학적인 질문을 받았을 때는 언제나 침묵[無記]을 지키셨다. 따라서 불교 교리는 점점 심화되어 가는 중층적(重層的)인 조직을 띠게 된다. 경전이란 바로 이러한 교리를 담은 것이다. 따라서 모든 경전이 궁극적으로 깨달음에 이르는 일미의 것이긴 하지만 각 경전이 저마다 다른 교리적 수준을 갖게 되는 것이다.

불교경전이 지닌 이러한 특징을 구체적인 예를 통해 살펴보자. 대승불교의 초기에 성립된 경전으로는 반야경·법화경·십주경·무량수경 등을 들 수가 있다. 따라서 대승불교의 바탕은 이러한 초기 대승경전이라고 하겠는데, 그 중에서도 가장 기초적인 것은 반야경이다. 이 반야경에는 '모든 법이 공하다'는 말이 수없이 반복되면서, 보살에게 반야바라밀다(般若波羅蜜多)에 행할 것이 권해지고 있다. 그러면서도 '왜 모든 법이 공한가'에 대한 뚜렷한 이유는 제시되어 있지 않다. '공'은 다만 직관해야 할 성질의 것일까? 인간의 합리적 사유를 중요시하는 불교에서 그런 일은 있을 수가 없다. 그렇다면 그 명제에 대한 이유는 어디에서 찾아야 할까?

반야경의 공관(空觀)을 체계적으로 연구한 중관학파의 비조(鼻祖) 용수는 공의 논리적 이유를 다음과 같이 제시하고 있다. '연기(緣起)한 것은 공이요, 그것은 가명(假名)이며, 그것은 또 중도(中道)의 뜻이다.' 공의 이유가 연기로 제시되고 있는 것이다. 그러나 그 '연기'라는 것이 용수의 저술에서는 자세하게 설명되어 있지 않다. 존재의 독자성을 인정하려는 집착의 잘못만을 프라상가(prasaṅga)라는 논법으로 철저하게 파하고 있을 뿐이다.

그렇다면 공의 이유로서의 그 '연기'라는 개념은 어디서 찾아야 할 것인가? 말할 필요도 없이 그것은 대승불교 이전에 성립된 아함경(阿含經)에서이다.

아함경은 총 183권에 이르는 방대한 부피에 무수한 작은 경전을 포함한 총서의 형태를 띠고 있다. 그 속에 설해진 교리 또한 착잡하지만 크게 십업설(十業說)·삼법인(三法印)·육육법(六六法)·조도품(助道品)·사성제(四聖諦)·십이연기설(十二緣起說)로 가를 수가 있다. 대승불교의 공관에 대한 이론적 기초인 '연기'는 바로 여기에 설해진 십이연기설의 그 '연기'라는 개념인 것이다. 그렇다면 대승 반야경의 기초는 아함경이라고 할 수 있고, 대승불교의 올바른 이해를 위해서는 아함경에서부터 읽어 가야 한다는 것이 뚜렷해진다.

다음으로 생각해 봐야 할 점은 대승불교의 종교적 이념은 이러한 반야의 공관적 실천으로 끝나는 것일까 하는 것이다. 만일 그렇게 일체의 분별을 초월한 피안에 가는 것으로 끝나는 것이라면 대승불교 또한 객관적으로 평할 때 염세적인 종교라고 해야 할 것이다. 그러나 사실은 그렇지 않다. 무한한 공관의 실천은 '깨달음[菩提]'이라는 종교적 체험을 통해 궁극에 가서는 다시 중생계에 회향(廻向)된다. 그러기에 부처님을 '여래(如來)', 다시 말하면 '그렇게 온 자'라고 부르기도 한다. 그리고 그런 돌아옴에 의해 부처의 깨달음과 중생에 대한 사랑[慈悲]은 다시없이 원만해진다.

불교의 궁극적 목적은 이렇게 공관의 실천[般若波羅蜜]에 그치는 것이 아니라 궁극적으로는 일체 중생의 성불에 있다. 이런 뜻을 설하고 있는 것이 바로 법화경이다. '진정한 법은 진흙 밭에 피는 하얀 연꽃과 같다'는 것이다. 부처가 오탁악세(五濁惡世)에 출현하는 것은 중생으로 하여금 모두 부처님과 같은 깨달음을 이루게 하려는 것이니 아함경에 설해진 사성제와 십이연기, 그리고 반야경에 설해진 육바라밀은 하나의 불승(佛乘)에서 임시로 삼승(三乘)을 분별해서 설한 것에 불과한 것이다. 이렇게 되면 아함경의 행자도 이미 부처의 길에 들어선 보살이라고 하지 않을 수가 없다.

화엄경의 초기 형태라고 할 수 있는 십주경(十住經)은 법화경에서 설하고 있는 이러한 '오직 하나의 불승'에 입각해서 보살의 길을 새로 조직한 것이다. 화엄학의 종지와 현대 학자들의 견해가 어떻든 간에 처음의 환희지(歡喜地)에서 제10의 법운지(法雲地)에 이르는 십지(十地)에 수록된 보살의 행법을 살펴보면, 아함경에서 반야경, 반야경에서 다시 법화경에 이르는 교리가 차례로 배열되어 있음을 볼 수가 있기 때문이다.

이와같이 불교경전은 일미의 것이긴 하지만, 각 경전은 독자적인 교리적 위치를 지니고 깨달음에 이르는 한 줄기 보살도를 구성하고 있는 것이다. 그렇다면 '깨달음을 얻을 수 있는 성전'을 편찬한다는 일은 그렇게 어려운 일은 아닐 것 같다. 아함·반야·법화·화엄에 분류된 여러 경전에서 가장 핵심적인 경전을 택하여 그들을 한 줄기 보살의 길로 조직하면 될 것이기 때문이다. 뿐만 아니라 그러한 경전들은 오늘날 팔리어(巴利語)와 범어로 된 원전이 전부 전해지고 있어서 정확한 연구와 번역이 가능하다.

현 한국불교에서 가장 시급한 일은, 교단혁신이나 포교 현대화를 논하기에 앞서, 무엇보다도 먼저 이러한 성전을 편찬하는 일이라고 필자는 보고 싶다. 그런 성전이 이루어질 때 비로소 한국불교의 이념이 정립되고, 이념이 정립될 때 승려 교육이나 일반 포교와 종단 혁신이 방향을 잡게 될 것이기 때문이다.

필자의 이러한 견해에 대해 혹자는 이렇게 오해할지 모른다. 종래의 선과 교를 전부 부정하는 것이 아니냐고. 앞에서도 말한 바가 있지만 절대로 그런 뜻이 아니다. 필자가 말하고자 하는 바는 선을 하든 교를 하든 간에 모든 불교인이 의거할 하나의 근본성전이 있어야 한다는 뜻이다. 마치 기독교에서 교파는 달라도 바이블은 하나이고, 하나의 바이블에 대해 철저한 신학적 연구가 다양하게 전개되고 있는 것과 같다.

그리고 그러한 근본성전의 유통은 세계 불교를 하나로 결속하는 작용도 할 수가 있을 것이다. 남방 상좌부(上座

部)는 지금껏 아함경만을 의지하고 대승을 배척한다. 북방 대승불교는 여러 종파로 분열하여 각기 소의경전을 달리함으로써 상호 대립하고 있다. 그런데 상술한 바와 같은 근본성전은 남방에서 북방에 이르는 교파와 종파들이 소의하고 있는 경전들을 모두 망라하고 있기 때문이다.

한마디로 말해서 현 한국불교의 가장 바람직한 방향은 한 줄기 보살도를 제시하는 근본성전을 편찬하여 이것을 읽고 구하고 행하고 전하는 데에 온 힘을 집중하는 일이라고 필자는 보고 싶다.

〈주간조선, 1982. 6. 13〉

2. 한국불교 전통계승의 문제

　요즘 한국 불교학계에서 쟁점이 되고 있는 문제를 소개하라면, 그동안 학회·신문지상 등을 통해 설왕설래함이 있었던 조계종의 종통(宗統)에 대한 시비, 좀더 구체적으로 말하면 한국불교의 전통적인 종단으로서의 현 조계종의 종통이 고려(高麗)의 고승 보조(普照 1155~1210)를 계승한 것이냐, 아니면 태고(太古 1301~1382)를 계승한 것이냐에 대한 논란이라고 말할 수가 있을 것이다.

　문제의 발단은 지난 10월 26일 한국불교학회에서 개최한 제2회 전국 불교학술 발표회에서 석종범(釋宗範)스님이 〈보조선(普照禪)과 임제선(臨濟禪)─한국 선종계보에 대한 시론〉이라는 논문에서 다음과 같은 논지를 전개한 데에서 비롯된다.

즉 현 조계종의 선은 보조의 독창적인 한국선(韓國禪)을 이은 것이 아니라 태고가 중국에서 전해 온 임제 계통의 중국선(中國禪)을 잇고 있다고 말할 수가 있다. 그 이유는 첫째, 계보를 살펴볼 때 대부분의 자료가 임제 계통을 지지하고 있으며 둘째, 종풍을 살펴볼 때도 조선으로부터 현재에 이르기까지 주류를 이루고 있는 것은 임제계의 간화선(看話禪)이기 때문이라는 것이다.

그런 다음 조선에서 보조선(普照禪)이 단절된 중요한 이유는 무조건 법계를 중시하는 당시의 풍조와 사대주의적 관념 때문일 것이라고 말하고, 한국불교의 재흥은 보조를 재발견하는 데에 있지만 그렇다고 보조나 태고의 어느 일방에 치우치는 고집은 조심해야 할 것이라고 결론하고 있다.

이에 대해서 이종익(李鍾益) 교수는 《대한불교》지상(74년 12월 1일과 8일자)에 2회에 걸쳐 연재한 '조계종 태고법통설(曹溪宗 太古法統說) 부당'이라는 글에서 종범스님의 소론 중에서 특히 조계종의 선을 태고의 임제계로 보려는 견해를 다음과 같은 이유를 들어 반박하고 있다.

첫째, 조선시대에 선맥을 계승해 온 벽계(碧溪)·벽송(碧松)·부용(芙蓉)·서산(西山)·사명(四溟)·편양(鞭羊) 등의 여러 고승은 그들의 어록·저술 등을 살펴볼 때 한결같이 보조의 선사상에 입각해 있으며, 또 보조의 선 이론서라 할 수 있는 '법집별행록절요(法集別行錄節要)'를 강원에서 교재로 사용해 왔다는 사실 등은 조선의 선풍을 태고 계통으로는 도저히 볼 수가 없다는 것이다.

둘째, 계보면에서 살펴볼 때 대부분의 자료가 태고법통을 지지한다고 하지만 그러한 문헌들은 허균(許筠)이 위조한 것이거나, 또는 중관(中觀)·해안(海眼) 등이 태고(太古)·환암(幻庵)·구곡(龜谷)·벽계(碧溪)의 법계로 조작한 것이 후대에 아무런 비판 없이 답습된 것들이라고 말하고 그에 대한 상세한 이유를 제시하고 있다. 요는 현 조계종의 선법은 보조를 계승한 것이지 태고계의 임제선을 이은 것이 결코 아니라는 것이다.

이렇게 종범스님의 태고법통설에 대한 이종익 교수의 반론이 있은 뒤로 9주가 흐른 뒤에 다시《대한불교》지상(75년 2월 23일자)에는 통도사 무명납자(通度寺 無名衲子)의 이름으로 '조계종 법통설 시비'라는 글이 실려 장장 5회에 걸쳐 연재되었다. 이 글은 서두에서 이종익 교수의 '조계종의 종헌개정에 대해'(대한불교 12월 22일자)라는 논설을 읽고 느낀 바를 피력한다는 뜻이 밝혀 있지만, 역시 조계종의 종통 문제를 주제로 삼고 있다.

그 주요 내용을 소개하면, 정법수행납자(正法修行衲者)의 안목에서 볼 때 현 조계종만이 불조(佛祖)의 혜명을 바로 이은 정통종단이라는 것과 보조의 선법은 하택신회(荷澤神會)나 규봉종밀(圭峰宗密)의 영향을 짙게 받고 있어 그의 정혜쌍수(定慧雙修)·돈오점수(頓悟漸修)·원돈신해(圓

頓信解) 등의 교의는 교학의 냄새를 물씬 풍기는 것으로서 지해(知解)의 자취를 벗어나지 못하고 있다는 것이다.

이에 반해서 태고보우의 선풍은 그런 지해의 자취를 말끔히 여읜 것으로서 현하(現下) 제방선원(諸方禪院)의 화두참구법 및 인가법(印可法)과 꼭 일치하고 있어, 조계종의 참선법은 보조보다는 태고의 영향을 더 많이 받았음이 분명하다는 것이다. 그런 다음 현 조계종의 이름이 조계라고 해서 보조의 법을 이어 받은 것으로 착각하기 쉬운 잘못을 경계하고 한국불교의 종지가 곧 조계종의 종지이며, 한국불교의 종통이 곧 조계종의 종통이라고 단정하고 있다.

우리 불교학계에서 한 문제가 이 정도라도 논란이 거듭된 것은 근래에 이것이 처음이 아닌가 한다. 이것은 그 문제가 그만큼 학계와 종단의 관심을 끌 만한 것이기 때문일 것이다. 이제 그 방면의 전문적인 연구자가 아니라는 입장에서 한마디 말을 한다면—.

무엇보다 먼저 한국불교의 사상적 전통의 복잡성을 지적해야 할 것 같다. 보조의 영향은 이종익 교수가 밝힌 바와 같고, 태고의 선맥은 종범스님과 통도사 스님이 가리킨 바와 같다. 그러나 그 밖에도, 보조 이전은 그만 두고라도 여말 요세(了世)의 백련사(白蓮社)를 중심으로 한 천태선(天台禪)의 영향이 조선말의 소위 '선론(禪論)'에까지 미치고 있음을 간과할 수가 없을 것이고, 화엄사상의 연구자는 또 그 나름대로 조선불교에 그 영향이 얼마나 컸던가를 역설할 것이다. 유가·밀교 등의 영향에 대해서도 같은 말이 적용될 것이다. 따라서 조계종의 종통(宗統) 문제는 앞으로 좀 더 광범위한 연구가 선행되어야 할 필요가 있을 것 같다.

다음, 전통의 계승 문제에 대해서는 '계승'이라는 것을 단순한 '과거의 계승'으로 이해해서는 안될 것 같다. 과거를 현재에 살리는 것이 계승의 진정한 뜻일진대 조계종의 전통을 계승한다는 말은 오늘날 한국불교가 처해 있는 문제가 무엇이며, 그것을 타개할 길은 무엇인가를 모색한 뒤, 그것을 과감히 실현시키는 일이 그 내용이 된다는 것을 잊어서는 안될 것 같다.

〈동대신문, 1975. 5. 29〉

3. 한국 불교사상 이해의 반성

1

서구 학자들이 써놓은 불교 관계 서적에, 한국불교는 중국불교의 연장에 불과하다거나 중국불교가 일본에 전해지는 파이프 라인의 구실을 한 것에 불과한 것처럼 서술되는 경우가 허다하다. 전문적인 학술서가 아니기에 그런 평가가 내려지는가 생각해 보지만, 지나친 몰이해에 놀라지 않을 수가 없다. 한국불교는 사상적으로 볼 때 중국불교의 연장이라기보다는 한국불교의 연장이 오히려 중국불교라는 점도 없지 않은 것이다. 인도에서 일어난 불교가 중앙아시아와 중국을 거쳐 한국에 들어오고 한국에서 다시 일본에 들어간 것이 사실이지만, 이것은

38 · 현대 한국불교의 방향

전파의 경로에 불과한 것이요, 사상적으로 볼 때는 그렇게 일방적인 방향만이 있었던 것은 아니기 때문이다.

한국의 불교적 지성이 중국불교사상 형성에 커다란 기여를 하는 것은 고구려 출신 승랑(僧朗)이 중국 삼론종(三論宗) 형성에 끼친 영향에서부터 살펴볼 수가 있다. 승랑이 언제 중국에 들어갔는지는 미상이지만, 중국의 남북조 시대에, 좀 더 구체적으로 말하면 유송(劉宋)의 말기(479)경 강남에 내려가 제(齊)의 영원(永元) 2년(500)에는 남경(南京)의 북쪽에 있는 섭산 서하사(攝山 棲霞寺)를 물려받게 되었다고 생각된다. 고구려 문자왕 9년에 해당된다.

당시 강남은 호족들에게 쫓겨 내려간 한족(漢族)의 정부인 동진(東晉 317~418)이 그곳에 한문화(漢文化)를 이식함으로써 유송(劉宋)시대에서는 비교적 안정된 여건에서 문예의 촉진을 가져오게 되었다. 불교 연구 또한 활발한 움직임을 보여 주고 있는데, 그 중에서도 특히 두드러진 것은 삼론(三論)에 대한 연구였다. 그러나 당시의 학풍은 삼론을 성실론(成實論)과 함께 연구하는 소위 '삼론·성실 병습(三論·成實 倂習)'의 것이었다.

삼론이란 용수(龍樹 150~250)가 쓴 중론(中論)과 십이문론(十二門論), 그의 제자 제바(提婆 170~270)가 쓴 백론(百論)의 세 논서를 가리킨다. 용수는 주지하는 바와 같이 대승불교의 흥기(B.C. 1세기경)와 함께 성립하기 시작했던 초기 대승경전인 반야경을 깊이 연구하여, 그곳에 설해지는 '공(空)'이라는 개념은 모든 법이 인연으로 일어나기 때문에 독자적인 존재성, 곧 '자성(自性)'이 있을 수 없어 공이라고 설한다는 뜻을 명백히 하였다. 그리하여 그러한 공은 생(生)과 멸(滅), 단(斷)과 상(常), 일(一)과 이(異), 래(來)와 거(去) 등의 모든 대립적인 관념을 벗어난 것이므로 '중도(中道)'의 뜻이 성립한다고 하여 '중관(中觀)'이야말로 세계를 보는 가장 올바른 눈이라고 논하였다. 용수의 이러한 중관사상은 그 뒤 많은 찬양자를 얻어 인도에서 중관학파라는 스쿨을 형성하게 되고 그는 그 비조로 추앙되기에 이른 것이다.

용수계의 이러한 중관논서(中觀論書)가 중국에 처음으로 소개되는 것은, 오호십육국(五胡十六國)의 하나였던 후진(後秦)의 홍시(弘始) 3년(401) 장안(長安)에 영입되어 역경(譯經)에 종사하였던 서역승(西域僧) 구마라즙(鳩摩羅什 344~413)에 의해서이다. 그리고 그러한 중관사상은 당시에 구마라즙 문하의 영재들에 의해 활발한 천착이 행해졌음은 물론이다. 그러나 그 뒤 후진이 망하고 북방은 온통 난세에 접어들어 장안을 중심으로 이루어졌던 삼론학은 사방으로 흩어져 그 중심이 강남으로 옮겨지는데, 이때부터 삼론과 성실론을 병습하는 학풍이 일어나 삼론의 바른 뜻은 어둠에 묻히게 된 것이다.

성실론은 구마라즙에 의해 번역되었지만, '소승경전의 실의(實義)를 밝힌다'는 논이므로, 우선 그 소속부터가 대승이 아니다. 그곳에 비록 공이 설해지고 있지만, 이 또한 공을 진리라고 보고 이에 집착하는 소승적인 교학이다. 그런데도 이것을 용수계의 삼론에서 밝힌 철저한 대승의 '공'사상과 혼동하고 있었다는 것은 당시의 강남 불교가 어떤 상황에 있던가를 짐작케 한다.

이러한 때에 승랑이 강남에 내려온 것이다. 그리하여 섭산 서하사를 중심으로 삼론의 본격적인 선양에 착수하여, 성실론과 삼론을 준별하여 삼론의 진정한 뜻을 유감없이 발휘하였다. 승랑의 이러한 삼론학은 승전(僧詮)→법랑(法朗)→길장(吉藏)으로 계승되어 인도 중관학파에 대한 중국측의 카운터 파트라 할 만한 삼론종을 형성하게 되었다. 구마라즙의 입적(413)후 거의 1백년을 지낸 뒤에 장안의 고삼론(古三論)은 섭령(攝嶺)에서 비로소 부활되는 셈이다. 이런 뜻에서 승랑 이전을 '고삼론(古三論)' 그 이후를 '신삼론(新三論)'이라고 부름이 마땅하며, 삼론학을 대성한 길장(吉藏 549~623)은 승랑을 항상 '고려 랑대사(高麗朗大師)', '섭산대사(攝山大師)' 등으로 존칭하여 그의 삼론학에서 특징적인 교의는 모두가 섭산에서 상승된 것임을 주장하고 있다. 중국 삼론종 형성에 고구려승 승랑이 끼친 영향은 이와같이 실로 절대적이었던 것이다.

인도 대승불교에는 중관학파 외에 다시 유식(唯識)학파라는 것이 있다. 용수보다도 3세기쯤 뒤에 출현한 무착

(無着 310~390)과 세친(世親 320~400) 두 형제에 의해 전개된 이 사상은 중기 대승경전에 속한 해심밀경(解深密經)을 바탕으로 '일체는 오직 식(識)이라'는 입장을 밝힌 것이다. 좀더 구체적으로 말하면 인간의 주관적인 인식을 문제로 삼아, 중생이 인식하는 세계는 분별망집[ālaya, 識]에서 연기한 것이므로 '공'이지만 그러한 분별망집을 타파함으로써 나타나는 진리의 세계[圓成實性]는 '유'라고 해야 한다는 것이다. 유식학파의 이러한 유의 사상은, 중관학파의 철저한 무소득(無所得)의 공사상과 대립할 수밖에 없었다. 그리하여 그 뒤 인도 대승불교는 중관[空]과 유식[有]의 두 학파에 의해 대표되는 것이다.

이러한 인도 유식학파의 논서가 중국에 전역되는 것은 3회에 걸쳐 행해지는데, 첫 번째는 보리유지(菩提流支)에 의해서이고[508 洛陽에 옴], 두 번째는 진제(眞諦)에 의한 것이며[546 중국에 옴], 세 번째는 현장(玄奘)에 의해서이다[645 귀국]. 그리고 그때마다 학파가 하나씩 형성되는데, 지론종(地論宗)·섭론종(攝論宗)·법상종(法相宗)으로 알려진 것들이 곧 그것이다. 그러나 이러한 세 학파 중에서 대표적인 것은 법상종이라고 할 것이다. 지론종은 뒤에 화엄종에 흡수되고, 섭론종은 법상종에 흡수되며, 법상종은 당(唐) 일대를 통해 유력한 종파로 존속하였을 뿐만 아니라, 한국에서도 고려에 이르기까지 중요한 종파로 있었던 것이다.

그런데 이러한 중국의 법상종 형성에도 한국출신 승려의 절대적인 기여가 있었으니 그는 곧 신라승 원측(圓測 613~696)이다. 원측은 신라의 왕족으로 태어나 3세에 출가하고 15세(627)에 당에 들어가 경사(京師)의 원경사(元京寺)에 머물면서 비담(毘曇)·성실(成實)·구사(俱舍)·바사(婆娑) 등의 소승논서를 비롯한 고금의 장소(章疏)를 널리 연구하고, 어학에도 힘을 기울여 범어에 능하였다. 그리하여 현장(玄奘 602~664)이 17년의 천축 구법(天竺 求法)을 마치고 귀국하였을 때(649) 원측은 그를 만나 마치 오랜 지기(知己)가 서로 재회하는 듯하였다.

　　현장은 중국의 역경사(譯經史)에 새로운 장을 연 삼장(三藏)이다. 종래의 번역이 부정확하고 오류가 심하였던 것을 그는 축자(逐字)적인 번역으로 정확을 기하였던 것이다. 따라서 그 이전을 '구역(舊譯)', 이후를 '신역(新譯)'이라고 부르고 있을 정도이다. 뿐만 아니라 그가 전해 온 유식학은 그의 앞에 진제(眞諦)가 전했던 것과는 달리 호법(護法 530~561) 계통의 참신한 것이었다. 그런데도 원측은 그 새로운 유식사상을 잘 이해하였다. 그 때문에 당 태종은 그를 서명사(西明寺) 대덕(大德)으로 명하였는데, 원측은 이제 이곳을 중심으로, 현장이 번역한 성유식론·유가론·해심밀경·반야경 등에 주석을 베풀어 '불법이 동으로 흘러 무궁한 법이 크게 일어나도록 힘썼던 것이다.'〈圓測法師舍利塔銘〉

원측은 이와같이 현장이 전해 온 새로운 유식사상을 크게 선양하였다. 그런데도 불구하고 규기(窺基)→혜소(慧沼)→지주(智周)로 계승된 중국 법상종 계통에서는 원측을 심히 배척하고 있다. 송고승전에 현장이 성유식론과 유가론을 규기에게 강의하였을 때 원측은 몰래 그것을 숨어 듣고는 서명사에 돌아가 먼저 소(疏)를 지어 발표하였다고 하며, 또한 그는 논리학[論理學, 因明]과 오종성설(五種性說)도 모르는 자로 혹평되고 있다. 원측이 이렇게 법상종의 정통파를 자처하는 규기(632~682)일파에게 배척되고 있는 이유는 무엇일까?

그것은 원측과 규기가 다같이 현장의 문하에서 많은 저술을 통해 스승의 유식사상을 선양하였으면서도 그들 사이에는 깊은 사상적 견해차이가 있었던 것으로 해석된다. 그런 견해차가 구체적으로 어떤 것인지는 원측의 저술이 대부분 산실돼 버린[3部 17卷만이 현존] 오늘날 자세히 알 수는 없지만 혜소의 요의등(了義燈)에 인용된 원측의 학설을 통해 어느 정도 짐작할 수가 있다. 따라서 그런 자료에 입각한 연구가 이미 학계에 발표되어 있지만, 필자 또한 반야심경에 대한 두 사람의 주석[心經贊과 心經幽贊]을 비교하는 방법을 통해 그들의 견해차를 밝혀 본 일이 있다. 이런 고찰들을 통해 우리는 원측과 규기는 아주 근본적인 곳에 커다란 견해차가 있었다는 것을 알게 된다. 즉 전자가 중관사상을 포함한 폭넓은 교학적 시야에서 새로운 유식사상을 이해코자 하는데 대해서, 후자는 오직 호법의 뜻을 정의(正義)로 받들어 그것을 계승하려는 옹졸한 종파성을 띠었다는 점이다. 따라서 원측은 규기파에서 배척될 수밖에 없었을 것이다. 그리하여 그는 중국 법상종에서 방계(傍系)로 평가되는 처우를 받고 있다.

그러나 원측이 중국 유식사상 발전에 끼친 영향은 규기를 오히려 앞지른 것이었다고 보고 싶다. 원측은 연령이나 학문상으로 규기를 훨씬 앞서 있었던 것이니, 현장이 유식 관계 논서를 번역하였을 때 원측이 항상 먼저 소를 지었다는 것은 그것을 잘 시사해 주고 있다. 규기가 비록 '백본(百本)의 소주(疏主)'라고 불릴 정도로 많은 저술을 하였지만 그러한 작업은 원측이 닦아 놓은 바탕 위에서 비로소 가능했던 것이 아닐까 느껴진다. 규기의 심경유찬(心經幽贊)은 원측의 심경찬(心經贊)을 기반으로 저술되었음이 실제로 밝혀지는 것이다.

뿐만 아니라 원측의 유식학은 원측→도증(道證)→태현(太賢)으로 계승되어 신라 유식의 주류를 형성하고 있다. 규기의 '자은학파(慈恩學派)'에 대한 원측의 '서명학파(西明學派)'를 충분히 상정해도 좋을 정도인 것이다. 그리고 서명유식은 해동뿐만 아니라 멀리 서역에도 뻗어 나간 흔적을 볼 수 있으니, 원측의 해심밀경소(解深密經疏 10권)가 서장어로 번역되어 그곳 대장경에 들어 있음이 근래에 발견된 것이다. 일본의 이나바[稻葉] 교수는 그로부터 원측의 해심밀경소에서 결락된 권8의 처음 부분과 권10의 전체를 복원해 놓고 있다. 이와같이 중국 유식사상 형성과 발전에도 신라승 원측의 기여는 예상외로 막대했다는 것을 알 수가 있다.

중관과 유식은 인도 대승불교를 대표하는 2대학파이지만, 사상적으로 서로 대립할 수밖에 없었음은 앞에서 잠깐 소개한 바와 같다. 이제 좀더 교리적으로 말하면, 유식에서는 모든 법[존재]에는 변계소집(遍計所執)·의타기(依他起)·원성실성(圓成實性)의 세 가지 자성(自性)이 있는데 이중에서 변계소집은 연기(緣起)하는 의타기법에 대한 분별망집이므로 전혀 허무한 것[相無性]이지만, 그러한 망집의 타파를 통해 나타나는 원성실성[眞理]은 무(無)라고 해서는 안된다는 것이다. 이에 대해 중관과 유식이 대립하던 시대(5~6세기)에 있던 중관학파에서는 그러한 원성실성도 마땅히 공이라고 해야 한다고 주장하였다. 그리하여 양파는 날카롭게 대립할 수밖에 없었는데 이것을 후대 사람들은 '불멸 1천년 후의 공[中觀]과 유[唯識]의 대립'이라고 부르고 있다.

이러한 중관·유식의 유·무 대립은 중국의 삼론종과 법상종 사이에서도 마찬가지였다. 승랑을 계승하여 삼론학을 대성한 길장은, 그의 저술에서 성실론의 공사상은 말할 것도 없고, 유식계통의 지론종(地論宗)과 섭론종(攝

論宗)의 공사상도 철저한 공사상에는 미치지 못한 것이라 비난하고 있다. 길장 당시에 만약 현장의 법상종이 형성되어 있었더라면 이 또한 그의 날카로운 비판을 받았음에 틀림없다. 반대로 법상종에서는 부처님이 공을 설하신 것은 다만 중생의 망집을 타파하기 위해서 설하신 것뿐이지[密意說] 참다운 뜻을 나타내는 진정한 말씀[了義說]은 아니라고 한다. 그리하여 공에 맹목적으로 집착하는 것[惡取空]이야말로 가장 위험한 일이라고 경계하고 있다.

　중관·유식의 이러한 대립은 이제 어떻게라도 극복되지 않으면 안될 사상적 과제라고 하지 않을 수가 없다. 그러나 인도에서는 그러한 극복의 변증적 논리가 크게 알려져 있지 않은 것 같다. 유식사상의 흥기와 거의 때를 같이하여 여래장(如來藏)사상을 설하는 경전과 논서가 나오고, 그 뒤에(9세기경부터) 밀교(密敎)라는 형태의 불교가 행해지고 있다. 그러나 이러한 중·후기 인도 대승불교가 중관·유식의 사상적 대립을 극복한 것인지, 또는 극복하였다면 어떤 이론에 입각한 것인지를 뚜렷하게 밝힌 논문은 아직 발표되어 있지 않은 것이다. 이러한 사정은 당시의 중국에서도 마찬가지다. 원측의 저술에는 중관·유식의 대립 문제가 자주 거론되고 있지만, 그것을 지양할 만한 뚜렷한 논리는 발견되지 않는다.

　따라서 중관·유식의 사상적 대립은 반드시 극복되지 않으면 안될 심각한 문제라고 하겠는데, 그러한 문제 해결이 다시 우리 한국의 불교사상가에 의해 새로운 전기를 맞이하게 된다는 것은 주목할 만한 일이 아닐 수 없다. 그가 다름 아닌 신라의 원효(元曉 617~686)이다. 원효는 원측보다 조금(5년) 뒤에 태어나, 그 또한 현장의 새로운 유식을 사모하여 의상(義湘 625~702)과 더불어 고구려를 경유한 입당의 길에 오른다. 그러나 그것이 실패로 끝나자, 해로를 통해 재차 기도하게 되지만, 도중 한 고분(古墳)에서 '마음이 일어나면 갖가지 법이 일어나고 마음이 멸하면 갖가지 법이 멸한다'는 유심(唯心)의 도리를 깨닫고 발걸음을 돌린다. 그리하여 신라에서 많은 저술을 통해 자신의 사상을 유감없이 발휘하였던 것이니 현재 목록을 통해 확인할 수 있는 것만도 86종에 달하고, 이 중에 23종이 완전하게, 그리고 8종이 단간(斷簡)으로 전해지고 있는 것이다. 신라가 낳은 최대의 저술가라 할 만하다.

원효의 이러한 저술에는 한결같이 흐르고 있는 하나의 사상적 입장이 있다. 그것을 어떤 학자는 여래장사상이라고 하고, 어떤 이는 화쟁(和諍)사상이라고 하지만 대각국사 의천이 그에게 '화쟁국사(和諍國師)'라는 시호를 올림으로써 우리 학계에서는 화쟁사상으로 알려져 있다. 화쟁이란 여러 경론에 설해져 있는 교리적 쟁론을 화해한다는 뜻이다. 그리하여 원효의 저술에서 십문화쟁론[十門和諍論, 斷簡存]을 대표적 저술로 보려는 것이다. 그러나 필자에게는, 만일 원효사상을 그렇게 규정코자 한다면, 그 화쟁이라는 개념을 좀더 확대·심화시킬 필요가 있다고 본다. 원효는 소소한 교리적 쟁론을 화해하고 있는 정도가 아니라, 중관·유식의 대립이라는 가장 심각한 문제를 근본적으로 해결하여 대승의 진정한 뜻을 밝히려는 이론과 실천의 원리를 제시하고 있기 때문이다.

원효의 그러한 사상은 기신론소[起信論疏 : 사상원리]와 금강삼매경론[金剛三昧經論 : 실천원리]에 가장 체계적으로 논술되고 있다. 기신론소 처음에는 원효는 우선 중관과 유식을 다음과 같이 평하고 있다. '중관은 파(破)하고 파하여 세울 길이 없으니, 이것은 가고는 두루하지 못하는 논(論)이오, 유식은 세우[立]고 세워서 파할 길이 없으니 이것은 주고는 빼앗을 줄을 모르는 논이다.' 그런 뒤에 기신론이야말로 이러한 두가지 결함을 지양한 놀라운 논으로서 '파하지 않음이 없으면서 마침내 허용하고 세우지 않음이 없으면서 마침내는 빼앗나니, 참으로 모든 논의 조종(祖宗)이라'고 말하고 있다. 그는 분명히 기신론에서 중관·유식의 대립을 극복할 이론을 발견하고 있는 것이다.

그런 뒤에 기신론을 그런 각도에서 주석해 나가고 있다. 중관과 유식이 아무리 다르다 해도 그들이 대상[法]으로 삼고 있는 바는 다같이 중생의 마음일 것이고, 또 그것이 뜻[義]하는 바는 그러한 마음을 정화하여 최대의 종교적 가치를 구현하는 길일 것이다. 따라서 기신론은 '대승에는 법[法, 대상]과 의[義, 목적]의 둘이 있으니 법은 곧 중생의 마음이고, 의는 곧 체(體)·상(相)·용(用)의 삼대(三大)'라고 전제한 다음, '한 마음에 의해 두 문이 있으니 하나는 진여문(眞如門)이요, 다른 하나는 생멸문(生滅門)'이라고 설하고 있다. 원효는 그 중의 진여문은 중관에, 생멸문은 유식에 각각 대응시켜 자상하게 주석해 나가고 있다. 오래 대립해 오던 중관과 유식이 기신론에 이르러 비로소 '한 마음'으로 종합되는 셈이다.

뿐만 아니라 기신론의 그러한 이론은 중관과 유식의 대립 이외에, 그에 못지 않은 또 하나의 중요한 문제에 빛을 던져 주고 있다. 그것은 출세간(出世間)적 가치관에 대한 지양이라고 할 수 있다. 대승불교는 애초에 열반[眞]을 절대적 세계로 보는 소승 불교의 가치관을 지양하고자 일어난 것이다. 반야경의 공(空)사상은 세속과 열반을 구별하는 일체의 분별 망집을 파하고 있기 때문이다. 그러나 그러한 반야사상도 결국은 '피안[波羅]에 이르는 데[蜜多]'에 가치를 설정하고 있다는 것을 주의할 필요가 있다. 이러한 경향은 유식사상에서는 더 한층 심하다. 일체의 분별망집[遍計所執]을 타파하는 곳에 궁극적 진리[圓成實性]를 내세우고 있기 때문이다. 따라서 불교의 수행은 한결같이 생사[有爲]에서 열반[無爲], 차안[此岸, 俗]에서 피안[彼岸, 眞]으로 행해지고 있다고 말할 수가 있고 이것은 현실적인 견지에서 볼 때 중요한 문제라고 하지 않을 수가 없다.

그런데 기신론은 어떤가? 진여·생멸 두 문이 한 마음의 본원에서 화합하면, 그들의 상호보완작용을 통해서 그러한 문제가 무난히 해결되는 것이다. 좀 더 구체적으로 말하면 한 마음의 본원에서 진여문의 강력한 파(破)의 작용은 생멸문에 작용하여 그의 차별적인 가치관을 타파하여 업(業)을 일으키게 할 것이고, 생멸문의 입(立)의 작용은 진여문에 작용하여 그의 부정의 논리를 긍정의 논리로 지양할 것이다. 이리하여 진여·생멸 두 문이 화합한 대승의 몸은 그곳에서 다이나믹한 종교적 경계를 전개하는 것이니, 기신론은 이것을 대승불교가 뜻[義]하는 '체·상·용 삼대(三大)'라고 표현하고 있다. 중관·유식의 대립뿐만 아니라, 한 걸음 더 들어가 불교의 출세간적 가치관까지를 지양하여 대승의 진정한 뜻을 유감없이 발휘하고 있는 것이다.

원효는 기신론을 이상과 같은 견지에서 주석하고 있다. 이러한 그의 기신론관은 금감삼매경론에는 실천원리로 제시되고, 그 밖의 저술에서도 한결같이 흐르고 있다. 따라서 필자는 원효사상을 '기신론 사상'이라고 부르는 것이 보다 구체적일 것으로 본다. 이런 필자의 견해에 대해서 어떤 이는 이렇게 물을지 모른다. 그렇다면 원효에게는 독창적인 이론은 없고, 단순히 기신론을 주석하는 정도에 불과하다는 말이냐고. 원효에게는 분명히 새로운 기발한 이론은 없는 것 같다. 그러나 기신론은 중관과 유식의 대립을 지양하여 대승의 진정한 뜻을 제시한 것이라고 주석한 사람은 원효가 그 최초인 것이다. 그 이전에 지개(智鎧)·담연(曇延)·혜원(慧遠) 등에 의한 기신론 주석이 있지만 원효와 같은 해석을 베푼 것은 찾아볼 수가 없다. 기신론은 인도에서 찬술되었다는 견해도 있고, 중국에서 찬술되었다는 견해도 있다. 그러나 설혹 그 것이 인도에서 찬술되었다고 하더라도 그 곳에서는 별로 큰 영향을 끼치지 못했던 것 같다. 기신론이 관심을 받기 시작한 것은 중국에서이고 그것은 원효의 기신론 연구에서 비롯된다는 것을 알아야 한다.

뿐만 아니라 원효의 기신론관은 중국 화엄철학 형성에 중대한 영향을 끼치고 있다. 원효의 저술은 중국에 전해져 '해동소(海東疏)'로 불려지고, 금강삼매경소(金剛三昧經疏)는 '논(論)'으로 존칭되었다. 화엄종은 '두순(杜順)→지엄(智儼)→법장(法藏)'으로 계승되어 이론체계가 완성되는데, 법장(643~712)은 원효와 함께 입당(入唐)의 길에 올랐던 의상의 동문 후배이며, 법장의 기신론의기(起信論義記)에는 원효소(元曉疏)의 영향이 짙게 깔려 있다. 그리고 화엄종의 법계연기론은 원효가 보는 기신론의 '삼대(三大)'의 설, 다시 말하면 한 마음의 본원[法界]에서 일어나는 다이나믹한 종교적 경계와 이론적 내용이 같은 것이다. 따라서 원효의 기신론관은 중관과 유식의 사상적 대립을 지양한 것으로서, 같은 성격을 띤 중국 화엄사상 형성에 중대한 영향을 끼쳤다고 말할 수 있다.

중국불교에는 위에서 살펴본 삼론종·법상종·화엄종 외에 다시 천태종·율종·선종·정토종·밀교[眞言宗]와 같은 종파가 있다. 중국불교는 가위 종파를 통해 사상발전이 이루어졌다고 말해도 좋을 정도이다. 이러한 종파 중에서 가장 핵심적인 것은 인도 대승불교의 2대학파(중관과 유식)에 대응되는 삼론종과 법상종이라고 말할 수가 있고, 이것을 바탕으로 독특한 중국적 전개를 수행한 천태종·화엄종·선종을 들 수가 있다. 그런데 그 중에서 삼론종과 법상종 그리고 화엄종의 초창기 이론 형성이 이상과 같이 모두 한국의 불교적 지성에 의했던 것이다.

뿐만 아니라 선종사상의 발전에도 한국불교의 기여는 대단했다고 볼 수가 있으니 선·교(禪敎)의 대립을 지양한 고려 보조 국사 지눌(1158~1210)의 선사상이 곧 그것이다. 중국불교의 여러 종파 중에서 유독히 선종만은 '불립문자 견성성불(不立文字 見性成佛)'을 표방하였던 까닭에 경론에 의지했던 교학적인 종파와 대립하지 않을 수가 없었다. 그리하여 중국에서는 물론, 한국에서도 고려 일대를 통해 선·교의 대립은 가장 심각한 사상 문제로 대두되었던 것이다. 따라서 중관·유식의 대립 만큼이나 그 문제 또한 극복되지 않으면 안될 과제였던 것인데,

중국에서 그에 힘쓴 대표적 사상가는 화엄의 제5조 규봉종밀(圭峯宗密 780~841)이었다. 그러나 그의 '선교일치론'은 선을 화엄의 돈교(頓敎)에 배정하는 것으로서 선가에서는 인정하기 어려운 것이었다. 이에 대해서 고려의 보조는 ① 하택신회(荷澤神會)의 지해선[知解禪, 惺寂等持門] ② 이통현(李通玄)의 화엄사상[圓頓信解門] ③ 대혜종고(大慧宗杲)의 간화선[看話禪, 徑截門]등을 적절히 활용하여, 선교 대립을 지양할 체계적인 이론을 전개하였던 것이다.

따라서 한국불교는 중국불교의 단순한 연장이라고 볼 수가 없다. 사상적으로는 오히려 한국불교의 연장이 중국불교라고 할 만큼 기초이론 형성에 한국불교의 영향이 대단했던 것이다. 뿐만 아니라 선사상은 오히려 한국에서 새로운 양상으로 발전하여 오늘에 이르고 있는 것이다.

2

서구 학자들의 한국 불교사상에 대한 이해는 이상과 같거니와 국내 학계는 어떤가? 한국불교에 대한 연구는 현재 국학의 붐을 타고 비교적 활발한 편이며, 특히 불교학과 국사학의 두 분야에서 많은 성과가 축적되고 있다. 그리하여 종래의 학설이 새로운 자료 발견과 정확한 진상 규명을 통해 속속 수정되고 있는 상황이다. 따라서 현재의 유력한 학설이라고 해도 그것이 언제 비판을 받을지 알 수 없으므로, 개별적인 사항들은 다소 문제성이 있는 것이 있다고 하더라도 이 글에서는 터치하지 않기로 한다. 다만 여기에서 문제로 삼고자 하는 바는 연구 경향에 대한 전반적인 흐름이다.

먼저 불교학계를 보면, 불교사상의 사(史)적 연구에 관심이 쏠려 있는 것 같다. 그러나 주로 인물을 중심으로 생애와 사상을 고찰하는 방법이 채택되고 있다. 이것은 사상사 연구에 기초적인 작업이므로 우선 그럴 수밖에 없다고 하겠지만, 그동안 적지 않은 연구 성과가 축적되어 있으므로 이제는 거기에서 한 걸음 더 나아가 보다 넓은 시야에서 한국 불교사상의 사적 재구성에 나아가야 할 단계가 아닌가 한다. 개별적인 인물의 나열로는 사상사가 될 수 없고, 그러한 방법은 자칫하면 모든 인물을 다같이 '위대한 사상가'로 만들어 놓을 위험성이 있기 때문이다.

또 한 가지 지적하고 싶은 것은 사료(史料) 속에 불교 교리가 나올 경우에, 그것을 무조건 인도나 중국의 교리와 동일한 것으로 보려는 태도이다. 가령 고구려 승랑의 삼론학을 연구할 때 그의 삼론사상을 인도 중관학파의 그것과 동일한 것으로 보고, 후자에 대한 논술로써 전자의 사상 내용을 삼으려는 것과 같다. 승랑의 삼론학은 인도 중관사상과는 상당한 차이를 갖고 있는 것이다. 이런 문제는 삼국유사의 설화 연구에 있어서는 특히 주의를 요한다고 본다. 신라 제26대 진평왕이 천제(天帝)로부터 옥대(玉帶)를 받는 설화에서 천제는 인도의 제석천에 해당되지만 인도불교에서 제석천이 옥대와 같은 부명(符命)을 왕에게 내려 주는 관념은 찾아볼 수가 없다. 따라서 설화 속의 제석천은 단순한 인도 불교의 제석천이 아니라, 한국 고대의 천명(天命) 사상이 깊이 습합되었다는 것을 고려에 넣어야 할 것이다.

불교학계가 이렇게 불교교리를 너무 '본질적인 면'에서 추구하는데에 대해서, 사학(史學)측에서는 반대로 그것을 너무 '사회적인 성격' 속에서 파악하고자 한다.

예를 들면 신라 초전기(初傳期) 불교에 등장하는 석가불과 미륵 보살을 '신앙면에서 왕권과 귀족세력을 상징해 주는 것'으로 보거나, 심지어는 '윤회전생(輪廻轉生) 사상을 신라의 지배귀족들이 그들의 신분적 특권을 옹호해 주는 이론으로 받아들였다'고 추정하는 것과 같다.

불교의 업설(業說)은 인도에서 부처님이 바라문교의 종성론(種姓論)을 강력히 부정하는 데에 원용하시던 교리였다. 그런 업설이 어떻게 신라에서는 지배귀족의 골품제(骨品制)를 뒷받침해 주는 이론으로 수용될 수가 있을까? 불교 교리는 지역과 시대에 따라 상당한 변질을 하고 이것을 '사회적 성격'이라고 부르는 것은 이해가 가지만,

그렇게까지 '본질적'으로 달라질 수는 없을 것 같다.

따라서 필자의 관견으로는 그런 경우에는 교리를 근본적으로 뜯어고치면서 학설을 세우려는 것보다는, 가능한 한 그것을 살리면서 새로운 해석을 시도해 보는 것이 바람직한 방향이 아닐까 느껴진다.

불교사상을 정치사상과 동일시하는 것도 사학측에서 널리 행해지고 있는 경향인 것 같다. 신라통일기에 융성을 극한 화엄사상이 전제왕권 확립에 원용된 정치 이념이었다든지, 하대(下代)의 선(禪) 전래는 지방호족들의 정치사상으로 환영되었고, 고려 광종대(光宗代) 균여(均如)의 화엄학은 중앙집권적 전제왕권 강화를 위한 정치이론이었다는 논문들이 발표되고 있다. 한국불교는 전래 당시부터 국가와 밀접한 관계를 갖고, 호국 불교적인 색채를 짙게 띠고 있었던 것이 사실이다. 그러나 불교사상을 정치사상과 혼동한다는 것은 문제가 있지 않을까 한다.

불교의 종교적 이념은 괴로운 중생의 구제에 있고 국가의 정치적 이념은 특정한 민족의 발전에 있다. 전자가 보편적 진리를 해명한다면 후자는 세속적 이익을 추구한다. 따라서 양자는 동일한 선상에서 논할 수가 없고, 만일 그들의 상호관계를 묻는다면, 후자는 전자에 포함된다고 할 것이다. 그러기에 불교는 항상 국가를 가호하는 입장에 섰고, 국가는 불교를 외호하는 입장에 섰던 것이 한국불교의 추세였다고 할 것이다. 그런데도 불교사상과 정치사상을 동일시한다면, 이것은 불교를 세속적 정치의 수준으로 끌어내려 그것에 한정시키는 결과가 되고 만다. 그리하여 한국 불교사상의 올바른 이해는 불가능하게 될 것이다. 좀더 구체적으로 말하면 화엄과 선이 비록 지배층의 정치이념으로 이용되고 있었다고 하더라도, 단순히 그런 기능으로만 존재했던 것이 아니라 불교사상 자체의 발전이 더 큰 흐름을 이루고 있었다는 말이다.

한국 불교사상에 대한 불교학과 사학측의 연구 경향을 이상과 같이 조감할 때, 이제 그의 올바른 이해를 위해서는 양편이 긴밀히 협력해야 할 필요가 느껴진다. 불교학 쪽에서는 교리의 '사회적 성격'에 좀더 관심을 가져야 하고, 사학 쪽에서는 교리의 '본질적 의미'에 보다 큰 비중을 두어야 할 것이다.

3

끝으로 한국 불교인이 자신의 전통적 불교사상에 대해서 어떤 이해를 가져야 할 것인가를 생각해 보고 싶다. 한국불교의 사상 전통은 한마디로 신라의 자유로운 교학 연구와 고려불교의 종파적 전개와 조선조의 선·교 명맥 유지로 이어져 왔다고 말 할 수가 있다. 그리하여 선·

교의 대립은 불교인들 사이에 현재까지 심각한 문제로 남아 있다. 승려교육은 강원과 선원으로 분립되어 수학 내용이 서로 다르며, 선 아니면 깨달음은 얻을 수 없는 것처럼 생각되고 있다.

이러한 풍조는 분명히 조선조 억불정책 아래 형성된 퇴영적 현상에 불과한 것이지만, 그것이 전통적 권위로 받아들여지고 있다는 데에 심각한 문제가 있다. 선 아니면 깨달음을 얻을 수 없다면, 중국 선학 발생 이전의 인도의 용수나 무착·세친 그리고 신라의 원효와 같은 사람들은 모두가 문자승(文字僧)에 불과하였다는 말인가? 중국의 임제와 고려의 보조와 같은 선의 대가들은 모두 삼장(三藏)을 중요시했으며, 선과 교가 근본적으로 다르지 않다는 것을 강조하였다. 그럼에도 불구하고 선만이 절대적인 진리인 것처럼 생각되고 있는 것은 웬일일까?

전통의 계승은 단순히 과거 사상을 유지한다는 뜻이 아니며, 또 유지되는 것도 아니다. 원효와 보조는 한국불교의 2대 사상가이지만, 그들이 살던 시대에는 기독교도 없었고 공산주의도 없었다. 현대 철학이나 과학사상도 없었다. 그러나 지금은 어떤가? 그러한 사상들이 물밀듯이 도전해 오고 있다. 따라서 이러한 사상들과 맞서서 불교의 진리성을 주장하지 않으면 안된다. 그러지 못할진대, 한낱 낡은 사상으로 남아 있다가 사멸하고 말 것이다.

따라서 전통의 계승이란, 과거사상의 보수적 유지가

아니라, 진취적 적응이라는 것을 알아야 한다.

전통사상을 현대 속에 살리려면, 무엇보다도 먼저 불교의 근본사상에 관심을 집중해야 한다. 그런 뒤에 그것을 현대사회에 어떻게 적응시킬 것인가를 생각해야 할 것이다. 역사적인 발전은 항상 근본적인 본질을 바탕으로 이루어지는 것이기 때문이다. 이런 뜻에서 필자는 후대의 종파적인 불교사상보다는 원시불교와 초기 대승불교를 연구해야 할 필요를 강조하고 싶다. 그러한 근본불교는 현대의 도전적 종교사상들에 대해 불교의 진리성을 주장할 만한 충분한 기능을 갖추고 있는 것이다. 불교흥기 당시의 인도사상과 오늘의 현대사상과는 여러모로 비슷한 점을 갖고 있기 때문이다.

그럼에도 불구하고 요즘 한국 불교계는 법상·천태·화엄·정토·진언과 같은 옛날 중국 종파명을 띤 교단들이 형성되고 있다. 그것도 단순한 종명일 경우가 허다하다. 한국 불교사상의 올바른 이해와 계승의 문제가 이제 좀 더 신중하게 생각되었으면 한다.

〈월간조선, 1983. 6〉

4. 일불승(一佛僧)의 보살도

1 오늘의 한국불교

인간이란 무엇인가? 어떻게 살아야 할 것인가? 종교의 목적은 그런 문제에 근본적인 해답을 주는 데에 있다. 만일 그런 기능이 없다면 종교는 그 존립 의의를 상실하고 말 것이다. 오늘날 한국불교는 이런 문제에 대해서 무엇을 말할 수 있을까?

한용운(1879~1944)의 불교유신론(1913) 이래 한국불교의 현대화를 위한 많은 주장과 방법론이 제시되어 왔다. 그러한 주장들은 대개가 승니교육·포교·사찰운영·무속신앙 제거 등에 집중되고 있다. 불교의 이념 정립에 관한 문제는 크게 다루어지지 않았던 것이다. 그러나 필자의 생각으로는 그런 외형적인 현대화보다도 더 시급한 것이 내적인 이념 정립이라고 보고 싶다. 무엇을 가르치고 배울 것인가가 결정되지 않고 교육이나 포교와 같은 것이 제대로 이루어질 수 없기 때문이다.

한국불교의 전통적 교리사상에서 주류를 이루고 있는 것은 선(禪)과 화엄학(華嚴學)이라고 할 수 있다. 그 중에서도 우위를 차지하고 있는 것은 선이다. 승니는 강원에서 사집·사교·대교(四集·四敎·大敎)라는 이수 과정을 통해 화엄학을 배우지만,[1] 그것을 마친 다음에는 선원에 가서 참선하는 것이 당연한 코스라고 생각하고 있는 경향이다. 선 아니면 깨달음을 얻을 수 없다는 통념이 일반적으로 행해지고 있다.

이러한 한국선(韓國禪)의 내용은 고려시대의 보조 지눌(1158~1210)이 창도한 이래 면면히 이어져 내려오는 간화선(看話禪)이다.[2] 어느 선원에서나 1,700 공안 중의 하나를 들고 묵묵히 좌선하고 있는 것이다. 그런 공안 중에서 가장 많이 사용되고 있는 것이 '개에 불성이 없다'는 '구자무불성화(狗子無佛性話)'와 '이 무엇고' 하는 '시심마(是甚麼)'인데, 그런 화두가 타파되는 날 인간의 모든

---

1) 四集－書狀·都序·禪要·節要 ; 四敎－楞嚴經·起信論·金剛經·圓覺經 ; 大敎－華嚴經

2) 知訥撰 看話決疑論 1卷이 있고, 그의 弟子 慧諶이 엮은 禪門拈頌 30卷이 있어 韓國 看話禪은 그때부터 본격적으로 唱導된 것으로 본다.

문제는 일시에 해결된다고 보고 있다.

선은 이렇게 '사람의 마음을 곧바로 가리켜[直指人心] 그 성품을 보고 깨달음을 얻는다[見性成佛]' 는 입장을 취하고 있다. 경전에 입각한 교보다는 훨씬 직접적이고 간결한 것이다. 그러기에 불교에서는 가장 수승한 깨달음의 길[最上乘]이라고 자부할 만하다.

그러나 불교를 현대 대중에게 펴는 데에는 선의 그러한 우수성은 오히려 문제가 된다. 경전에 설해진 공의 도리만 해도 일반 사람이 이해하기 어려운 것인데, 선은 그런 교에서는 상상도 할 수 없을 만큼 전혀 다른 정신적 차원을 열고 있기 때문이다. '부처님의 말씀 밖에 따로 전해져[教外別傳] 문자로 세울 수 없다[不立文字]' 는 것이다. 이러한 선을 현대 대중이 어떻게 그들의 종교적 이념으로 받아들일 수 있을 것인가?

출가해서 전문적으로 선을 수행하고 있는 사람에게도 선은 그렇게 용이한 것이 아니다. 일체의 교학을 배척하고 판단 중지를 요구하는 까닭에 자칫 잘못하면 혼침(昏沈)에 빠지게 된다. 또는 자기 멋대로 도(道)를 얻었다고 하여 계율을 무시하고 언행을 함부로 하는 일까지 있게 된다. 이런 일은 한국불교의 중흥을 위해 심각한 문제라고 하지 않을 수가 없다.

만일 한국불교가 선의 우수성만을 계속해서 주장해 나간다면, 불교는 사람들로부터 경원(敬遠)되고 말 것이다.

그리하여 일반 대중은 손쉬운 염불이나 주력(呪力)·기복 등에 매달리다가, 결국에 가서는 다른 종교를 구하게 될 것은 물론이다.

이런 견지에서 필자는 한국불교 현대화의 이념 정립을 위해서는 우선 무엇보다도 경전에 입각해야 하지 않을까 생각한다. 경전은 선보다는 훨씬 이해하기 쉽고, 또 부처님의 말씀이라는 절대적인 권위를 지니는 것이기 때문이다. 필자의 이러한 견해는 선을 전적으로 부정하자는 것은 아니다. 일단 부처님의 언교(言敎)에 의해서 이념을 정립하고, 그런 이념 위에서 선이건 염불이건 자유로이 행하자는 것이다.

② 일불승의 보살도

대승경전 중에서 선에 가장 가까운 것은 반야경이라고 할 수 있다. 중국 선종의 제6조인 혜능(慧能)이 금강반야경을 전거로 삼은 이래 오늘에 이르기까지 선가의 애용하는 바가 되었고, 한국에서도 조선초 함허기화(涵虛己和, 1376~1433)가 선적인 주석을 베푼 '금강경오가해설의(金剛經五家解說誼)'가 지금까지 계속해서 독송되고 있는 것이다.

반야경은 '모든 법은 공하다'는 입장에서 일체의 분별

망념을 버릴 것을 강조하고 있다. 뿐만 아니라 그런 지혜의 완성을 뜻하는 '반야바라밀(般若波羅蜜)'을 설하는 외에 그와 함께 다시 보시(布施)·지계(持戒)·인욕(忍辱)·정진(精進)·선나(禪那)의 다섯 가지 바라밀도 곁들여 수행할 것을 권하고 있다.

따라서 교의(敎義)가 구족(具足)되어 정연한 균형을 이루고 있는 것이다. 예를 들면 선에서는 선나 바라밀 하나만이 지나치게 강조되어 계율을 무시하는 막행막식(莫行莫食)하는 문제가 발생되기 쉽지만, 이곳에는 '지계 바라밀'이 있어 그런 행동이 저절로 제동되고 있다는 것이다. 이런 점에서도 한국불교의 이념 정립은 먼저 경전에 입각해야 할 것이라고 느낀다.

그러나 반야경 하나만으로 그런 이념 정립의 문제가 거뜬히 충족된다고 보는 것은 속단이다. 육바라밀 중에서 가장 근간이 되는 것은 반야 바라밀이지만, '왜 모든 법이 그렇게 공한가'에 대한 이유는 반야경에 뚜렷하지 않은 것이다. 그저 모든 법은 공이요, 불가득(不可得)이요, 불가설(不可說)이라고 되풀이되고 있을 뿐이다. 공에 대한 정당한 이유 없이 덮어놓고 공이라고만 하고, 또 그것을 믿는다면 그것은 일종의 맹신이라고 하지 않을 수가 없다. 왜 일체[一切, 모든 것]를 공이라고 봐야 하는가의 뚜렷한 근거가 제시되지 않으면 안되는 것이다.

반야경을 깊이 연구한 인도의 용수(龍樹, 150~250)는 그런 공의 이유로서 '연기(緣起)'라는 것을 제시하고 있다. '연기한 것은 공이요, 가명(假名)이며, 또 그것은 중도(中道)'[3]라는 것이다. 그런데 그런 연기라는 개념이 뚜렷하게 설해지고 있는 곳은 반야경이 아니라 아함경에서이다.

아함경은 종래 대승불교에서 소승경전이라고 해서 거들떠 보지도 않던 경전이다. 이제 우리는 이것에 새로운 인식을 보내지 않으면 안된다. 불교가 흥기할 무렵, 당시의 인도사회에서 불교가 내세웠던 기본적인 입장들이 그곳에 선명하게 아로새겨져 있을 뿐만 아니라, 불교인이면 반드시 알고 있어야 할 기초적인 교설들이 풍부하게 간직되어 있는 것이다.

아함경에 설해진 기초적인 교리 중에서 가장 초보적인 것은 십업설(十業說)이라고 할 수가 있다. 모든 업인(業因)에는 반드시 그에 상응한 과보가 따르므로 선업(善業)을 닦으라는 것이다. 그러나 업설은 생사(生死)라는 괴로움을 근본적으로 해결할 수가 없다. 그런 문제를 해결해 주는 것이 고·집·멸·도(苦集滅道)로 구성된 '사제설(四諦說)' 이다. 그리고 그런 생사 해탈의 길을 더욱 심화하고 체계화한 것이 '십이연기(十二緣起)'라는 교설이다.

그런데 그 12연기설에 입각해서 이미 '공(空)'의 최승의(最勝義)'와 '중도(中道)'라는 입장이 천명되고 있는 것이

---

3) 龍樹造 中論頌 제28 四諦品 제18偈.

다. 좀더 구체적으로 말하면, 인간의 생사는 진리에 대한 무지[忘念]에서 일어난 것이다. 따라서 실체가 없어 공이라고 할 수밖에 없다. 그러나 아무리 실체가 없다고 하더라도 망념 그 자체까지 없다고 할 수는 없을 것이다. 생사라는 괴로움은 현실적으로 경험되고 있기 때문이다. 따라서 유(有)라고도 할 수 없고 무(無)라고도 할 수 없어 중도의 뜻이 성립한다는 것이다.

용수는 아함의 이런 연기설을 원용하여 반야경의 공을 논리적으로 분명히 한 것임에 틀림없다. 그리고 용수의 그런 해석은 사실을 정확하게 파악한 것이라고 보아도 좋을 것이다. 반야경이 아함경과 다른 본질적인 차이는, 후자가 망념을 다한 진리의 세계는 절대적인 가치라고 보고 있는 데에 반해서, 전자는 그러한 열반(涅槃)도 공이라고 보는 데에 있다. 생사와 열반을 다함께 공이라고 보는 이러한 견해는 그 두 법이 인연(因緣) 관계에 있다는 견지에서 내려진 판단이다. 따라서 반야경의 공설은 아함경의 연기설을 확대 해석한 것에 불과한 것이다. 그러기에 반야경에 공에 대한 이유가 새삼스럽게 설해질 필요가 없었을 것이고, 용수는 그것을 새로 상기시켰을 뿐인 것이다.

이런 견지에서 필자는 반야경을 제대로 이해하기 위해서는 아함경부터 공부해 갈 필요가 있다고 본다. 흔히 대승불교는 소승불교를 전적으로 부정하는 것으로 보려고 한다. 그러나 그보다는 아함경의 교리를 다시 새로운 차원으로 전개시켜 부처님의 진정한 뜻을 발휘코자 한 것이 대승불교라고 봄이 가할 것이다.

아함경의 연기설은 이와같이 반야경의 공사상에 이르고 있는데, 불교의 궁극적 이념은 이런 반야의 완성으로 다하고 있는 것일까? 만일 그렇다면 불교는 생사의 현실을 초월한 저 피안에 궁극적인 가치를 설정하고 있다는 평을 받아도 좋다. 모든 것은 연기하고 연기한 것은 공이라는 반야의 논리는 일체의 소득(所得)을 변증법적으로 부정해 나가 결코 현실에 되돌아올 수 없기 때문이다. 공을 다시 공해 버리면[空亦復空] 유(有)가 된다는 주장도 있지만, 부정은 역시 부정인 것이다.[4]

그런데 초기 대승경전 중에는 반야경의 이런 공사상과는 달리, 불교의 궁극적인 이념은 결코 피안에 그치는 것이 아니라 한 걸음 더 나아가 '성불'하는 데에 있다고 강력하게 주장하는 경전이 있다. 그것이 다름 아닌 법화경이다.

좀더 구체적으로 말하면, 법화경은 서설(序說)에 이어 곧 다음과 같은 놀라운 선언을 하고 있다. 지금까지 설해온 교설은 크게 삼승(三乘)으로 가를 수가 있으니, 사제(四

---

4) 元曉(617~686)는 起信論疏에서 다음과 같이 말하고 있다. '空亦復空은 涅槃經 등에서는 有가 되지만, 般若經 등에서는 역시 空이 된다'고.

諦)를 닦아 아라한이 되고, 십이연기를 닦아 벽지불이 되고, 육바라밀을 닦아 보살이 된다는 것이 그것이다. 그런데 이러한 삼승의 교설은 임시 방편에 불과하고 진실이 아니었다는 것이다. 500명의 퇴장이 있었다고 할 정도로 참으로 충격적인 선언이다.[5]

그런 뒤에 부처님은 그가 세상에 출현한 목적은 오직 한 가지 일을 하기 위함이니, 그것은 곧 모든 중생들에게 부처님과 똑같은 깨달음을 얻게 하고자 함이라고 하신다. 따라서 삼승은 있을 수가 없고, 오직 한 줄기 성불에 이르는 '일불승(一佛乘)'만이 있을 뿐이다. 그리하여 모든 불자에게 부처님과 같은 무상(無上)의 깨달음을 얻겠다는 마음을 일으킬 것을 권하고, 불자로서 그런 발심을 하지 않는다면 그야말로 가장 심한 교만[增上慢]이라고 단정하고 있다.

이전에 살펴 왔던 아함경이나 반야경과는 다시 전혀 다른 차원이라는 것이 느껴진다. 그렇다면 여기서 말하고 있는 그 부처님의 깨달음이란 과연 어떤 내용의 것일까? 법화경은 이에 대해서 별로 설해 주는 바가 없다. 다만 '모든 법의 실상(實相)은 오직 부처와 부처만이 서로 말할 수 있을 뿐' 피안에 이른 불퇴전(不退轉)의 보살도 감히 짐작할 수 없는 것이라고 할 뿐이다.

---

5) 法華嚴 제2 方便品에 부처님이 그 말씀을 하시고자 할 때 會座에 있던 500인이 退場했다는 說이 있다.

그러나 법화경의 여러 가지 암시적 표현에서 우리는 그런 일불승이 지향하는 곳이 어디라는 것은 어느 정도 짐작할 수가 있다. 우선 부처님의 열 가지 이름 중에서 맨 처음에 위치하고 있는 것은 '그렇게 온 자(如來)'라는 것인데, 이것은 일불승의 궁극적 지향점이 피안이 아니라, 그곳에서 다시 차안(此岸)으로 회향되고 있음을 보여 주는 것이다.

그리고 그 다음은 '동등한 자(阿羅漢)', '바르고 원만하게 깨달은 자(正徧覺)'라는 이름이 따르고 있는데, 이것은 피안에서 차안에 돌아옴으로써 그 두 세계가 가치적으로 동등해진 경계에서 모든 법의 실상을 바르고 원만하게 깨달은 것을 뜻한다고 할 것이다. 나머지 이름들은 부처가 중생을 교화하는 기능들을 암시하고 있다.[6]

뿐만 아니라 법화경은 무상의 깨달음을 얻고자 발심한 사람들에게, 많은 부처님께 봉사한 다음 내세(來世)에 불국(佛國)을 건설하여 중생들을 교화할 것을 명하고 있다. 이런 사명 부여가 수기(授記)라는 방법으로 표현되고 있는데, 그런 불국이 건설될 곳은 피안이 아니라 차안임은 다시 말할 필요가 없다. 그러기에 법화경은 자신의 교설을 더러운 땅에 피는 하얀 연꽃에 비유하고 있는 것이다.

법화경은 이와같이 반야경의 피안 지향성을 인간의 현

---

6) 佛十號 : 如來・應供・正徧知・明行足・善逝・世間解・無上士・調御丈夫・天人師・佛世尊

실세계로 되돌리고 있다. 그리하여 그곳을 적극적으로 정화할 것을 강조하고 있는 것이다. 한국불교 현대화의 이념을 정립함에 있어서 법화경의 이런 일불승설(一佛乘說)은 크게 주목되지 않을 수가 없다.

삼승에 의하면 모든 교리는 분립하여 서로 배척하게 된다. 대승불교는 보수적인 상좌부(上座部)를 소승이라 비난하고, 상좌부는 대승경전을 부처님의 교설이 아니라고 공격한다. 그러나 일불승에 의하면 소승과 대승은 다같이 성불에 이르는 한 줄기 길이다. 삼승에 의하면 보살은 반야경의 6바라밀을 닦는 보살에 한정되지만, 일불승에 의하면 처음 발심한 사람으로부터 아라한·벽지불·보살이 다같은 보살이 된다. 그러기에 법화경은 '부처는 오직 보살만을 교화한다'는 것을 알아야 한다고 설하고 있는 것이다.

이렇게 되면 삼승의 교리를 한줄기 일불승으로 재조직할 필요가 있을 것이다. 이런 작업이 실제로 행해진 것이 화엄경의 보살 십지설(十地說)이라고 할 수가 있다.[7] 그 조직을 소개하면 다음과 같다.

① 환희지[歡喜地 pramuditā bhūmī] : 십대원(十大願)
② 이구지[離垢地 vimalā bhūmī] : 십선업(十善業)

---

7) 華嚴經의 十地品은 원래는 十地經이라는 獨立經典이었으며, 龍樹 이전에 成立된 初期大乘經典에 속한다.

③ 발광지[發光地 prabhākarī bhūmī] : 삼법인(三法印)

④ 염혜지[焰慧地 arciṣmatī bhūmī] : 삼십칠조도품(三十七助
道品)

⑤ 난승지[難勝地 sudurjayā bhūmī] : 사제(四諦)

⑥ 현전지[現前地 abhimukhī bhūmī] : 십이연기(十二緣起)

⑦ 원행지[遠行地 dūraṁgamā bhūmī] : 십바라밀(十波羅蜜)

⑧ 부동지[不動地 acalā bhūmī] : 무생법인(無生法忍)

⑨ 선혜지[善慧地 sādhumatī bhūmī] : 사무애지(四無碍智)

⑩ 법운지[法雲地 dharmameghā bhūmī] : 대법우(大法雨)

아함경[제2~6地]에서 반야경[제7~8地]·법화경[제9~10地]
에[8] 이르는 교리들이 10지에 편입되어 일불승의 보살도
를 구성하고 있는 것이다.

불교에는 방대한 양의 경전이 있다. 그 중에서 가장 권
위 있는 것은 아함경과 같은 원시경전과 대승불교 초기
에 성립된 초기 대승경전이라고 할 수가 있다.[9] 따라서
그들은 전 불교의 가장 근본적인 경전이라고 말할 수가
있다. 그런데 그 속에 설해진 교리는 대개 이상 소개한

---

8) 傳統的인 華嚴經에서는 제1~3地를 天位, 제4~5地를 四諦聲聞
位, 제6地를 十二緣起辟支佛位, 제7地를 大乘位, 제8~10地를 一
乘位라고 보고 있다.

9) 初期大乘經典의 代表的인 것은, 般若經(大品·小品·金剛)·法華
經·十地經·彌陀經·維摩經 등이다.

것으로 다하고 있는 것이다. 그밖에 아미타불의 서방정토에 왕생할 것을 권하는 정토 교리가 있지만, 이것은 일불승의 보살도를 신앙적인 형태로 장엄(莊嚴)한 것에 불과하다.

불교의 가장 근본적인 경전에 설해진 교리가 이렇게 일불승의 보살도로 다해져 있다면, 그것은 불교의 가장 근본적인 교리 체계요, 또 그것은 불교 근본 교리의 전부라고 해도 좋을 것이다. 그렇다면 한국불교 현대화의 이념을 경전적으로 정립코자 할 경우, 그것을 떠나 다시 어디서 구할 수 있겠는가. 따라서 필자는 오늘날 한국불교가 지향해야 할 종교적 이념은 바로 이런 '일불승의 보살도'이어야 한다고 본다.

이러한 필자의 견해는 일불승이 설해진 법화경이나 화엄경만을 최고의 경전으로 삼아 그것을 받들자는 입장이 결코 아니라는 것을 이해해 줘야 한다. 과거에 천태종이나 화엄종은 흔히 그런 입장을 취했던 것이다. 그들의 교상판석(敎相判釋)에 아함경이나 반야경이 언급되고 있긴 하지만, 그런 경전을 실제로 연구하거나 수행에 쓴 일은 거의 없었다.

필자가 뜻하는 바는 적어도 아함·반야·법화의 삼부경만은 모든 불자가 다같이 지송(持誦)하고 연구하고 실천해야 한다는 것이다. 그 삼부경은 일불승을 구성하는 필수 불가결한 근본 요소이기 때문이다. 아함경의 연기론

(緣起論)을 떠나 반야경의 공(空)은 이해될 수 없고 삼승의 교리 없이 법화경의 일불승은 있을 수 없다. '일불승을 셋으로 갈라 삼승을 설한다'는 법화경의 뜻을 깊이 음미해 볼 필요가 있다.

아함·반야·법화의 삼부경에 흐르는 이러한 일불승의 보살도로 한국불교 현대화의 이념을 삼는다면, 현재 우리 주변에서 볼 수 있는 여러 가지 교리적 병폐도 시정될 수 있을 것으로 본다. 선교(禪敎)의 대립은 고려시대 이래 한국불교의 가장 고질적인 문제로 대두되고 있지만, 일불승에 의하면 선·교는 말할 것도 없고, 염불과 송주(誦呪) 등이 다같은 보살의 행법이다. 또 요즘 계속해서 발생하고 있는 여러 가지 종파들도 일불승에 의하면 다 같은 부처님의 가르침이 된다. 따라서 모든 불자는 서로 존경하고 사랑하면서 다같이 진지한 보살의 길을 걸을 수 있게 될 것이다.

③ 현대적 의미

이제 이러한 일불승의 보살도가 현대 사회에서 어떤 의미를 가지게 되는가를 생각해 보자.

보살은 원대한 원(願)을 발한 다음에 무엇보다도 먼저 십선업(十善業)을 닦도록 되어 있다[제1~2地]. 이런 십선업은 인(因)에는 반드시 그에 상응한 과(果)가 따른다는 인과의 법칙에 입각해 있다. 따라서 불교는 어느 종교보다도 쉽게 자연과학을 수용할 수 있을 것이다. 자연과학 또한 그러한 인과율을 바탕으로 하고 있기 때문이다.

그러나 불교에서 말하는 인(因)은 자연과학에서 말하는 인과 완전히 같은 것은 물론 아니다. 후자가 말하는 인은 자연계에서 발생하는 현상에 대한 원인을 가리키고 있는 데에 대해서, 전자의 인은 업을 일으키는 인간의 자유의지(自由意志)를 뜻하는 것이기 때문이다. 따라서 불교의 '업인'과 '과보'는 현대 민주 사상의 '자유'와 '책임'이라는 개념에 통한다. 그렇다면 오늘의 보살은 민주 시민으로 지극히 자유를 사랑하고, 그런 자유가 보장되지 않는 체제는 단연히 거부해야 할 것이다.

역사를 움직이는 힘은 무엇이며, 또 그것은 어떤 방향으로 진행되고 있을까? 이런 물음에 대해 현재 가장 유력하고 큰 영향을 끼치고 있는 것은, 그러한 근본 원인을 신(神)에 있다거나, 물질이나 경제에 있다고 보는 것이다. 보살은 이런 견해에 대해서도 방관만 하고 있을 수는 없을 것이다. 역사를 움직이는 근본 원인은 인간의 의지이며, 그것이 어떤 선택을 하느냐에 인류의 운명이 달려 있다는 것이 그에게는 너무나도 명백하기 때문이다.

오늘날 세계는 이념적으로 동서로 대립하고, 경제적인, 종교적인, 인종적인 문제 등으로 끊임없는 분쟁이 일어나고 있다. 언제 핵전쟁이 터져 전 인류를 멸망으로 이끌어 갈지 알 수가 없다. 이런 대립과 분쟁을 해결할 수 있는 길은 무엇일까? '반야' 보다도 더한 사상은 없을 것이다. 그것은 일체의 분별망집을 타파할 힘을 갖고 있기 때문이다. 그렇다면 오늘날 반야바라밀은 전쟁을 막고 평화로운 하나의 세계를 지향하는 강렬한 실천 운동으로 전개될 수 있을 것이다.

현대 문명은 놀라운 물질적 혜택을 인류에게 가져왔다. 그러나 그것만으로 복지사회가 이루어진다고 볼 수가 있을까? 물질적 풍요로 정신은 오히려 타락하고, 하나밖에 없는 지구는 나날이 황폐해지고 있다. 이제 자연의 개발보다는 정신의 개발이 무엇보다도 시급한 과제라고 보살은 외칠 것이다. 일불승이 지향하는 불국토(佛國土)는 물질적으로나 정신적으로나 지극히 풍요로운 복지사회를 뜻하는 것이기 때문이다.

특히 법화경의 상불경(常不輕) 보살은, 현대 기계 문명의 인간성 상실에 훈훈한 생명을 불어넣을 것이다. 상불경 보살은 사람들을 만날 때마다 '당신들은 틀림없이 부처님이 되실 것입니다' 고 합장 예배했다고 한다. 그런 말을 들은 사람이 화를 내고 꾸짖어도 그는 인간 예배를 멈추지 않았으니, 현대의 인간성 상실에 불교인이 어떤 자세를 취해야 할 것인가를 그 이야기는 잘 보여 주고 있는 것이다.

화엄경의 십지품(十地品)에 각 계위의 보살들은 국왕이 되어 정치에 참여하는 일이 많다고 설해져 있다. 한국불교가 전래 당시부터 국가와 밀접한 관계를 갖고 있었던 것은 그런 교설과 상응되는 점이 있다. 그러나 오늘날은 주권이 국가에 있는 것이 아니라 국민에게 있다. 그렇다면 불교인의 정치적 참여는 이제 국가보다는 국민에 더 큰 비중을 두게 될 것이다.

이상 일불승의 보살도가 현대 한국 사회에서 어떤 의미를 가질 수 있는가를 몇 가지 예를 들어 살펴봤다. 이런 의미는 이 밖에도 많이 찾을 수 있을 것이다. 그러나 이것만으로도 필자는 일불승의 보살도가 현대 한국불교의 이념 정립에 주목할 만한 모델이 될 수 있을 것으로 확신한다.

〈Korea Journal, 1983. 10. 英韓揭載〉

5. 신라승(新羅僧)의 국가 의식

　불교에서 가장 나쁜 일로 보고 있는 십악업(十惡業) 중에서 최초에 위치하고 있는 것은 살생이다. 계율에서도 가장 큰 비중을 차지하고 있는 것은 불살생이다. 전쟁에는 필연적으로 살생이 요청되지만 불교적 윤리관에 의하는 한, 어떤 동기에서든지 살생은 감행될 수가 없다.

　대승불교의 근간을 이루고 있는 것은 반야사상인데 이것 또한 피안적인 색채가 짙다. 괴로움의 근본적인 해결은 인간 실존의 모든 차별 관념을 부정함에서 도달되는 피안에서만이 발견된다는 것이다. 이런 뜻에서 불교는 세속적인 진리[俗諦]보다는 세속을 벗어난 열반에 최상의 가치[眞諦]를 두고 있으며, 교단을 구성하는 지도적 위치 또한 세속을 등진 출가승려로서 담당케 하고 있다.

불교의 종교적 목적과 세속 국가의 정치적 이념과는 이런 까닭으로 상반될 수밖에 없다. 여기에 국사상(國史上)의 중요한 문제가 제기된다. 신라가 치열한 전쟁을 통하여 삼국통일의 대업을 수행하던 당시, 신라의 승려들은 국가의 이러한 정치적 목적 달성에 어떠한 태도를 취했을까. 불교는 신라의 삼국통일에 공헌을 하였을까. 또는 장애가 되었을까. 특히 이러한 문제는 오늘날 우리들의 국토 분단과 통일에의 의지가 당시와 비슷한 점에서 관심을 끌지 않을 수가 없는 것이다.

태종무열왕 2년(625) 백제의 대군이 신라의 조천성(助川城)을 침입하여 격전이 계속되었을 때, 용약 출전하여 장렬한 전사를 한 실제사(實際寺) 승려 도옥(道玉)은 이러한 문제에 중요한 예증적 자료를 제공하고 있다. 나제(羅濟)의 공방전이 좀처럼 결판이 나지 않자 '나는 모양만 중일 뿐이지 하나도 선(善)한 것이 없으니 살신보국(殺身報國)함만 같지 못하다'는 말을 남긴 그는, 법의를 벗어버리고 이름도 '취도(驟徒)'로 바꾼 다음 삼천당(三千幢)에 소속되기를 자원하여 적진에 뛰어 들어 신라군의 사기를 크게 북돋았다 한다〈삼국사기 권 47〉. 국가의 존망이 위태로울 때 승려들은 그에 대하여 어떠한 태도를 취했던가를 보여주는 좋은 예라고 하겠다.

승려들이 직접 싸움터에 뛰어들지는 않았다고 하더라도 통일 전쟁의 주변에서 고문의 역할을 담당한 예도 있으니, 그것을 우리는 당시의 고승 원효(元曉 617~686)에게서 엿볼 수가 있다. 백제를 멸한 나당 연합군은 이듬해(文武王 1년) 고구려 침공에 착수하였는데, 이때 수로군(水路軍)을 이끈 당장(唐將) 소정방은 평양성을 포위하였지만 고구려군의 굳센 항전으로 군사를 돌이키지 않을 수가 없었다. 이때 신라의 김유신은 당군에게 군량 2만곡[斛]을 수송해 주는 임무를 완수하고 다시 합세할 기일을 물었다. 당장 소정방은 종이에 난새[鸞]를 그리고[畵] 송아지 독(犢)자를 써서[書] 회신하였다.

이 군사 기밀문에 대해 '군사를 빨리 돌이키라'는 뜻으로 해독해 준 사람이 바로 원효였다. '서독(書犢)'과 '화난(畵鸞)'을 반절법(反切法)으로 읽으면 '속환(速還)'이라는 발음이 나오기 때문이다.

김유신은 곧 군사를 돌이켜 전멸의 위험을 가까스로 면했다고 삼국유사(권 1)는 기록하고 있다. 원효와 같은 고승에게서도 오히려 이러한 면을 발견할 수가 있어 흥미로운 것이다.

신라의 삼국통일 당시의 고승으로는 원효 외에 또 의상(義湘 625~702)이 있다. 이 두 고승은 여러 가지 면에서 대조적이다. 원효가 중국 유학을 버리고 독자적인 교학 연구를 한 데에 대하여, 의상은 중국에 건너가 지엄(智嚴)이라는 스님 아래서 화엄학을 배웠으며, 원효가 주로 저술을 통해 불교사상의 참뜻을 발휘하였는데 대해, 의상은 종교적 실천에 중점을 두었다. 뿐만 아니라 원효가 승속(僧俗)에 걸리지 않는 자유로운 생활을 하였는데에 대해서 의상은 출가 승려로서의 모자람이 없는 위의(威儀)에 철저하였다.

그런데 그러한 의상에게서도 우리는 직접적인 호국 활동의 실례를 찾아 볼 수가 있는 것이다. 신라와 힘을 합하여 백제와 고구려를 멸한 당은 마침내는 신라마저 당의 영토로 만들어 버리려는 속셈을 노골화하였다. 이에 신라는 이미 당령화(唐領化)해 버린 백제의 고토(故土)를 잠식하는 한편, 고구려의 귀족 안승(安勝)을 고구려 왕으로 책봉하고(文武王 10년) 본격적인 반당(反唐) 군사 행동에 들어갔다. 이러한 신라의 군사 행동에 대해 당장(唐將)인 설인귀(薛仁貴)는 글을 보내 신라의 행동을 꾸짖고, 본국에서는 대대적인 신라 원정 계획을 추진시키고 있다.

의상은 이 무렵 당에서 아직도 화엄학을 수학하고 있었는데, 어느날 그곳에 사죄사(謝罪使)로 갔다가 억류되어 있던 김흠순(金欽純)·양도(良圖) 등으로부터 당 고종이 50만 대군으로 신라를 정벌할 계획을 진행시키고 있음을 들었다. 의상처럼 승려로서의 위의에 철저하고 더구나 당승 지엄을 사사하고 있던 몸으로 그런 말을 듣고 어떠한 태도를 취하게 되었을까? 세속에 초연한 것으로써 승려의 본분을 삼으려고 하였을까? 그러지 아니하였다. 그는 그 말을 듣자 급거 귀국하여 그 사실을 조국 신라에

알렸다고 삼국유사(권 2, 4)는 특기하고 있다.

원효의 저술로 알려진 총 100여부 240여권 중에서 현존한 것은 20부 22권 정도이며, 의상의 저술로는 2부 2권이 현존하고 있다. 그런데 이들 문헌을 보면 그 속에 국가 정치에 관한 직접적인 시사는 한마디도 찾아볼 수가 없다. 그들이 문제로 삼았던 것은 순수한 불교학이요, 국가나 사회와 같은 것은 관심 밖의 일이었던 것 같은 인상마저 주고 있다.

그러나 자세히 살펴보면 불교사상의 참다운 뜻을 밝히려는 그들의 새로운 해석학(解釋學) 속에 국가와 민족에 대한 강한 의식이 작용하고 있음을 본다. 그 일례를 원효의 보살계관(菩薩戒觀)에서 엿볼 수가 있다. 불교의 '불살생' 계는 전쟁 수행에 여러 가지 문제를 던져 주지만 이에 대해서 원효는 다음과 같은 해석을 내리고 있다.

살생이라고 해서 무조건 다 나쁜 것은 아니다. 살생에도 네 가지 경우가 있으니, '중생의 근기에 통달한 보살[達輪機菩薩]이 죽이지 않고는 건질 수 없는 자를 죽이는 경우는 죄가 성립되지 않음은 물론, 오히려 절대적으로 복이 된다' 〈梵綱經私記〉는 것이다.

통일전쟁의 기초를 닦았던 신라의 진흥왕(眞興王)은 한결같이 불교의 이상적 국왕상으로서의 전륜성왕(轉輪聖王)임을 자처하고 있었다. 그런데 그 전륜성왕은 인왕경(仁王經)이나 영락경(瓔珞經) 등에서는 대승불교를 행하는 보살이라는 뜻을 명백히 하고 있다. 그렇다면 원효가 앞서 '중생의 근기에 통달한 보살[達輪機菩薩]'이라고 말한 그 보살은 바로 이러한 전륜성왕에 통하는 것이라고 볼 수가 있고, 그것은 다시 신라의 국왕에 통한다고 볼 수가 있지 않겠는가.

원효는 또 깊은 산 속에서 홀로 선을 닦아 인간에 사는 승려를 경멸하거나, 무조건 계행만 지켜 그러지 못한 자를 경멸하거나, 또는 경전을 좀 공부했다고 해서 올바른 불교관을 가진 이를 경멸하는 자들에 대해서 '자찬훼타(自讚毁他)' 계를 적용하여 신랄하게 비판하고 있다〈菩薩戒本持犯要記〉.

이것은 당시의 탈속연(脫俗然)한 승려들에 대한 일대 경종이라고 볼 수가 있을 것이다.

그러나 원효의 불교사상 중에서 무엇보다도 주목할 만한 것은 그의 기신론 철학이다. 인도에서부터 대승불교는 중관·유식 두 학파 사이에 심한 사상적 대립을 빚어 왔다. 그러나 원효는 '이 이문(二門)은 일심(一心)에 의한다'는 기신론의 일심설(一心說)에서 그들의 대립을 지양할 합리적인 길을 발견하고 화쟁총화(和諍總和)에의 참신한 철학을 전개시키고 있다. 뿐만 아니라 여기에서 한 걸음 더 나아가 그 두 대승철학이 일심(一心)의 본원에서 화합하여 진속원융무애(眞俗圓融無碍)한 종교적 경지를 전개함을 밝히고 있다.

의상의 화엄사상도 원효의 이러한 불교관과 계통을 함께 하고 있는데 이들의 불교 철학은 한마디로 피안적인 불교의 궁극적 가치를 우리들의 현실세계 속에 끌어올린 것이라고 말할 수가 있다. 원효와 의상의 이러한 불교 사상을 단순한 교학적 성질의 것이라고만 볼 수가 있을까? 당시의 시대적 상황이 국민정신의 총화 단결을 요청하였고, 불교의 종교적 목적과 국가의 정치적 이념이 결코 상반되지 않는다는 것이 밝혀져야만 할 필요성이 있었음을 감안할 때 우리는 그 두 고승의 불교사상에서 차원 높은 국가의식을 느낄 수가 있는 것이다.

　　이와같이 신라의 삼국통일 당시 승려들은 직접적인 현실 참여의 실례를 보여주고 있을 뿐만 아니라, 사상적으로도 놀라운 기여를 하고 있다. 당시 승려들의 이러한 국가 의식은 위정자들의 뜨거운 불교 신앙과 결합하여 삼국통일의 정신적 원동력이 되었을 것으로 생각된다. 불교가 신라의 삼국통일에 끼친 영향은 실로 컸다고 하지 않을 수가 없을 것이다.

〈동대신문, 1976. 5. 11〉

6. 로카야타적 사상 경향

1

물리학을 강의하고 있는 친구와 하룻밤을 같이 지내며 정담을 나눈 일이 있다. 오랜만에 만난 우리들은 푸짐한 화제로 시간 가는 줄을 몰랐는데, 마침내는 과학과 종교의 문제로 옮아가게 되었다. 그는 몇 권의 저술도 낸 유망한 과학자로서 그런 입장에서 인생을 어떻게 보는가가 내 관심거리였고, 그는 또 그대로 불교인으로서의 내 인생관이 흥미를 끌었음에 틀림없다.

그의 견해에 의하면 현대 종교는 과학적인 이론이나 방법을 도입하지 않으면 안된다는 것이다. 하다 못해 과학적인 정신만이라도 받아들일 필요가 있다는 것이다. 낡은 교의(敎義)의 단순한 반복은 아무런 뜻이 없을 뿐만 아니라, 젊은 학생들을 종교로부터 영영 소외시키는 결과를 가져올 것이라고 역설한다. 그의 의견은 참으로 경청할 만한 가치가 있었고, 내가 평소에 생각하고 있는 바와 통하는 바가 많았다.

그런 대화 중에서 우리는 우주의 근본이 무엇인가 하는 문제에 부딪쳤는데, 내 친구는 서슴지 않고 그것은 산소나 수소와 같은 원소라고 대답했다. 그리고 이러한 원소들은 원자로 만들어졌고 원자는 다시 원자핵과 그 주위를 돌고 있는 전자로 이루어져 있다는 것이다. 국민학교 학생들도 알고 있을 정도로 일반화된 상식이다. 그런데 핵과 전자는 형체가 없다고 할만큼 미소한 것이며, 또 그들 사이는 마치 소우주처럼 공간이 차 있으므로, 우주는 말하자면 일종의 '공(空)'이라고 할만 하다는 것이다. 그리하여 그 공을 불교의 '공'에 비겨, 그 개념을 과학적으로 쉽게 이해시킬 수가 있다고 말하는 데에는 그만 질리지 않을 수가 없었다.

우주의 근본을 이렇게 원소와 같은 물질적인 요소로 본다면, 그것은 부처님 당시 육사외도(六師外道) 중의 한 사람인 아지타 케사캄바린(Ajita kesakambalin)의 견해와 별로 차이가 없을 것 같다. 아지타의 근본사상은 사대설(四大說)에 있으니, 인간은 지·수·화·풍의 사대로 구성되어 있다는 내용이다. 이 사대설(四大說)과 현대 과학의 원소설의 차이는 물질에 대한 분석기술에 있어서 전자보다도 후자가 좀더 진보되어 있다는 정도에 불과하다. 사상적인 면에서는 양자는 완전히 동일한 범주에 속해 있는 것이다.

그래서 나는 다시 친구에게 물어 본다. '그렇다면 인간의 생명이나 마음에 대해서는 어떻게 생각하는가?' 우리는 분명히 매우 미묘한 문제에 빠지고 만 것이다. 그는 과학자의 생명관이나 심식관(心識觀)으로 나를 설복코자 장황한 설명을 해 주었지만, 내겐 잘 이해되지 않았다. 한 가지 분명한 사실은 그는 인간의 생명은 말할 것도 없고 인간의 정신이라는 것도 물질적인 요소들의 결합에서 일어나는 일종의 물리화학적 현상으로 보고 있다는 점이었다. 고도로 발달한 유기물질, 다시 말하면 아주 복잡한 단백질들이 결합하면 소위 정신기능이라고 불리우는 그러한 현상도 발생할 수 있다는 것이다.

나는 다시 계속해서 추궁해 본다. '그렇다면 인간의 자유로운 의지도 그렇게 볼 수 있다는 말인가.' 그는 그렇다고 말하면서, 모든 것의 운동 방향은 항상 '개연성(蓋然性)'이 큰 쪽을 선택해 간다는 것이다. 물이 높은 데서 낮은 곳으로 흐르는 것도 그쪽으로 개연성이 가장 큰 때문이며, 인간의 자유 의지로 무엇을 선택한다는 것도 결국은 그런 개연성 속에서 행해지는 것이다. 가능성이 없는 곳에 인간의 행동은 결행되지 않기 때문이다.

이러한 생각도 아지타의 그것과 너무나도 유사한 점

이 있다. 아지타는 인도철학에서는 '차르봐카(Cārvāka)'라고 불리는 사상계통에 속하는데, 이 학파에서는 생명을 지·수·화·풍 사대의 물질적 요소에서 나온다고 보고 있는 것이다. 따라서 그 학파 사람들을 유물론자라고 부르며, 물질을 궁극적 실재로 보는 그러한 사상의 시원은 이미 리그 베다(Ṛg-veda)의 '브리하스파티(Bṛhaspati) 사(師)'에서 발견됨으로 그들을 또 '브리하스파티 도(徒)[Bārhaspatya]'라고도 부른다.

생명을 물질적 현상으로 본다면, 물질적 요소의 해산은 곧 생명의 종식을 의미할 것이다. 따라서 아지타는 윤회설이나 업보설(業報說)을 강력히 부정하여, '보시도 공희(供犧)도 제사도 없고, 선악업(善惡業)의 이숙과(異熟果)도 차세(此世)·타세(他世)도 없고 부모도 없다'고 설한다. 차르봐카 철학에서 인정하는 인식은 오직 인간의 감각이며, 살아 있는 동안에 어떻게라도 최대의 향락을 누리는 것이 인생의 지상 목표가 되어 있다. 유물론의 당연한 귀결이라고 할 것이다. 그러기에 그들을 또 '로카야타(Lokāyata, Lokāyatika)' 즉 '순세파(順世派)'라고도 부른다. 현세(現世)에 모든 의의를 두고 있다[順]는 뜻이다.

내 친구는 물론 이러한 데에까지는 이르지 않고 있다. 그는 순수한 과학자로서 그의 전공 분야에만 충실하기 때문일 것이다. 인생의 가치 등을 문제로 삼는 것은 윤리학이나 철학의 분야이므로. 그러나 우주의 근원을 물질로 보는 그의 견해는 '로카야타'적 경향으로 발전할 가능성을 충분히 안고 있다고 할 것이다.

자연과학은 오늘날 눈부신 발전을 성취하여 인류에게 커다란 이익과 즐거움을 가져온 것이 사실이다. 그러나 그 이익과 즐거움은 로카야타 철학에서 추구하는 현세적 이익과 즐거움에 상통한 것임을 유의할 필요가 있다. 만일 자연과학적 우주관에 입각한 철학이 발달한다면, 그것은 로카야타적 사상 경향으로 전개될 것에 틀림없다.

나는 이제 불교학적 입장에서 내 친구와 좀더 이 문제를 이야기할 필요가 있음을 느꼈다. 그래서 우선 인간이면 누구나 느낄 수 있는 극히 평범한 사실에서부터 이야기를 시작했다.

인간과 세계를 포함한 우주의 근원이 오직 물질로 이루어진 것이라면 우주에 일어나는 모든 현상은 예외 없이 규칙적으로 일어날 것이다. 우주의 생멸변천뿐만 아니라 인간의 역사도 주기적으로 되풀이 될 것이다. 왜 그러냐면 물질적인 요소들은 동일한 상황에서는 항상 동일한 결과를 나타내는 것이기 때문이다. 그 인과 관계가 필연적인 것이든, 또는 내 친구가 말하는 바와 같이 개연성을 띤 것이든 여기에 별로 큰 차이는 없는 것이다. 그러나 과연 실제로 그럴까? 인간의 역사를 단순한 주기적 현상으로 볼 수가 있을까?

그리고 만일 인간의 역사가 그렇게 정해진 것이라면

역사 창조의 의욕과 같은 것도 필요 없을 것이다. 아니 처음부터 그런 의욕이 발생할 리도 없을 것이다. 또는 인간이 죄악을 짓는다고 해도 그에 대해서 비난하거나 벌을 가할 수도 없을 것이다. 당연하게 일어나는 일이기 때문이다. 중아함(권3 度經)에서 부처님은 '아지타'나 '고살라' 등의 무인무연론(無因無緣論)에 대해서 '만일 그렇게 본다면, 누가 살생을 했을 경우 그것도 마땅히 그렇게 살생했을 것이며, 누가 사견(邪見)을 갖고 있을 경우 그것도 마땅히 그렇게 갖고 있을 것이다. 그리고 그러한 사람들에겐 이것은 해야 한다, 이것은 해서는 안된다와 같은 욕(欲)도 정진도 일어나지 않을 것이다' 라고 설하고 계신다.

부처님의 이 물음은 우주의 근원을 사대(四大)나 원소로 보는 견해에서 일어나는 잘못된 견해에 대한 날카로운 힐문이라고 할 것이다. 아닌게 아니라 그러한 견해는 우주의 어느 일면은 정확하게 파악하고 있지만, 그보다도 더 중요하고 매우 뚜렷한 다른 일면에 대해서는 완전히 망각하고 있는 것이다. 인간의 역사를 주기적 반복으로는 도저히 볼 수가 없고, 인간의 범죄를 자연스러운 것으로는 도저히 볼 수가 없는 것이다.

그리고 우리의 마음속을 들여다 볼 때, 그 속에는 분명히 의지(意志)라는 것이 존재하고 있지 않는가. 가령 우리들이 어떤 유혹을 받았을 경우 그것에 끌리려는 자연스런 충동이 있는 한편, 그것을 극복하려는 의지적인 정신

활동이 있음을 느낀다. 그리하여 이 두 마음의 갈등 속에서 우리의 행동은 그 어느 한 쪽을 따르게 되는 것이다. 이런 정신적 갈등을 느껴 보지 않은 사람이 있을까? 우리는 일상생활에서 타의나 주위 사정에 따라 의사를 결정하는 일이 많지만, 그러나 순전히 자기 뜻으로 마음을 정할 때가 분명히 있는 것이며, 또 타의나 주위 사정에 따를 경우에도 아무 생각없이 기계적으로 따르는 것이 아니라, 생각하면서 따르는 것이다. 바꿔 말하면 그것도 일종의 의지적 결행이라는 말이다.

우리의 내심(內心)에는 분명히 이렇게 의지적 작용이 있고, 그 존재성을 명료하게 인식하고 있는데, 그 인식을 우리는 왜 인정해서는 안된단 말인가. 만일 그것을 인정하기 어렵다면, 우리들이 외부의 물질적 요소나 사대(四大) 등을 인식하는 그 마음은 도대체 어떤 마음이란 말인가. 외부의 사대 등을 인정한다면 똑같은 방법으로 내심의 의지도 인정해야 할 것이다. 불교의 기본 입장으로 설해진 십이처설(十二處說)에는 '일체는 색성향미촉법(色聲香味觸法)과 안이비설신의(眼耳鼻舌身意)의 열둘에 들어간다'〈잡아함 권 13〉고 하여, 인식대상인 육경(六境)과 함께 인식 주관으로서의 육근(六根) 속에 의지[意]의 존재를 뚜렷이 보여주고 있는 것이다.

이렇게 의지의 존재성이 인정된다면, 우주의 근원을 이제 물질이라고 편벽되게 집착할 수는 없을 것이다. 이 세상에 일어나고 있는 모든 현상은 물질적인 것과 의지적인 것의 상호작용으로 전개되고 있다고 보아야 할 것이다. 전자가 필연적인 반응을 보이는 것이라면 후자는 그에 대해서 언제나 작용을 가할 수 있는 능동적 자유를 행사하는 것이라고 할 수가 있다.

불교의 업설(業說)은 이러한 작용과 반응의 상호작용을 그 원리로 삼고 있음을 본다. '만일 고의로 지은 업이 있다면 그는 반드시 그 보를 받나니 현세에 받기도 하고 후세에 받기도 한다'〈중아함 권 3〉는 것이 그 요점인데, 여기에서 업(業)은 의지적 작용이요, 보(報)는 그에 대한 필연적 반응임을 나타내고 있는 것이다. 이것을 아지타의 '보시도 공희도 제사도 없고 선악업의 이숙과도 차세도 타세도 없고 부모도 없다'는 설과 비교해 볼 때 불교의 견해가 얼마나 사실에 가깝고 건전한 것인가를 알 수가 있을 것이다

오늘날 자연과학이 이룩해 놓은 물질적 번영을 덮어놓고 비난할 이유는 없다. 그러나 우주의 근원을 물질로 보는 편견에서 일어나고 있는 '로카야타'적 사상에 대해서는 깊은 관심을 가질 필요가 있을 것이다. 우리 주변에는 인간성을 잃은 비극이 너무나 자주 일어나고 있다. 이러한 사건들은 어떤 인생관에 근거하고 있는 것일까. 인간성 상실이라는 그 '인간성'은 무엇을 의미하는 것일까? 유물론적인 역사관도 자연과학의 발달과 시대를 같이

한 것임을 주의할 필요가 있다. 이렇게 볼 때 인류는 다시 불교에 새로운 관심을 쏟을 필요가 있지 않을까 한다. 왜 그러냐면 불교는 아지타를 비롯한 육사외도(六師外道)와 정통 바라문의 오류를 지양하여 바른 길을 제시한 곳에 그 역사적 의의가 있었으며, 특히 유와 무, 물질과 정신 등의 어느 일변에 사로잡히지 않는 것을 그의 근본 입장으로 삼고 있었기 때문이다.

2

앞에서 필자는 우리 주변에서 흔히 볼 수 있는 과학사상이라는 것이 잘못하면 로카야타[順世派]적 사상 경향으로 흘러갈 우려가 있음을 지적했는데, 이러한 로카야타적 사상 경향은 심지어는 불교 안에서도 상당한 인기를 모으는 설법이나 논문 속에서 작용하고 있음을 본다.

일례를 들면, 중아함(卷43 溫泉林天經)에는 다음과 같은 '발지라제게(跋地羅帝偈)'가 설해 있다.

過去事已滅 未來復未至 現在所有法
彼亦當爲思 念無有堅强 慧者覺如是
若作聖人行 孰知愁於死 我要不會彼
大苦災患終 如是行精勤 晝夜無懈怠

是故常當說 跋地羅帝偈 〈大正 卷 1·696〉

과거사는 이미 멸했고 미래는 아직 오지 않았으며 현
재에 있는 법을 마땅히 생각하되 그 생각에는 견실함이
없어야 한다는 것이다. 어진 사람은 이렇게 깨닫고 성인
의 행을 하나니 그럴 경우 누가 죽음을 두려워하랴. 내
그것[死]을 모를진대 커다란 재난은 끝나나니 이렇게 정
근하여 밤낮으로 열심히 하도록 항상 발지라제게를 송
하라는 내용이다.

발지라제(跋地羅帝 bhaddekaratta)라는 말은 현성일야(賢
聖一夜)라는 뜻을 갖고 있다. 따라서 그 게송을 '현성일야
게'라고도 부르고 있는데, 이것이 설해진 인연을 경전은
다음과 같이 소개하고 있다. 삼미제(三彌提)라는 비구가
왕사성에 머무르고 있을 때 하룻밤은 온천림에 가서 몸
을 깨끗이 씻고 앉아 있었는데, 새벽녘에 찬란한 몸빛을
뿌리는 한 천신(天神)이 내려와서 그에게 '발지라제'게
(偈)라는 것을 수지하고 있느냐고 물었다. 삼미제는 그런
가명(歌名)마저도 들어본 일이 없었으므로 자기는 수지
하고 있지 않다고 대답하고 천신에게 그대는 그것을 수
지하고 있느냐고 물었다. 그러자 천신도 아직 자기도 그
것을 수지하지 못하고 있는 중이라는 말을 남겼다.

날이 밝자 삼미제는 곧 부처님을 찾아가서 그 말을 했
더니, 부처님은 그 천신은 '정전(正殿)'이라는 이름을 가

진 신으로서 제석천의 장군으로 있다고 말씀하시고 곧 그 게송을 읊어 주신 것이다. 이러한 이야기를 통해 우리는 발지라제게라는 것이 본래는 무사(武士)들 속에서 애송되고 있었던 시인데 그것이 불교에 도입되어 개조된 것이 아닐까 하는 생각을 갖지 않을 수가 없다.

그런데 이 발지라제게가 흔히 현실의 중요성을 강조하는 입장에서 인용되고 있음을 본다. 지난 일을 생각해서 무얼 할까. 그것은 이미 끝난 것이다. 미래 일을 걱정해서 무얼 할까. 그것은 아직 오지 않은 것이다. 우리들에게 가장 중요한 것은 당면한 현실 그것이라는 것이다. 이런 입장에서 발지라제게가 가끔 인용되고 있다는 말이다.

그러나 발지라제게를 과연 그렇게 해석해도 좋을까? 발지라제게를 관(冠)하고 있는 첫 두 귀절은 분명히 '과거사는 이미 끝났고 미래는 아직 오지 않았다'는 말로 되어 있다. 그리고 그 다음 귀절로 '현재소유법 피역당위사(現在所有法 彼亦當爲思)'로 되어 현재에 있는 법 그것을 마땅히 생각하라는 뜻으로 해석해도 좋도록 되어 있다.

그러나 이 대목을 자세히 살펴볼 때 그것은 그 다음의 '염무유견강(念無有堅强)'이라는 귀절까지 이어서 새겨야만 한다는 것을 발견하게 된다. 다시 말하면 현재를 또한 생각하되 그 생각 속에 '굳게 집착함'[堅强]이 있어서는 안된다는 뜻으로 새겨야 한다는 말이다. 이 대목을 이렇게 새겨야 할 이유는 경전에서 대가전연(大迦栴延)이 그 대목을 '현재법에 대해서도 탐착해서는 안된다[不欲染着]'는 뜻으로 부연하고 있는 데에서 명백하다.

그럼에도 불구하고 왜 이 게송을 현재를 중요시하라는 뜻으로 흔히 해석하고 있는 것일까? 발지라제게의 첫 인상은 과거나 미래보다도 현재가 중요하다는 쪽으로 강한 느낌을 주고 있음이 사실이다. 이것은 그 게송이 원래 무사들 속에서 애송되고 있었던 시(詩)였다는 상상이 가능하다면, 더욱 그럴듯한 해석일 수가 있을 것이다. 왜 그러냐면 무사들에겐 당면한 현실이 무엇보다도 문제가 되어야 하기 때문이다.

그러나 경전에 전해지고 있는 현형(現形)의 상태로는 그 게송을 그렇게 해석할 수가 없다는 것을 인식해야 할 것이다. 문제의 게송은 과거와 미래는 말할 것도 없고 현재의 법에 대해서도 탐착하지 말라는 곳에 불교적 특색이 완연히 드러나고 있기 때문이다.

여기에서 필자는 조용히 생각해 본다. 우리 주변에서는 요즘 지나칠 정도로 불교 교리를 현실 중심적인 방향으로 해석하려는 경향이 유행하고 있다. 불교는 인간의 현실고(現實苦)를 해결하려는 데에 그 제일의 목적이 있다든가, 불교는 현실적으로 '잘 사는 데'에 그 궁극의 목적이 있다든가. 발지라제게를 현실 중시의 방향으로 해석하려는 것도 바로 이러한 풍조에 의한 것으로 볼 수가 있을 것이다.

이러한 풍조는 오늘날 불교를 포교함에 있어서 불가피한 일인지도 모른다. 현세주의적인 사상이 도도히 흐르고 있는 현대에서 불교는 은둔적인 종교로 오해되고 있음이 사실이므로, 이러한 속에서 불교가 행해지기 위해서는 그 현실 중시의 면이 강조되어야 하기 때문이다. 이런 뜻에서 그러한 해석들은 그 공로가 크게 인정되어야 할지도 모른다.

그러나 필자로서는 아무래도 그것이 불교의 진정한 뜻을 발휘하는 것으로는 보기가 어렵다. 불교에서 말하고 있는 '인간 현실고(人間 現實苦)'의 근본적인 해결이란 과연 어떤 것일까? 우리들이 직면해 있는 현실을 그대로 받아들이라는 것은 결코 아니다. 그것을 중시하는 것은 더군다나 아니다. 우리들이 눈앞에 대하고 있는 현실은 각자의 마음 깊이 깃들어 있는 무지에서 일어난 것이므로, 그것의 전폭적인 부정 없이는 인간고의 근본적인 해결은 기대할 수가 없다는 곳에 불교의 근본 입장이 있음을 상기해야 할 것이다.

만일 이러한 전폭적인 현실 부정이 전제되지 않은 어떤 현실 긍정적인 말이 행해진다면 그것은 불교라기보다는 차라리 현세 위주적인 로카야타적 사상이라고 함이 옳을 것이다. 우리 주변에서 인기를 끌고 있는 불교의 소위 현실관이라는 것이 과연 올바른 입장에서 제시되고 있는 것일까? 우리는 그렇다기보다는 그러지 못한 경우를 더 많이 대하고 있는 것 같다.

특히 불교의 업보윤회설(業報輪廻說)에 대해서는 거의 대개의 경우 로카야타적인 입장에서 대하고 있음을 본다. 바꿔 말하면 그 교설을 부정적인 입장에서 보고 있음이 대개의 경우라는 것이다. 사람들 앞에서 업보윤회설을 설하는 사람 자신부터가 그에 대해서 확고한 자신을 못 가지고 있는 경우를 왕왕 대할 수가 있는 것이다.

심지어는 세계적으로 명성을 떨치고 있는 불교학자들의 저술 속에도 '불교의 윤회설은 민중교화를 위하여 불교 안에 채택한 하나의 통속적 종교관념'이라고 결론 짓고 있음을 본다.〈中村元著 原始佛教의 思想 上 p.209〉 불교학자들의 저술 속에 이러한 견해가 있을 정도라면 윤회설에 대한 일반 견해가 어떠할 것인가는 짐작하고도 남을 것이다.

교리적으로 살펴볼 때 불교의 업보윤회설은 그의 무아설(無我說)과 모순되는 듯한 감이 없지 않음이 사실이다. 윤회설이 성립하려면 한 생(生)으로부터 다음 생 사이에는 어떤 불변의 존재가 전제되어야만 한다. 바라문 철학에서는 그것을 '아트만[ātman, 我]'이라고 하였고, 사문들에 속한 사명파(邪命派)나 자이니즘에서는 그것을 '지바[jiva, 命]'라고 불렀다. 그러나 불교의 무아설은 일체는 무상하다고 하여 그러한 불변의 존재를 전적으로 부정하고 있다. 따라서 무아설이 성립하려면 윤회설은 부정되어야 하고, 윤회설이 성립하려면 무아설은 부정될 수 밖에 없는 것이다. 다시 말하면 윤회설과 무아설은 서로 양립할 수 없는 모순관계에 있다는 말이다.

이런 문제성 때문에 학자들은 윤회설을 일종의 방편설이나 또는 하나의 통속적인 종교관념으로 보고자 함이 사실이다. 왜 그러냐면 윤회설과 무아설에서 불교의 근본적인 사상은 전자보다는 후자라고 할 수가 있기 때문이다. 그러나 이러한 견해가 과연 불교의 교리를 제대로 이해하고 있는 것일까? 이에 대해서도 필자는 회의적이지 않을 수가 없다. 필자가 보는 바로는 불교의 윤회설과 무아설은 하등의 모순관계에 있는 것 같지가 않다. 이에 대해서 일찍이 조그마한 논문을 발표한 일이 있지만[東國思想 제6집], 그 요점은 불교의 무아설은 '나'를 부정하고 있음이 사실이지만, 그 부정은 맹목적인 것은 아니라는 점이다.

좀더 자세히 말하면, 불교의 무아설은 연기론(緣起論)에 입각해 있다. 연기론이란 우리들의 현실세계는 각자의 내심 깊이 자리잡고 있는 무명(無明)에 의해 일어났다는 것을 내용으로 하고 있다. 다시 그 무명이란 진리에 대한 무지, 바꿔 말하면 일종의 착각과 같은 성질을 띤 망념이다. 따라서 그러한 무명에 의해 일어난 일체는 '있다'고 말할 수가 없다. 왜 그러냐면, 어떤 사람이 새끼줄을 뱀으로 착각했을 경우 그런 착각에 의해 놀람과 달아남 등의 법이 연기하지만, 이렇게 연기한 법에는 '실체[我]'라는 것은 있다고 말할 수가 없기 때문이다. 불교의 무아설은 바로 이러한 연기설에 입각해서 '나(실체)'를 부정하고 있는 것이다. 그러나 여기에서 조심해야 할 것이 하나 있다.

그것은 그렇게 연기한 법에는 '나'는 없지만, 그러나 아주 없는 것은 아니라는 점이다. 다시 말하면, 착각과 같은 망념에는 실다운 것은 존재하고 있지 않지만, 그렇다고 해서 망념에 의해 연기한 그러한 법까지도 없다는 것은 아니기 때문이다. 비담가(毘曇家)의 말을 빌리자면, '실(實)로는 없지만 가(假)로는 있는 것'이다.

불교의 무아설이 이러한 내용을 가진 것이라면 그것을 어찌 윤회설과 모순된다고 말할 수가 있겠는가? 무아설과 윤회설이 충돌할 때 가장 문제되는 것은 윤회의 주체에 관한 점일 것이다. 그러나 불교의 무아설은 '가아(假我)'의 존재성은 처음부터 인정하고 있으므로 우선 가아의 존재성을 인정하고 있다는 그 점에서 윤회의 주체에 관한 문제가 해결될 실마리가 보인다고 할 것이다. 다음, 불교의 윤회설을 음미해 볼 때 그도 또한 윤회의 주체를 결코 '실아(實我)'적인 것으로는 설하고 있지 않다는 점이다. 윤회의 모습을 '이 음[陰, 假我]이 멸하고 다른 음이 상속한다'〈잡아함 권13〉는 말로 표현하고 있는 데에서 그것을 엿볼 수 있다. 이것은 바라문교나 자이니즘에서 윤회의 주체를 실아적인 아트만이나 지바로 설하고 있는 것과는 크게 다르다고 해야 할 것이다. 따라서 불교의 무아설과 윤회설은 서로 모순된다고 볼 수가 없다. 그 두 교설은 미묘한 표리 관계를 이루고 있는 것이다.

이러한 견지에서 윤회설에 대한 부정적인 태도나 논문들을 대할 때, 필자는 다시금 저 현세 위주적인 로카야타적 사상 경향을 연상하지 않을 수가 없다. 로카야타파는 인도 철학에서 윤회설을 부정하는 유일한 학파인 것 같고, 윤회설에 자신을 못 갖는 설법자들의 말은 대개가 현실 집착적인 방향으로 전개됨을 볼 수가 있기 때문이다. 우리는 불교 밖의 로카야타적 사상 경향에 대해서도 깊은 관심을 가져야 하지만 불교 속의 '로카야타'에 대해서는 더욱 더 조심하지 않으면 안될 것 같다.

〈불광, 1975. 5·6월호〉

7. 불교의 종교적 본질

불교의 근본사상은 불교의 생명과 같은 것이다. 초목이 기후와 풍토에 따라 예민한 반응을 보이듯이 불교도 시대와 전파지역의 조건에 따라 다양한 역사를 형성해 오고 있다. 시대적으로는 원시불교·부파불교·대승불교와 같은 커다란 구별이 생기고 지역적으로는 인도불교·중국불교·서장불교·남방불교와 같은 커다란 차이가 있다. 불교에 이렇게 다양한 형태를 있게끔 하는 그 성립근거, 앞으로도 계속해서 새로운 역사를 창조해 나갈 영원한 생명, 그것을 우리는 불교의 근본사상이라고 부른다.

불교의 근본사상은 그것이 발생시킨 여러 가지 형태의 불교를 떠나 초연히 존재하는 것은 아니다. 마치 초목의 생명이 그 형체를 떠나 존재할 수 없는 것과 같다. 초목의 생명이 바로 그 형체로써 표현되듯이 불교의 근본사상도 그것이 발생시킨 여러 가지 형태의 불교에 의해서 자신을 표현해 온 것이다.

따라서 불교의 근본사상에 대한 이야기는 2,500년이라는 긴 역사와 아시아 전역이라는 넓은 지역에서 피어난 중요한 불교 교리사상들을 소개하는 일이 기본이 된다. 종교 현상의 바탕이 되는 것은 교리사상이기 때문이다. 그러나 단순히 교리를 소개하는 것으로 그쳐서는 안 될 것이다. 우리들이 지금 이야기하고자 하는 바는 '불교학개론'과 같은 것이 아니라 거기에서 한 걸음 더 들어가 그 근본사상을 조명해 보자는 것이다. 따라서 교리를 소개하되, 그러한 교리가 나올 수밖에 없었던 시대적 배경에 보다 큰 관심이 집중되어야 할 것이다. 그리고 그러한 역사적 상황에 처해 새로운 교리사상을 감히 주장하기 시작한 사람들의 창조적 지혜와 대담성이 깊이 음미되는 것이 바람직스럽다. 앞으로 이런 취지로 이야기가 전개되어 나가겠지만, 이번 호에는 그러한 이야기의 서설(序說)로서, 불교가 다른 종교나 철학과 다른 본질적인 차이를 간단히 정리해 보고자 한다.

종교라는 말은 원래 불교에서 나온 말이다. 중국의 남북조 말기로부터 수·당에 이른 시대에 불교 교리의 요지를 '종(宗)'이라는 말로 부르고 그러한 종을 표현하는 언어나 문자를 '교(敎)'라는 말로 부르고 있었다. 다시 말하면 종교는 불교의 어느 특정한 교리의 요지를 나타내는 말이었다.

그러나 이 종교라는 말이 영어의 '릴리젼(religion)'이라는 단어에 대한 역어로 사용되면서 오늘날 종교라면 으레 '릴리젼'의 뜻으로 인식되기에 이르렀다. '릴리젼'의 어원에 대해서는 학자들 사이에 여러 가지 견해가 있지만, 기독교 신학자들은 그것을 '다시 결합한다'는 뜻으로 해석하고 있다. 그리하여 종교의 기본적인 개념을 '인간과 신의 재결합'이라는 뜻으로 풀이하고 있다.

종교의 개념을 이렇게 신과 인간과의 재결합이라는 뜻으로 풀이할 때 불교는 종교라고 보기가 어렵다. 대부분의 종교들은 어떤 인격신(人格神)의 신앙을 기초로 하고 있다. 예를 들면 기독교는 죄 지은 인류에게 구원의 은총을 베풀어 주는 여호와 신에 대한 신앙을 본질로 하고 있다. 이러한 종교에서는 종교의 개념을 인간과 신의 재결합이라는 뜻으로 풀이함이 알맞다고 할 수가 있다.

그러나 불교는 그러한 초월적인 인격신을 구하지 않는다. 불교가 관심하는 바는 인간의 괴로움이 어디에서 일어나는가에 대한 철저한 규명이다. 그리하여 그 근원적인 원인이 모든 것에 실체가 있다고 보는 인간 내심(內心)의 무지에 있음을 발견하여, 괴로움의 근본적인 해결은 그러한 무지를 없애 버리는 길 이외에서는 찾을 수가 없다고 본다. 다시 말하면 인류의 구제를 신과 같은 것에서

구하는 것이 아니라 인간의 지혜와 노력에서 구하고 있는 것이다.

불교는 이와같이 인간의 지혜를 중요시하는 종교이지만 그렇다고 믿음을 소홀히 하는 것은 아니다. 불교사상의 한 갈래인 정토사상에서는 '아미타(阿彌陀)'라는 부처님에 대한 절대적인 신앙을 강조하고 있어 기독교적인 신앙과 통하는 바가 없지 않다. 그러나 이러한 정토사상에서도 기독교적인 신앙과는 본질적으로 다른 바가 있다. 아미타 부처님은 기독교의 여호와 신처럼 우주를 창조했다고 하는 바와 같은 초인간적인 신이 아니라, 법장(法藏)이라는 한 인간이 보살의 길을 닦아 수행을 완성해서 부처가 된 것으로 설해지고 있는 것이다.

따라서 종교의 개념을 '릴리전'의 뜻으로 한정할 때 불교는 종교라고 보기가 어렵지만 종교의 개념을 확대해서 '종교란 인간의 삶에 대한 근본 문제를 전체적으로 해결하여 인생의 궁극적인 의미를 뚜렷이 하여 정신생활을 안정시키는 것'이라는 최근 종교학자들의 정의에 따른다면, 불교야말로 그에 가장 알맞는 종교라고 말할 수가 있을 것이다.

부처님은 애초에 철학과 같은 것을 설하려는 뜻은 없으셨다. 부질없는 사색은 수도에 무익할 뿐만 아니라 장애가 된다고 경계하신다. 그러나 설법에 임하여서는 항상 상대방의 지적(知的) 수준을 살펴 그에 알맞는 친절한 설명을 하셨다. 결코 권위를 갖고 상대방을 압도하려는 일은 없으셨다. 일상적인 사유(思惟), 또는 세속적인 지식을 정밀하게 분석하여 그 근저에 있는 가설(假說)의 모순을 지적하여 착실하게 궁극적인 진리에 접근시키려고 하셨다.

이러한 방법은 독단이나 비약을 배제하려는 현대 철학의 이성적 사유와 공통하고 있다. 원죄나 속죄 또는 부활을 중심교리로 하는 기독교의 신학 앞에 설 때 인간의 이성적 정신은 커다란 시련을 겪기 마련이다. 그러나 불교에서는 먼저 우리 현실세계의 괴로움을 있는 그대로 자세히 설명한 다음 그러한 괴로움의 근본 원인을 인간의 마음속에 깃든 무지에서 찾아 그것을 여의는 바른 길을 제시한다. 이러한 입장은 인간의 무지를 합리적인 사유를 통해 극복하려는 것이므로 매우 이지적이며 따라서 철학적이라고까지 말할 수가 있다. 더구나 후대에 나타난 부파불교의 아비달마 교학이나 대승불교의 중관철학과 유식철학, 그리고 중국불교의 천태사상·화엄사상과 같은 것들은 각각 철학적인 교리체계를 확립하고 있다.

불교는 지혜를 중요시함으로써 이렇게 철학적인 색채를 띠게 되지만 그렇다고 불교를 철학과 같은 것으로 이해해서는 안된다. 모든 현상을 근본적으로 생각하여 궁극적인 진리에 도달하려는 점에서는 양자는 비슷한 점이 있다. 그러나 철학에 있어서는 철학자 자신이 문제[괴로움]의 한복판에 내던져져 그것으로부터의 탈각을 절실하게 구하는 일은 없다. 그는 항상 심각한 괴로움의 현실에 대해서 방관자적인 입장을 취하고 있는 것이다.

그러나 불교는 괴로움의 한가운데에 있는 자기의 현실이 문제이며 이 괴로움을 해결하는 길이 무엇보다도 당면한 과제로 되어 있다. 알음[解]과 함께 그에 입각한 실천[行]이 또한 중요한 위치를 차지하고 있다는 말이다. 어떤 의미에서는 알음보다도 실천을 더 중요시하여 실천으로 옮겨지지 않는 알음은 한낱 사변이나 희론에 불과하다고 보고 있다.

불교의 이러한 주체적인 입장은 그것이 지혜를 중요시하는 면에서 애지(愛知)로서의 철학과 비슷한 점을 가지면서도 그것과도 결별하는 중요한 면이라고 할 것이다. 동시에 철학적인 알음에 그치지 않는 불교의 종교성을 여기에서 우리는 확인할 수가 있다. 불교는 인간탐구의 종교라고 말해도 좋을 것 같다. 인간의 밖에 존재하는 인격신이나 또는 운명과 같은 것과의 관계 속에서 인간을 이해하려는 것이 아니라, 인간의 현실과 본질을 인간의 안에서 파악하려는 지혜의 종교인 것이다.

그렇다면 불교에서 말하는 그 인간의 현실과 본질이란 과연 어떤 것인가. 그것을 정확하게 안다는 것은 쉬운 일이 아니지만, 그러한 알음에 의하여 괴로움을 근본적으로 해결하는 종교적 실천을 다한다는 것은 더욱 어려운 일이다. 불교는 이러한 앎음과 실천을 통해 얻어진 종교적 체험을 '깨달음(bodhi)'이라는 말로 부른다. '붓다(buddha)'는 바로 이러한 깨달음을 얻은 사람이다.

그런데 그 깨달음이 쉽게 얻어지는 것이 아니므로 부처님은 가르침을 받는 사람들의 지혜를 점차로 성숙시켜가는 교육방법을 택하신다. 불교에 여러 가지 교리가 있고 부처님의 설법을 '수기설법(隨機說法)'이라고 말하는 까닭이 여기에 있다. 다른 종교에서는 예를 찾을 수가 없을 정도로 다양한 교리가 베풀어져 있는 것이다. 이러한 교리들은 낮은 것으로부터 깊은 것에로 시설되어 깨달음을 궁극의 위치에 두고 있음은 물론이다.

이런 뜻에서 모든 교리는 사실에 있어서 깨달음을 얻기 위한 일종의 방편에 불과한 것이다. 부처님은 제자들에게 모든 교리는 뗏목과 같은 것이라고 설하고 계신다. 강을 건너간 다음에는 마땅히 버려야 할 것이라는 말이다. 부처님의 교설이라고 해도 그것을 절대적인 것으로 집착해서는 안된다는 것을 엿볼 수가 있다. 이러한 정신은 '불립문자(不立文字)·견성성불(見性成佛)'을 주장하는 불교의 선(禪)사상에서 두드러지게 발휘됨을 본다.

모든 종교는 그들의 성전(聖典)에 절대적인 권위를 부여하고 있다. 심지어는 진리 그 자체라고까지 주장한다. 그러나 불교는 부처님 스스로가 그가 설한 교설에 대해서 그것을 뗏목처럼 간주하라고 권하고 계신다. 바라는 바는 그러한 교설이 지니는 진정한 의미이며, 그에 대한 맹렬한 사유와 실천인 것이다.

'진리[法]에 의지하고 자기에 의지하라'는 것이 부처님의 한결같은 가르침이었다. 경전의 언어에도 집착하지 말라는 이러한 입장은 말 밖의 참뜻을 깨닫게 하려는 데에 그 뜻이 있다. 불교는 실로 깨달은 사람에 의한, 깨달음을 얻게 하기 위한 가르침이라고 말할 수가 있다. 이러한 면은 다른 종교에서는 찾아보기 어려우므로 이것 또한 불교만이 갖는 중요한 종교적 특질이라고 말해도 좋을 것이다.

〈불광, 1976. 12〉.

8. 불교, 어떻게 믿을 것인가

① 종교 선택의 어려움

요즘 세상은 믿을 것이 없다고 한다. 남은 말할 것도 없고 친구나 친척, 심지어는 처자까지도 믿을 것이 못된다. 뉴스나 광고는 물론이지만, 학설까지도 견해가 엇갈려 어떤 쪽을 따라야 할지 알 수가 없다. 재산과 권리와 명예라는 것은 본래부터 덧없는 것이지만, 심지어는 종교와 성직자까지도 불신을 받고 있다. '불교, 어떻게 믿을 것인가'라는 주제는 불교 신앙을 어떻게 할 것인가라는 믿음의 방법을 묻고 있는 말이지만, 불교를 어떻게 믿을 수 있겠느냐는 불신의 뉘앙스가 먼저 풍기는 것은 아이러니컬하다.

그러나 인간이 믿음을 상실하고 살 수가 있을까? 오늘 힘들여 일하는 것은 내일을 믿기 때문이고, 오늘 힘들여 가르치는 것은 다음 세대를 기대하기 때문이다. 내일은 차치하고라도, 지금 이 시점에 우리가 존재하고 있다는 것부터가 무엇인가를 믿고 그것에 의지하고 있음을 뜻한다. 따라서 믿음은 인간 존재를 가능케 하는 정신적 바탕이라고 할 수 있다. 그것이 흔들릴 때 인간은 불안해지고, 그것이 제약될 때 인간은 외로워지고, 그것이 사라질 때 인간은 죽게 된다. 반대로 그것이 일어날 때 인간은 소생하고, 그것이 확장되고 튼튼해질 때 인간은 외로움과 불안을 극복하여 밝고 힘찬 삶을 맞게 되는 것이다.

믿음은 이와같이 인간 존재의 정신적 바탕이 되기에, 사람들은 믿음의 위험성을 겪으면서도 믿음을 또한 구하지 않을 수가 없다. 한번 속은 친구라면 아예 돌아서야 함에도 불구하고 두번 세번 속는 것은 어리석음 때문이라기보다는 어딘가 믿고 싶은 인간성의 나약함 때문일 것이다. 이러한 인간성의 나약함은 재산의 파탄이나 불치병과 같은 절망적인 상황에서는 더욱 절실하게 믿음을 구하게 된다. 그리하여 물에 빠진 사람이 지푸라기라도 잡듯이 아무 교설이나 닥치는 대로 믿음을 일으킨다. 그리고 간혹 그런 맹목적인 믿음은 강렬하고 순수한 만큼 절망적인 상황을 이겨내는 절대적인 힘이 되기도 한다. 그래서 믿음은 그 내용이 진리냐 아니냐에 관계없이 위대한 것이라고 말하고, 그런 믿음이 종교적 믿음의 특징인 것처럼 생각되기도 한다.

그러나 그러한 맹목적인 믿음을 진정한 종교적 믿음이라고 할 수가 있을까? 진정한 믿음이란 끝내 허망하지 않은 영원한 것이어야 할 것이다. 따라서 그 대상은 거짓이 아니라 진실이어야 하고, 일시적인 것이 아니라 영원한 것이어야 하고, 부분적인 것이 아니라 보편적인 것이어야 한다. 이러한 믿음의 대상을 우리 주변에서 찾는다면 그것은 종교라고 해야 할 것이다. 인류가 발생시킨 여러 가지 문화현상 중에서 영원한 진리와 진정한 가치를 체계적으로 제시하고 있는 것은 그래도 종교이기 때문이다.

그러나 오늘날 우리 사회의 종교 현황은 어떤가? 불교를 비롯해서 기독교·유교·도교·무속 등과 같은 여러 가지 종교관념이 난립해 있다. 공산주의적인 유물론도 고대사회에서는 일종의 종교관념이었던 것이다. 뿐만 아니라 각 종교가 내세우고 있는 진리의 내용은 왜 그렇게 서로 다른가? 불교에서는 세계를 인간의 마음이 만들었다고 하고, 기독교에서는 하느님의 창조라고 하고, 유교에서는 음양(陰陽)의 원리에 의한 것이라 한다. 영원하고 궁극적인 진리는 하나여야 할 것인데, 왜 이렇게 각 종교의 주장은 서로 내용이 엇갈리는 것일까? 종교를 믿음의 대상으로 삼고자 할 때, 우리에게는 다시 이런 문제가 대두되는 것이다.

이럴 경우 이에 대해 우리가 취할 수 있는 길은 두 가지라고 할 수 있다. 하나는 어느 종교이든 하나를 골라 덮어놓고 믿는 길이고, 다른 하나는 각 종교의 교설에 관심을 갖고 그것이 과연 진리인가 아닌가를 먼저 문제로 삼아보는 경우이다. 이런 두 가지 방향에서 어떤 쪽을 택할 것인가는 각자의 자유이겠지만, 전자는 결코 종교적 자세라고 볼 수가 없다. 왜 그러냐면 종교는 항상 영원한 진리와 진정한 가치를 추구하는 것이기 때문이다. 그리고 아무 종교나 하나 골라 덮어놓고 따른다는 그러한 마음은, 그것이 바라는 세속적인 물질적 효과가 나타나지 않을 때에는 언제라도 딴 곳으로 눈을 돌린다. 따라서 진정한 종교적 믿음은 무엇보다도 먼저 종교적 교설의 진리성 여부에 관심을 갖고 그것을 먼저 확인코자 하는 데에 있다고 말할 수가 있다.

종교적 믿음의 선행 조건을 이렇게 생각할 때, 우리에게는 이제 판단의 어려움이 따르게 된다. 그것은 아직 믿음의 단계에도 들어가지 못한 사람이 어떻게 그 종교에서 설하는 교설의 내용이 진리인지 아닌지를 헤아릴 수 있겠느냐는 것이다. 기독교에서는 인간은 신을 인식할 수 없다고 하고, 불교에서도 참다운 진리는 오직 부처와 부처만이 주고받을 수 있을 뿐이라고 한다. 따라서 믿어보기도 전에 교설의 내용이 진리인지 아닌지를 알고자 하는 것부터가 잘못이요, 오만이라고 해야할지 모른다.

그러나 범속한 인간의 지적 능력이 아무리 불완전한 것이라고 해도, 선악(善惡)이나 진위(眞僞)와 같은 것을 전적으로 식별할 수 없을 만큼 그렇게 불완전한 것은 아니다. 기독교와 같은 종교에서도 인간은 신을 완전하게는 알 수 없지만, 신이 스스로 그 자신을 인간에게 계시(啓示)함으로써 인간은 신에 대한 부분적인 지식을 얻을 수가 있다고 한다. 따라서 우리가 결혼 대상을 고를 때 먼저 그 사람이 믿음직한가 아닌가를 살펴보듯이 종교에 대해서도 과연 그것이 믿음직한 진리인가 아닌가를 생각해 볼 필요가 있는 것이다.

2 믿음의 자세

이런 견지에서 필자는 오늘 주제로 내세워진 불교라는 종교에 대해서 그것이 과연 믿을 만한 것인가 아닌가에서부터 우선 생각해 보고자 한다. 부처님이 계시던 B.C. 5~6세기경의 인도 사회는 '브라흐만[梵]'이라는 신적 존재를 우주의 창조주이자 본질로 믿는 정통적인 브라흐마니즘이 있었고, 다시 이에 맞서서 세계의 근원을 몇 개의 물질적 요소로 보는 사문(沙門)들의 다양한 종교사상이 대립하고 있었다. 고오타마 싯달타가 당시의 그러한 두 계통의 종교사상을 믿어 보고, 닦아 보고 그 궁극적인 경지를 체험해 보았던 것은 주지의 사실이다. B.C. 5~6세기경의 인도사회와 20세기의 현대사회를 동일선상에서 비교할 수는 없다. 그러나 당시와 현대의 종교관념을 비교해 볼 때 그들 사이에 근본적인 다름이 있다고는 생각되지 않는다.

브라흐마니즘의 범신론(汎神論)과 기독교의 유일신관(唯一神觀)은 크게 다른 것 같지만, 브라흐마니즘의 원천이 되고 있는 리그베다의 종교에는 유일신 관념도 없지 않았던 것이다. 그리고 물질적 요소에 대한 당시의 견해는 지·수·화·풍 사대설(四大說)이 기본적인 것이고, 현대 과학에서는 104원소설이 기본적인 것이지만, 이것 또한 분석 기술의 차이에 불과한 것이지 철학적 사유의 패턴이 근본적으로 다른 것은 아니다. 그렇다면 당시의 여러 종교사상을 믿어 보고 체험해 보았던 고오타마 싯달타의 종교적 구도의 편력은 오늘날 우리들이 '어떤 것이 과연 믿을만한 종교인가'를 문제로 삼았을 때 일어날 판단의 어려움에 대해 중요한 의미를 지닌다고 하겠다. 마치 예수 그리스도가 인간의 죄를 대신 받아 십자가에 못 박혔듯이, 고오타마 붓다는 인간의 힘든 종교적 방황을 대신 받아 겪어 주셨다는 말이다.

고오타마 싯달타는 당시의 여러 종교가 문제성이 있다는 것을 발견한 뒤에는 곧 그들과 결별하여 붓다가야의 조용한 숲을 찾아가 그곳에서 독자적인 선정에 잠겨 마침내 진리를 깨달았다고 한다. 그리하여 그러한 진리를 세상에 나가 설한 것이 불교인데, 그러한 전도 과정에서 자기 자신을 항상 '깨달은 자'로 자처하고 있다. 뿐만 아니라 다른 중생들도 모두 노력만 하면 다같이 그런 깨달음을 이룰 수가 있음을 강조하고 계신 것이다. 이에 대해 당시의 바라문들은 어떠했던가? 그들은 오직 자기들만이 브라흐만 신의 입에서 태어난 '신의 아들들'임을 자처하였고, 브라흐만 신과 교섭하고 제사를 집행할 수 있는 것도 오직 자기들뿐이라고 주장하였다. 부처님과 이들 바라문과의 양자에서 누가 진실을 말하고 있다고 볼 수 있을 것인가?

부처님은 그가 깨달은 진리가 너무나도 깊고 미묘하여 일체의 언어와 사유를 초월한 것이므로, 이것을 중생들에게 깨우치기 위해서는 부득이 언어와 사유를 동반한 점진적 방편을 시설할 수밖에 없었음을 솔직히 고백하고 계신다. 그리하여 자기의 언어적 교설은 절대적 진리가 아니라 저 언덕에 건너간 다음에는 마땅히 버려야 할 뗏목과 같은 것이니, 문자에 얽매이지 말고 항상 그 뜻을 생각하라고 간절히 설하고 계신다. 그러나 바라문들은 어떠했던가? 자기들의 베다 성전은 하늘에서 들은 '쑤루티(śruti)' 곧 '신의 계시'임을 강조하고 그곳에 씌어 있는 일자일구도 모두가 절대적인 진리라는 것을 주장하고 있다. 불교경전에도 물론 '여시아문(如是我聞)'이라는 말이 맨 처음에 붙어 있다. 그러나 이것은 부처님의 제자인 아난(阿難)이 스승의 말씀을 들었다는 뜻에 불과한 것이다. 불교와 브라흐마니즘의 이러한 경전관에서 어떤 쪽이 더 진실을 말하고 있는가는 각자가 생각해 볼 일이다.

부처님은 자기의 교설이 중생을 깨우치기 위한 '삼승(三乘)'이라는 중층적 조직을 가진 미묘한 것이지만, 그러한 법을 들은 자가 누구나 다 깨달음을 이루는 것은 아니라고 말씀하고 계신다. '열반과 열반에 이르는 길은 분명히 있고 자기는 그것을 가리켜 주지만, 가고 안가고는 각자에 달린 일로서, 자기인들 어떻게 하겠느냐' 하시는 것이다. '불교에 대한 믿음을 통해 모든 사람은 다 병이 낫습니까?'라고 물었을 때도 부처님은 낫는 사람도 있고 낫지 않는 사람도 있다고 솔직하게 대답하고 계신다. 브라흐만 신에 대한 기도와 제사를 통해 인간의 문제는 무엇이나 해결된다고 말했던 바라문들의 주장과 위와 같은 부처님의 자세는 좋은 대조를 보여주고 있는 것이다.

이상과 같은 비교는 이밖에도 계속해서 많은 예를 들 수가 있을 것이다. 그리고 그러한 차이는 두 종교가 갖는 근본적인 입장의 차이에서 필연적으로 발생하는 것임은 물론이다. 그러나 그렇게 근본적인 차이에서 오는 것이라고 하더라도, 그러한 근본적인 면에서 어느 쪽이 더 진실에 가까운 것인가를 짐작하는 것은 어렵지 않으리라

고 본다. 부처님이 처음 바라나시에서 교진여 등 다섯 비
구를 상대로 법바퀴를 굴리시고 그것이 급속도로 인도
사회에 퍼져 나갔던 것은 당시의 사람들에게 불교의 그
러한 진실성이 발견되었기 때문일 것이다.

여러 종교가 난립해 있는 상황에서 어떤 것이 믿음직
한 종교인가를 알아내는 어려움이 이상과 같은 방법으
로 해결될 것으로 보는데, 이밖에도 여러 가지 경로와 인
연을 통해 사람들에게 종교적 선택이 이루어질 것이다.
그러나 일단 그러한 선택이 이루어지게 되면, 이제 그에
대한 전적인 '믿음'을 일으켜야 함은 당연한 순서이다.

불교에서는 입문자가 제일 먼저 갖춰야 할 그러한 믿
음으로 '사불괴정(四不壞淨)'이라는 것을 설하고 있다. 불
법승 삼보와 계(戒)에 대해 확고부동한 철저한 믿음을 일
으켜야 한다는 것이다. 또 모든 불교인은 항상 '육념(六
念)'을 해야 한다는데, 그것은 이전의 네 가지 믿음의 대
상에 보시와 하늘의 과보[生天]를 추가한 것으로 그 여섯
가지를 항상 생각하라는 뜻이다. 인간은 타고나면서 다
섯 개의 감관을 갖고 인식과 활동의 작용을 하고 있다.
불교에 입문하여 수행하게 되면 그 위에 다시 새로운 다
섯 개의 감관[五根]이 더 발생하여 다섯 가지의 힘[五力]을
지니게 된다는 것이 오근(五根)과 오력(五力)이라는 교설
인데, 거기에서도 믿음이 제일 앞에 위치하고 있다. 그리
하여 그런 믿음을 통해 '정진(精進)·염(念)·정(定)·혜(慧)'

가 형성된다는 뜻을 보여주고 있는 것이다. 이러한 믿음은 '의심'에 대한 반대 개념이다. 따라서 원시경전에서는 다시 수행을 통해 극복되는 번뇌 속에 끊임없이 의심을 포함시키고 있으니, 인간의 청정한 본성을 가리고 있는 오개(五蓋)의 내용도 '탐(貪)·진(瞋)·수면(睡眠)·도거(掉擧)·의(疑)'로 되어 있으며, 불환과(不還果)에서 단절된다는 오하분결(五下分結)의 설에도 '탐(貪)·진(瞋)·유신견(有身見)·계금취견(戒禁取見)·의(疑)'로 되어 있어 의심이 항상 포함되어 있는 것이다.

절대적 믿음에 대한 이러한 요청은 대승경전에는 더욱 강력하게 나타나고 있다. 금강경에 '만일 어떤 사람이 이 경을 듣고 신심(信心)이 청정하면 곧 실상(實相)을 생하리니, 마땅히 알라. 이 사람은 가장 희유한 공덕을 성취하였느니라'고 설해지고 있다. 그러나 '모든 법의 그러한 실상은 너무나도 심오하고 미묘하여 오직 부처와 부처만이 다 알 수 있을 뿐 그 밖의 사람은 심지어는 보살들까지도 짐작조차 할 수 없는 것'이라고 법화경은 설하고 있다.〈卷2 方便品〉 그러면서도 '여러 보살 중에서 신력(信力)이 견고한 자는 제외한다'는 단서를 붙이고 있으니, 이것은 깨달음의 세계가 아무리 들어가기 어려워도 '믿음'으로써 능히 들어갈 수 있음[以信能入]을 증언하고 있는 것이다. 이러한 대승보살의 구도 과정을 자상하게 설해 나간 것이 화엄경이다. 따라서 그곳에서 보살은 무엇보다도 먼저 불법승에 대해 절대적인 믿음을 일으켜야 한다고 하고, '믿음이야말로 보살도의 근원이요, 공덕을 낳는 어머니요, 의심의 그물을 끊고 무상(無上)의 길을 열어준다'〈卷14 賢首品〉고 설해지고 있다.

그러나 불교에 있어서의 이러한 믿음은 신을 중심으로 한 종교에서 말하는 믿음과는 그 성질이 판이하다는 것을 잊어서는 안된다. 전자에 의하면 신은 우주를 창조하고 지배하는 주(主)요, 인간은 피조물이므로 인간은 마땅히 주의 뜻에 따라 종(從)이 되어야만 구원을 얻을 수 있다는 것을 깊이 인식하는 데에 있다. 그러나 불교에서는 '부처'는 절대적인 진리[眞如]를 깨달은 자요, 중생은 그러지 못한 자이므로, 마땅히 부처의 교법에 따라 수행해야만 최상의 깨달음을 얻을 수 있다는 것을 깊이 인식하는 데에 있는 것이다. 따라서 원시경전의 사불괴정에는 '불·법·승' 삼보가 신앙의 대상으로 설정되고 있으며, 기신론에서는 그러한 삼보에 '절대적 진리[眞如]'를 하나 더 추가하여 '진여·불·법·승'이 불교적 믿음의 대상이라고 논해지고 있는 것이다.

이와같이 불교에 있어서의 믿음은, 인간은 누구나 절대적 진리를 깨달을 수 있다는 것이 그 기본적인 것으로 되어 있다. 따라서 신을 중심으로 한 종교에서는 인간이 신이 되려고 하거나 신과 동일한 위치에 있고자 하는 것이야말로 용서받지 못할 교만이요, 근원적인 죄라고 하는 데에 대해서, 불교에서는 오히려 그러지 않는 것을 '교만'이라고 말하고 있는 것이다. 다시 말하면 부처님은 법화경에서 '모든 부처는 중생들에게 궁극적으로는 부처님과 똑같은 지견(知見)을 개시(開示)하고 오입(悟入)케 하고자 세상에 출현하는 것'이며 '지금까지 설해온 여러 가지 삼승의 교법은 모두가 그러한 깨달음을 얻게 하고자 미묘하게 시설한 방편에 불과했다'는 것을 솔직히 고백하고 계신다. 그런 뒤에 '최상의 깨달음'을 얻고자 감히 뜻하지 않는 것이야말로 최대의 '교만[增上慢]'이요〈권1 方便品〉 죄요 무지라고 규정하고 계신다.〈無量壽經〉

따라서 불교에서의 믿음은 항상 최상의 깨달음을 얻고자 마음을 일으키는 '발심(發心)'과 함께 나타난다. 화엄경에 설해진 보살의 길은 '십주(十住)·십행(十行)·십회향(十廻向)·십지(十地)'로 조직되어 있는데, 그 최초에 위치하고 있는 십주의 제일 첫 단계는 발심으로 되어 있으며, 그러한 발심의 앞[권14 賢首品]에서 믿음이 크게 강조되고 있는 것이다. 이것이 뒤에 보살영락본업경(菩薩瓔珞本業經)에서는 '십신(十信)·십주(十住)·십행(十行)·십회향(十廻向)·십지(十地)·등각(等覺)·묘각(妙覺)'이라는 '오십이위(五十二位)' 설로 조직되고 있음은 물론이다.

불교에 있어서의 믿음은 이와같이 항상 발심을 수반하는데 이러한 발심은 부처님과 같은 최상의 깨달음을 얻고자 마음을 일으키는 것이므로 그것은 곧 종교적 실천의 행(行)으로 옮겨지지 않을 수가 없다. 화엄경은 이런 뜻을 잘 표현하여 십주(十住) 다음에 십행(十行)을 배치하고 있는 것이다. 따라서 불교적 신앙생활이란 어떤 것이냐 하면 한마디로 말해서 이상과 같은 불교적 '믿음'과 '발심'과 '행'을 하나로 연결한 종교적 생활이라고 말해도 좋을 것이다.

③ 진정한 불교적 신앙생활

불교의 신앙생활은 이와같이 그 개념이 명백한 것이다. 그럼에도 불구하고 오늘날 이것이 제대로 인식되고 제대로 행해지고 있을까? 오늘 우리들이 '불교, 어떻게 믿을 것인가' 라는 주제를 내걸고 있다는 사실부터가 우리의 실생활에서 그것이 제대로 이루어지지 않고 있음을 뜻한다. 따라서 이제 좀더 구체적으로 우리 주변에서 행해지는 중요한 불교적 신행(信行)을 예로 들어 그 문제를 살펴보고자 한다.

① 우리 사회에서 전통적으로 가장 친근한 신앙 형태로는 우선 불상 앞에서 예불·공양·기도·발원하는 것을 들 수가 있다. 그런데 그런 불상을 한낱 문화재나 예술품, 심지어는 우상이라고 생각함으로써 신앙심을 퇴전

시키는 일이 있다. 이것은 참으로 경계해야 할 오해라고 보고 싶다. 순수한 신앙심에 불상이 단순한 조형물로 비치는 일이 있을까? 영원히 살아 계신 부처님의 이미지를 촉발시키고 있는 것이다. 그렇다면 그것은 단순한 조형물이 아니요 부처님과 같은 것이니, 불교인은 무엇보다도 먼저 부처님 앞에 나아가 예경하는 데에서부터 매일의 신앙생활을 시작해야 할 것이다.

② 인간의 힘으로는 어쩔 수 없는 괴로움에 부딪혔을 때 불교인은 누구나 관세음보살을 염(念)한다. 그리고 사후에는 서방 극락세계에 왕생할 것을 바래 부지런히 아미타불을 염하는 것이다. 그러나 이러한 염불이 너무 타력신앙의 방향으로 흘러 기독교적인 구원의 관념과 거의 구별할 수 없게 되어 있다. 위에서 살폈던 불교적 믿음과 발심의 본질적 의미는 어떤 경우에도 망실되어서는 안될 것이다. 따라서 관음 신앙을 우리는 절망적인 상황에서도 오히려 불교적 믿음에 의지하라는 부처님의 뜻이라고 인식해야 할 것이다. 그리고 미타신앙 또한 정토왕생의 진정한 원인은 바로 발심이라는 것을 항상 염하여 잊지 말아야 할 것이다.

③ 한국불교는 중국불교의 영향을 받아 대·소승(大小乘)을 구별하여 소승을 부정하고, 조선조 500년의 억불정책 아래서 교학의 정체를 가져와, 선(禪) 아니면 깨달음을 얻을 수 없다는 믿음이 깊이 행해지고 있다. 그러나 선교

(禪教)는 근본에 있어서 하나이며 대소승 또한 일불승(一佛乘)을 임시방편으로 식별해 놓은 것에 불과한 것이다. 그럴진대 무엇보다도 먼저 불교인은 부처님의 말씀을 근본으로 삼고, 최상의 깨달음을 얻고자 발심·수행하여 선재동자(善財童子)와 같은 보살의 길을 걸어가야 할 것이다. 이것이 진정한 불교적 신앙생활이라고 본인은 보고 싶다.

부처님은 법화경에서 다음과 같이 설하고 계신다.

'너희들은 이제 모든 부처님의 진정한 뜻을 알았을 것이다. 그러니 의심을 하지 말고 기뻐할지어다. 너희는 모두 부처가 될 것이다.'

〈동대신문, 1983년 5월 17일자〉

9. 불교학은 아함(阿含)에서부터

① 아함경을 읽는 이유

불교를 처음으로 공부하려는 사람에게 나는 아함(阿含)에서부터 읽어 가라고 권하고 싶다. 불교 입문서나 불교학개론이 불교를 처음으로 대하는 사람에게 맨 처음에 추천되는 책들이지만, 이런 책들은 여행하는 사람이 행선지에 대해 알아보는 안내서와 같은 것으로서 여행에 들어서서의 실제적인 '길'은 아니다. 아함은 불교라는 긴 여로의 맨 처음에 밟아야 할 길인 것이다.

불문(佛門)에 들어와 이미 상당한 조예를 가진 사람이라도 자기의 불교가 어딘지 모르게 헛점이 있는 것으로 느껴지는 분이 있다면 이런 분에게도 나는 아함에서부터 다시 읽어 가라고 권하고 싶다. 아함은 모든 불교학의 기초라고 할 수가 있다. 대소승(大小乘)의 모든 불교사상은 원시불교로부터 시작된 것이고, 아함은 원시불교의 가장 중요한 자료이다. 아함에 대한 연구 없이는 불교학의 기초는 다져질 수 없는 것이다.

대승불교의 올바른 이해를 위해서도 나는 아함을 부디 읽어보라고 권하고 싶다. 대승불교는 아함의 이론과 정신을 바탕으로 성립한 것이라는 점에 오늘날 모든 학자들은 의견을 모으고 있다. 비근한 예로 반야심경만 보아도 거기 나오는 오온(五蘊)·십이처(十二處)·십팔계(十八界)·십이연기(十二緣起)·사제(四諦)·지(智)·득(得)·보살(菩薩)·불(佛)·삼먁삼보리(三藐三菩提)와 같은 개념은 어느 것 하나 아함에 설해지지 않았던 것이 없다. 반야개공(般若皆空)의 제법무자성(諸法無自性) 사상은 아함에 숱하게 되풀이되고 있는 '오온은 무상(無常)·고(苦)·무아(無我)'라는 교의의 발달에 불과한 것이다.

우리 주변에는 법화나 화엄과 같은 높은 수준의 경전은 잘 알면서도 그러한 사상의 원천이 되고 있는 아함에 대해서는 아무 것도 모르고 있는 경우가 허다하다. 아함을 소승경전이라고 무시해서는 안된다. 아함은 대승의 기초경전이라고 해야 한다. 법화경에서 부처님은 중생으로 하여금 부처의 지견을 얻게 하려는 일대사인연(一大事因緣)을 갖고 세상에 출현하신다고 설하고 '삼승방편

일승진실(三乘方便 一乘眞實)'의 교설에 뜻을 일으킨 사람들에게 모두 성불의 기별을 주고 계신다. 이것은 아함에 '여래(如來)는 세상에서 다섯 가지 일을 하지 않으면 안 되나니, 첫째는 법륜(法輪)을 굴리고, 둘째는 아버지를 위해서 법을 설하고, 셋째는 어머니를 위해서 법을 설하고, 넷째는 범부를 깨우쳐 보살행을 닦게 하고, 다섯째는 보살에게 기별을 주는 것이니라.'〈증일아함 권15〉고 설한 부처님의 오사(五事)에서 넷째와 다섯째의 과업을 실행하고 있는 것이라고 말할 수 있는 것이다.

그리고 아함에 '마음이 더럽기에 중생이 더럽고, 마음이 깨끗하기에 중생이 깨끗하다. 비하건대 화가가 하얀 화폭에 뭇 채색을 갖추어 여러 가지 그림을 그리는 것과 같다.'〈잡아함 권10〉고 한 것은, 화엄에서 '마음은 화가처럼 갖가지 오음(五陰)을 그리나니, 모든 세계 중에 만들지 않은 법이 없다. 마음과 같이 부처가 그렇고, 부처와 같이 중생이 그러하나니, 마음과 부처와 중생의 이 셋은 차별이 없다.'〈夜摩天宮品〉고 한 주목할 만한 사상의 선구를 이루고 있음은 아함경을 한번만 읽어도 분명히 알 수 있을 것이다.

이러한 예는 여기에서 일일이 들 수 없을 정도로 아함에 쌓여 있다. 대승불교의 기초를 이루고 있는 것은 아함이요, 아함을 완성하고 있는 것은 대승이라고 할 정도이다. 원시불교사상의 연구를 위해서 뿐만 아니라 대승불교의 올바른 이해를 위해서도, 부디 아함에서부터 읽어 갈 것을 권하고 싶다.

② 한역 4아함과 파리 5니카야

부처님의 금구소설(金口所說)은 부처님의 재세시는 물론 부처님이 입멸하신 뒤 2, 3백년까지도 구전으로 전해지고 있었다. 이것이 문자에 정착되기는 부파불교 시대에 경율론(經律論) 삼장의 성립이 이루어지면서부터라고 생각된다.

일미화합했던 불교 교단은 불멸 후 백년쯤에 대중부(大衆部)와 상좌부(上座部)로 분열하고, 이 근본 2부로부터 다시 18파가 파생하여 20부파를 이루게 된다. 각 부파는 각기 독자적인 삼장(三藏)을 소유하고 있었던 것으로 생각되는데, 아함은 이 중에서 경장(經藏)에 해당된다.

아함이라는 말은 범어 'āgama'를 음역한 것인데 '옴'이라는 뜻을 나타낸다. 경장을 '옴'이라고 부르는 것은 그것이 구전으로 전승되어 온 때문일 것이다. 그러나 단순히 그런 뜻 하나만으로 경장을 아함이라고 부르지는 않았을 것이다. 구전으로 말한다면 율장(律藏)도 그렇게 말할 수 있기 때문이다.

부파불교 시대에 부처님의 교설에 대해서 체계적으로

이해하고 해석하려는 움직임이 일어나는데, 이런 움직임은 교단내에 견해차를 발생시켜, 이것이 부파 형성의 중요한 원인의 하나가 되었다고 생각된다. 이럴 경우 이견(異見)의 대립 속에서 구전되어 온 교설이야말로 움직일 수 없는 권위로 내세워질 것이다. 경장을 특히 아함이라고 한 것은 이러한 사정을 반영하고 있는 것이 아닐까. 아함이 당시에 얼마나 중요시된 경전이었던가를 알 수 있다.

오늘날 우리들이 접할 수 있는 한역 아함에는 다음과 같은 네 가지가 있다.

① 장아함[長阿含 22卷 30經 佛陀耶舍·竺佛念共譯, 法藏部 소속]
② 중아함[中阿含 60卷 222經 僧伽提婆譯, 有部 소속]
③ 잡아함[雜阿含 50卷 1362經 求那跋陀羅譯, 有部系 소속]
④ 증일아함[增壹阿含 51卷 471經 僧伽提婆譯, 大衆部 소속]

장아함은 긴 경전을, 중아함은 중간 길이의 경전을, 잡아함은 짧은 경전을 모아 편집한 것이고, 증일아함은 법수(法數)에 따라 1법에서 11법에 이르는 경전을 모아 엮은 것이다. 그러나 경전의 길이나 법수에 따라 기계적으로 수집해 놓은 것은 아니다. 일단 그렇게 분류한 다음, 그들을 다시 어떤 방침 아래 편찬한 것으로 생각된다.

이 편찬 방침에 대해서는 학자들 사이에 의견이 구구

하지만, 어떻든 현 장아함은 4분으로 구성되어 있는데, 그 제1분은 부처님을 밝히고, 제2분은 부처님의 자각 내용으로서의 법을 밝히고, 제3분은 수행도를 밝히고, 제4분은 세기경(世記經)으로 이루어져 있다. 중아함은 원시불교의 전반에 걸친 교리가 오송(五誦)으로 편집되어 있음을 본다.

현재의 한역 잡아함은 내용 배열이 극히 혼란하고 이질적인 요소[아쇼카왕에 관한 권23, 25]까지 섞여 있다. 이러한 현상은 그것이 어느 땐가 착간(錯簡)된 것임을 나타내고 있는데, 학자들은 그 착간의 시기를 대개 A.D. 5~6세기경으로 보고 있다. 그리하여 착간 이전의 원형을 추구하여 훌륭한 성과가 발표되어 있다. 잡아함은 앞으로 이렇게 복원된 원형에 의하여 읽는 것이 좋을 것이다.

남방불교는 아함에 해당되는 경장으로 현재 다음과 같은 5니카야(五尼柯耶)를 갖고 있다.

① Dīgha-nikāya[長部, 3품 33경]

② Majjhima-nikāya[中部, 15품 152경]

③ Saṁyutta-nikāya[相應部, 5품 2875경]

④ Aṅguttara-nikāya[增支部, 170품 2198경]

⑤ Khuddaka-nikāya[小部, 15경]

이 5니카야를 아함이라는 이름으로 부르지 않고, 니카

야(尼柯耶, nikāya)라고 부르는 것은 전승(傳承)보다는 편집(編集)이라는 뜻을 강조한 때문인 것으로 생각된다. 팔리어로 니카야는 '신(身)'이나 '집(集)'이라는 뜻을 갖고 있다.

각 부파의 경전이 대개 장·중·잡·증일의 형식으로 편찬되고 있음을 보면, 이런 편찬 형식의 기원은 상당히 오랜 것으로서 부파 분열 이전에까지 거슬러 올라갈 수 있을 것이다. 아닌게 아니라 그 편찬 방식은 기억·구전(口傳)을 위한 형식이라는 것이 느껴진다. 따라서 구전되는 과정에서 형성된 편찬 형식이라고 볼 수 있다.

아함의 전승은 이렇게 오랜 역사를 가진 것이므로 각 부파의 지송경전(持誦經典)에는 차이가 생겨나기 마련이다. 이런 차이는 시대가 흐르고 부파간의 대립이 심해짐에 따라 부파적 요소까지 가미되어 더욱 증대되어 갔을 것이다. 오늘날 한역 4아함과 팔리 5니카야만 비교해 보아도 상당한 차이가 발견된다. 따라서 각 부파는 독자적인 삼장을 소유하고 있었다고 말하는 것이다.

한 부파의 삼장이 오늘날 완전하게 전해지고 있는 것은 남방불교(南方佛敎)의 팔리 삼장뿐이다. 한역 4아함은 장·중·잡·증일을 갖추고 있긴 하지만 실은 여러 부파에 속했던 것이 한역되어 4아함을 형성하게 된 것이다. 이것은 그들의 내용을 자세히 고찰함에서 밝혀지는 것인데, 학자들은 각 아함의 소속 부파를 대개 앞의 표에서 표시한 바와 같이 추정하고 있다.

4아함은 총 183권에 이르는 방대한 부피이다. 그러나 그들 속에는 중복되는 것이 허다하고, 같은 내용에 편찬 형식만이 다른 것도 상당히 있다. 따라서 핵심적인 것만을 추린다면 그렇게 많지 않을 것이다. 오늘날 이런 작업은 행해지지 않고 있지만 언젠가는 행해져야 한다고 생각되며, 그런 작업이 행해져서 아함의 요집(要集)과 같은 것이 나온다면 아함의 지송에 커다란 도움이 될 것이다.

③ 불교의 원초적인 모습

아함에는 불교의 원초적인 형태가 적나라하게 드러나 있다. 거기에 나타나는 부처님은 모든 염오(染汚)의 차별상을 초월하여 광대무변한 법계에 충만해 있는 진리 그 자체로서의 부처도 아니고, 모든 괴로움을 여의어 청정 무구한 정토에 안주하여 중생들의 귀의를 받고 있는 부처도 아니다.

오만하기 이를 데 없고, 사악하기 헤아릴 길 없는 중생들 속에서 처참할 정도로 고생하면서 진리를 위해 싸우는 지혜와 사랑의 인간으로 나타나 있다. 아함을 읽는 이는 누구나 부처님이라기보다는 인간 싯달타의 너무나도 청순한 인간미에 우선 눈시울이 뜨거워질 것이다. 이런 느낌은 다른 경전에서는 맛볼 수 없는 것이다.

불교의 근본사상과 입장이 무엇인가는 불교를 공부하는 사람이 무엇보다도 먼저 알고 있어야 할 중요한 문제 중의 하나이다. 이러한 문제는 아함이 아니고는 제대로 파악하지 못할 것이다. 아함에서는 불교 흥기 당시 인도의 모든 종교와 철학사상이 불교에 도전해 오고 그런 도전에 대해서 부처님은 무엇이 진리이며 무엇이 인생의 의의인가를 밝히고 계신다. 따라서 불교의 근본사상과 입장이 다른 철학을 배경으로 선명하게 부각되어 있는 것이다.

정통 바라문의 사상을 전변설(轉變說)이라 하고 새로운 사문들의 사상을 적취설(積聚說)이라고 한다면, 불교 철학은 연기설(緣起說)이라고 할 수 있다. 연기라는 것은 우리의 현실세계를 각자의 무지에서 발생한 것으로 보는 세계관을 의미한다. 이러한 입장에서 부처님은 전변설의 '아트만[我]'을 부정하고, 적취설의 단견(斷見)을 부정하여 그러한 두 끝을 지양한 중도(中道)적 '무아'를 종교적 실천의 원리로 제시한 것이다.

연기만 알면 불교 철학은 다 알게 된다고 할 수 있다. 그러나 연기라는 것은 그렇게 쉽게 이해되는 것이 아니다. 아함에는 육근(六根)·십이처(十二處)·육육법(六六法)·오온(五蘊)·사제(四諦)·십이연기(十二緣起)와 같은 법들이 잡다하게 산설(散說)되어 있다. 아무런 체계도 철학도 없이 법을 설해 놓은 듯한 인상마저 주고 있다. 그러나 조심히 살펴보면 그들은 모두가 연기의 일종이다. 범부의 상식으로 이해할 수 있는 것으로부터 성인이 깨달은 것에 이르기까지 정교한 짜임새로 시설된 것들이다. 연기의 진정한 뜻을 파악하기 위해서는 무엇보다도 먼저 아함에서부터 읽어가고 그 미묘한 뜻을 심사숙고해 볼 필요가 있다.

아함에 그려진 부처님 제자들의 청순한 구도의 정열과 생명을 아끼지 않는 홍법(弘法)의 정신도 우리들을 무한한 감동에 젖게 할 것이다. 증일아함 권13에 그려진 아나율(阿那律)을 보자. 부처님 제자 중에서 아나율은 천안(天眼) 제일로 알려진 사람이지만 그가 천안을 얻게 된 이야기는 오늘날 우리들이 읽기에는 너무나도 슬픈 이야기인 것 같다. 아나율은 어느날 좌선하다가 깜박 졸았던 모양이다. 그때 마침 부처님이 이것을 보고 주의를 주셨는데, 그로부터 아나율은 결코 눈을 감지 않아 마침내 시력을 잃고 말았다는 이야기다. 처절할 정도로 뜨거운 구도심이라고 하지 않을 수 없다.

잡아함 권13에 나오는 부루나(富婁那)는 홍법에 목숨을 바친 일례라고 할 것이다. 어느날 부루나는 부처님 앞에 나와 서쪽 지방의 포교에 나가겠다고 청하였다. 부처님은 그에게 "서쪽 지방 사람들은 사나우니, 욕을 하면 어떻게 하겠느냐?"고 물으셨다. 그때 부루나는 "때리지 않는 것을 다행으로 알겠습니다"고 대답했다. "만일 때린다면?" "몽둥이나 돌로 치지 않는 것을 다행으로 여기겠습니다." "몽둥이나 돌로 친다면?" "죽이지 않는 것을 다행으로 여기겠습니다." "만일 죽인다면?" "열반에 들게 해주는 것으로 감사하겠습니다." 부루나는 드디어 부처님의 허락을 받아 서방 포교에 힘쓰다가 그곳에서 목숨을 마쳤다 한다.

아함을 통해 이러한 부처님의 제자들을 만나게 되며 그들의 뜨거운 구도열은 우리로 하여금 자신을 반성하여 불자로서의 사명에 다시금 불타게 할 것이다.

〈월간 범성, 1973년 2·3월호 합본〉

10. 불교의 우주론(宇宙論)

1 궁극적인 물음

현대의 종교학자들은 종교를 '신과 인간과의 재결합' 이라고 보던 종래의 기독교 신학적 정의를 반성하고, 보다 객관적이고 포괄적인 정의를 내리려고 노력하고 있다. 그러한 시도 중에서 우리들의 관심을 끄는 바는 종교를 인간의 궁극적인 문제에 대한 해답을 주는 것이라고 보려는 입장이다. 예를 들면 폴 틸리히(Paul Tillich)와 같은 저명한 종교학자는 '종교란 한 사회의 궁극적인 관심에 지향된 신념과 실천의 체계' 라고 기술하고 있으며, 일본 태생의 종교학자 키시모도(Kishimoto)는 '종교가 다른 문화적 활동으로부터 확연하게 구별되는 가장 특질적인 것은 인생의 궁극적 의미와 생의 여러 가지 문제에 대한 궁극적 해결' 이라고 말하고 있다.

여기에서 말하고 있는 '한 사회의 궁극적 관심' 또는 '생의 궁극적 의미와 해결' 이란 도대체 무엇을 의미하는 것일까. 일상 생활에서 우리들이 가장 보편적으로 만나게 되는 문제들은 의식주에 관한 것이다. 의식주의 해결 없이는 인간의 생존은 지속될 수가 없으므로 가장 시급하게 그 문제가 대두되는 것은 당연하다. 정치와 경제라는 것도 따지고 보면 의식주 생활을 보다 평화롭고 공평한 질서 위에 안정시키려는 데에 목적이 있다. 과학기술의 발달도 물질생활을 보다 윤택케 하려는 데 뜻이 있음은 물론이다.

그 뿐이랴. 인류의 역사라는 것도 의식주의 보다 안전한 확보를 위한 투쟁사라고 볼 만하다. 짐승을 사냥하여 고기와 가죽을 얻던 때가 수렵시대이며, 농사에 착안하여 보다 안정된 생활에 정착하게 된 때가 농경시대이다. 종족간의 치열한 물자 쟁탈전에서 승리하기 위한 힘의 결속을 꾀한 곳에 고대 국가의 형성은 있었던 것이다. 이러한 인류의 역사 형성은 현대에도 그 기본 성격을 조금도 달리하고 있지는 않다. 국제간의 정치 경제적 이해타산이 충돌할 때는 언제라도 무력 충돌이 발발할 가능성을 안고 있으며, 세계 평화와 인류의 번영을 외치고 있는 강대국들이 한편으로는 무서운 핵무기를 개발하고 있는 것이다.

이렇게 볼 때 인간에게 가장 시급한 문제는 의식주에 관한 것이며, 이것이 모든 인간 문화의 바탕이 되고 있는 듯한 인상을 주고 있다. 그렇다면 종교학에서 말하는 궁극적인 문제라는 것도 바로 이러한 의식주에 관한 문제에 속한 것일까. 종교라는 현상도 애초에 인간 사회에서 발생한 것이므로 그러한 문제와 전혀 무관한 것일 수는 없을 것이다. 그러나 문제를 다루는 데에 있어서 종교는 다른 문화적 활동과는 전혀 각도를 달리하고 있다.

종교에서 관심하는 바는 인간의 생존을 어떻게 하면 너 좋은 조건에서 지속해 갈 깃인가 하는 그런 것이 아니다. 세계 속에 던져진 덧없는 인간의 생존 그 자체에 눈을 돌려, 그 존재 이유를 묻고 있다. 의식주의 확보를 위한 인류의 그 오랜 역사에도 불구하고 왜 오늘날에도 그것은 더 심각한 문제로 대두되고 있을까? 살아보려는 인간의 집요한 노력에도 불구하고 왜 그는 결국은 죽음을 맞이해야 하는가. 인류의 역사와 인간의 생존은 도대체 어떤 의의를 갖고 있단 말인가. 우주의 배후에는 알 수 없는 신비로운 수수께끼가 깃들어 있는 듯하다. 덧없는 인간의 생존 그 자체에 눈을 돌린 종교적 성찰은 이리하여 우주의 본질과 기원에 관한 문제로까지 심화된다.

현대 종교학에서 말하는 인간의 '궁극적 물음'이란 바로 이러한 물음을 의미하는 것이다. 그리고 종교는 이러한 문제에 대한 답변을 주는 데에 그 특질이 발견된다는 것이다. 이런 견지에서 독일의 종교학자 요아킴 바하(Joachim Wach)는 종교학에서 가장 근본적인 문제는 궁극적 본질에 관한 것, 우주와 세계에 관한 것, 세계 속의 인간이라고 말하고, 신학(神學)·우주론(宇宙論)·인간론(人間論)의 셋이 모든 종교적 사유의 중심이 된다고 말하고 있다.

불교도 종교라면 인간의 이러한 궁극적인 문제에 대해서 답변을 해주고 있을 것이다. 그 답변은 어떤 내용을 어떤 방법으로 베풀어주고 있을까. 이 소책자는 인간의 궁극적 문제에 대한 불교의 그러한 답변을 우주론·인생론·생활론의 3장으로 갈라 간단히 소개하려는 것이다. 먼저 우주론부터 살펴보자.

② 불교의 침묵

주지하는 바와 같이 기독교는 우주의 기원에 대하여 아주 명확한 답변을 해 주고 있다. 구약성서 제1장 창세기 첫머리에 '태초에 하나님이 천지를 창조하셨나니라'라는 말이 나온다. 우주의 근원은 신(여호와 하나님)이라는 입장이다. 그리하여 이 신의 기본 성격을 기독교 신학은 다음과 같이 규정하고 있다. 세계와 인간을 창조하고 그 운명을 결정하는 절대적인 '힘'이고, 최고의 윤리성을 지닌 신성한 인격체이다.

그리고 그러한 신의 피조물인 인간이 오늘날과 같은 비참한 괴로움을 겪게 된 이유에 대해서는 아담과 이브의 신화를 통해 아주 명확하게 설명해 주고 있다. 최초의 인간인 아담은 순수 무구한 성품을 지녀 에덴 동산의 지극한 즐거움 속에 창조되었다. 그러나 사악한 뱀의 유혹에 빠진 이브의 설득으로 그는 신의 뜻을 어기고 선악의 나무에 열린 과일을 따먹음으로써 저주받은 지상에 떨어져 분노와 증오에 싸인 자손을 낳으면서 죄의 댓가를 치르게 되었다는 것이다. 따라서 인간은 이제 자신이 죄인임을 의식하고 여호와 하나님께 속죄하고 그 구원을 받는 길밖에 없다는 결론에 도달한다.

동양 민족의 생활 윤리를 지배해 온 유교도 인간의 궁극적인 문제에 대해서 아주 간결한 해명을 해 주고 있다. 유교사상을 철학적으로 심화하고 체계화한 것은 송대(宋代)의 주자(朱子)인데, 그가 저술한 유교 철학의 입문서인 근사록(近思錄) 첫머리엔 다음과 같은 말이 실려 있다. '극(極)이 없음이 곧 태극(太極)이다. 태극이 움직여 양(陽)을 낳고 움직임은 극에 이르러 고요해진다. 고요해짐은 음(陰)을 낳고 고요해짐이 극에 이르러 다시 움직인다.' 그리하여 이러한 음양이 결합하여 수·화·목·금·토의 오행(五行)을 발생하고, 음양 오행이 결합하여 천지 만물을 발생시켜 무궁한 변화를 계속 시킨다는 것이다. 기독교가 우주의 근원을 '신'으로 보고 있는 것과는 판이하게 유교는 그것을 '역(易)'으로 파악하고 있다. 동일한 우주에 대해서 기독교와 유교는 그 견해를 이렇게 달리하고 있는 것이다.

그렇다면 인간의 본성에 대해서는 유교는 어떻게 보고 있을까. '오직 인간은 그 중에서 빼어남을 얻어 가장 신령스럽다. 형체가 생하여서는 정신이 발하여 인식을 한다. 오상[仁義禮智信]이 감동하고 선악이 갈라져 만사가 나온다.' 인간의 본성을 착한 것으로 보고 있는 것이다. 이것은 그의 우주론에 상응하고 있다고 말할 수가 있다. 그러나 그러한 인간이 왜 오늘날과 같은 비참한 현실로 전락해 있을까. 이 문제에 대해서는 유교는 기독교나 불교처럼 그렇게 심각하지는 않은 듯하다. 그에 대한 묘사가 강렬하지 않기 때문이다. 그렇다고 해서 그러한 의식이 전혀 없는 것은 아니다. '성인은 그것을 정하되 중정인의(中正仁義)로써 하여 고요함을 위주로 인극(人極)을 세우고, 군자는 그것을 닦아 길(吉)하며 소인은 그것을 패(悖)하여 흉(凶)하나니라.' 인간의 현실 상황을 '흉'으로 파악하고, 성인의 가르침을 따라 마음을 닦을 뜻을 나타내고 있는 것이다.

기독교와 유교는 이렇게 인간의 궁극적인 문제에 대해서 명확한 답변을 해주고 있다. 그러면 불교는 어떤가. 이런 각도에서 불교경전을 볼 때 뜻밖에도 불교는 기독교나 유교와는 전혀 다른 입장을 취하고 있음을 발견한다. 기독교의 창세기는 구약성서의 제일 처음에 위치하고 있으며, 유교 철학의 태극설도 근사록의 제일 처음에 위치하고 있다. 종교의 궁극적인 문제에서 우주의 기원이나 본질에 관한 것이 가장 근본이 되므로 그러한 서술 순서는 당연하다고 할 것이다.

그런데 불교는 어떤가. 불교의 원시경전은 아함경이며, 그 중에서도 장아함이 제일 앞에 위치한다. 그런데 이 장아함을 볼 때 그 제일 처음에 우주의 기원이나 본질에 관한 것이 아니라, 과거 일곱 부처님의 탄생·출가·수도·항마·성도·전법륜·열반에 관한 이야기가 나오는 것을 볼 수가 있다. 다시 말하면 다른 종교에서는 우주론이 설해질 장소에 불교는 부처님에 대한 이야기를 배치하고 있는 것이다. 불교의 우주론적 신화에 해당시킬 수 있는 것은 세기경(世記經)에 나오는 이야기라고 말할 수가 있다. 그런데 이 경은 장아함의 제일 끝에 수록되어 있다. 뿐만 아니라 이 세기경은 남방불교의 불전에는 수록되어 있지도 않으니 이것은 그 경전의 성립이 매우 늦다는 것을 의미함과 동시에 그만큼 불교에서는 중요시되지 않았던 내용이라는 뜻이기도 한 것이다.

더욱 놀라운 것은 부처님은 우주의 기원이나 본질에 관한 문제에 대해서는 언어에 의한 해설을 좀처럼 베풀려고 하시지 않았다는 사실이다. 부처님 당시에 만동자

(鬘童子)라는 비구가 있었다. 그는 부처님이 다음과 같은 문제에 대해서 해명해 주시지 않은 것에 대해서는 매우 불만을 갖고 있었다.

① 세계는 영원한가, 무상한가, 영원하기도 하고 무상하기도 한가, 영원하지도 않고 무상하지도 않은가.
② 세계는 유한한가, 무한한가, 유한하기도 하고 무한하기도 한가, 유한하지도 않고 무한하지도 않은가.
③ 영혼과 육체는 하나인가, 둘인가.
④ 여래(如來)는 사후에 있는가, 없는가, 있기도 하고 없기도 한가, 있지도 않고 없지도 않은가.

이 열 네가지 문제는 분명히 인간의 궁극적인 물음에 관련된 것들임을 볼 수가 있다. ①과 ②는 세계의 시간적·공간적 성질에 관한 것으로서 종교의 우주론에 관련되며, ③은 인간의 본성에 관한 것으로서 인간론에 관련되고, ④는 그러한 인간이 깨달음을 열었을 때의 소식을 묻고 있는 것으로서 생활론에 관련되고 있기 때문이다.

만동자는 이러한 문제를 내걸고 만일 부처님께서 이러한 문제에 대해서 명확한 답변을 해주시지 않으면 수도생활을 버리고 부처님 곁을 떠나겠노라고 다그쳤다. 그는 분명히 인간의 궁극적인 물음에 번민하고 있었으며 그 해결을 부처님에게서 구하려고 했던 것을 알 수가 있다. 이에 대해서 부처님은 어떤 답변을 해주시고 계실까. 뜻밖에도 부처님은 만동자에게 다음과 같은 말씀을 주고 계실 뿐이다.

"만동자여, 내가 일찍이 너에게 그런 문제를 답변해 주기로 약속한 일이 있었던가. 그리고 너 또한 내게 그런 답변을 듣겠다는 조건 아래 내게 출가했던 것인가. 그런 일이 없었는데 네 이제 내게 그런 부질없는 항변을 하는 것은 무슨 까닭이냐. 네가 제기한 그런 문제를 내가 설명해 줄 수 없는 것은 아니지만, 만일 그것을 너에게 설명해 주고 있노라면 너는 그것을 다 듣기도 전에 목숨을 잃고 말 것이다.

비유하건대 여기 어떤 사람이 독 묻은 화살을 맞았다고 하자. 이 사람은 무엇보다도 먼저 그 독이 온 몸에 퍼지기 전에 화살을 뽑아야 할 것이다. 그럼에도 불구하고 그 사람이 고집하여 말하되, 화살을 쏜 사람이 어떤 사람인지, 성은 무엇이고 이름은 무엇이며 주소는 어디인지 등을 알기 전에는 화살을 뽑지 않겠다고 한다고 하자. 또는 그 화살이 나무로 만들었는지 대로 만들었는지 뿔로 만들었는지 등을 알기 전에는 그것을 뽑지 않겠다고 한다고 하자. 또는 화살촉이 쇠로 되었는지 돌로 되었는지 뼈로 되었는지 등을 알기 전에는 그것을 뽑지 않겠다고 한다고 하자. 그 사람은 그것을 채 듣기도 전에 목숨을 잃고 말 것이니라.

너의 질문 또한 그와 같은 성질의 것이다. 그러한 질문은 너의 깨달음과 지혜와 해탈에는 아무런 도움이 되지 않나니, 네가 성급하게 알고 행해야 할 바는 너의 현 존재가 괴로움이라는 사실과 나아가 그것을 근본적으로 해결할 길이니라."〈중아함 권 60 箭喩經〉에 나오는 유명한 이야기다. 인간의 궁극적인 물음에 대해서 부처님은 답변을 회피하고 계시는 것이다. 그래서 이 열네 가지 질문을 불교에서는 '무기(無記)'라고 한다. 그러한 질문이 제기될 때마다 부처님은 언제나 침묵을 지키셨기 때문이다.

③ 종교의 진리성

부처님은 이렇게 우주의 기원이나 본질에 관한 궁극적인 문제에 대해 언어에 의한 답변을 피하고 계시는데 그 이유는 무엇일까? 부처님은 그러한 문제에 대해서 아예 관심이 없으셨던가. 결코 그렇지는 않다. 그렇다면 왜 그것을 기독교나 유교처럼 명쾌하게 설해 주시지 않으시는 것일까. 불교를 믿는 사람에게 이 점은 매우 불만스럽게 느껴지는게 사실이다. 그러나 사실은 오히려 그러한 곳에 종교적 진리에 대한 부처님 자신의 진지한 태도가 엿보이고 있다.

우주의 기원이나 본질과 같이 그렇게 중요한 문제에 대한 답변은 그것을 덮어놓고 제시하는 데에 뜻이 있는 것이 아니라, 올바른 해명을 하였느냐에 뜻이 있을 것이다. 모든 종교는 각기 독자적인 우주론을 제시하고 그에 입각해서 교리를 전개시키고, 그의 절대적 진리성을 주장하고 있다. 그런데 그러한 우주론의 내용이 왜 서로 질적인 차이를 나타내고 있을까. 기독교와 유교만 보더라도 전자의 신학적 우주창조설과 후자의 역학적(易學的) 우주변역설(宇宙變易說)은 결코 동질의 것이 아닌 것이다. 그렇다면 도대체 어떤 쪽의 해명을 우리는 진리라고 해야 할 것인가. 동일한 대상에 대해 이질적인 두 개의 진리는 있을 수가 없기 때문이다. 어느 한 쪽이 진리라면 다른 한 쪽은 허위일 것이다. 또는 둘 다 허위일지도 모르고 또는 그들은 진리의 전체가 아니라 어느 일부분만을 파악하여 그것을 전체로 착각한 오류를 범하고 있을지도 모른다. 만일 그들의 우주론이 허위이거나 또는 미진(未盡)한 것이라면, 궁극적 물음에 대한 우리들의 탐구는 다시 시작되지 않으면 안될 것이다.

종교의 진리성에 대한 이러한 회의는 여러 종교가 난립하여 각자의 진리성을 강력하게 주장할 때 그것을 대하는 사람에게 필연적으로 일어나기 마련이다. 그리고 그런 회의가 일어났다면 덮어놓고 신앙할 수만은 없을 것이다. 신의 계시에 의한 것이라거나, 성경에 씌여 있다거나, 또는 깨친 사람의 교시라는 종교적 권위만으로는 진리라고 받아들일 수가 없다는 말이다. 종교의 개창자도 하나의 인간으로서 궁극적인 문제를 탐구하여 해답을 얻고 그것을 다른 사람들에게 설한 것이라는 지극히 인간적인 수준으로 내려오게 된다. 동시에 그들도 인간인 이상 오류를 범할 수 있지 않겠느냐는 생각에 미치게 된다. 이렇게 되면 이제 그들의 주장이 과연 참다운 것인가 하는 것을 검토해 보는 방향으로 나아가지 않을 수가 없다.

그런데 매우 흥미롭게도 부처님은 당시 인도의 여러 종교사상의 우주론에 대해서 그러한 비판적 검토를 하고 계시는 것을 본다. 이런 부처님의 비판적 검토를 살펴보기 전에 먼저 당시 인도의 각 종교사상이 어떤 우주론을 전개시키고 있었던가를 소개할 필요가 있다. 주지하는 바와 같이 불교가 일어나던 당시의 인도사상계는 크게 두 계통으로 갈라져 있었다. 하나는 베다·범서(梵書)·삼림서(森林書)·우파니샤드라는 일련의 문헌의 성립 속에 전개된 전통적인 바라문(婆羅門)의 사상이고, 다른 하나는 이러한 바라문 사상에 도전한 새로운 사상가들, 다시 말하면 불교경전에 소위 육사외도(六師外道)라고 불리우는 사문(沙門)들의 사상이다. 이 두 계통 중에서 먼저 정통적인 바라문의 우주론을 살펴보자.

베다 문헌 중에서 가장 오래된 것은 리그 베다인데 여

기에는 벌써 신학적인 우주창조설이 나타나고 있다. 즉 우주를 창조한 것은 '조일체신(造一切神)'으로서 그는 마치 목수가 나무로 집을 짓는 것과 같이 우주를 만들었다는 것이다. 그러나 이 우주창조설은, 만일 그렇다면 그 재료는 애초에 어떻게 있게 되었느냐는 것을 설명할 수 없다. 리그 베다에 나오는 우주출산설(宇宙出産說)은 이런 문제를 해결하려는 것으로 볼 수 있다. 이에 의하면 우주는 '생주신(生主神)'에 의해서 마치 부모가 애를 낳는 것처럼 산출되었다는 것이다. 아기의 출산에는 재료가 따로 필요치 않으므로 문제의 우주창조설의 재료 문제가 일단 해결된 셈이다. 그러나 아직도 문제는 완전히 해결된 것이 아니다. 능생자(能生者)와 소생자(所生者)의 차별은 타개되어 있지 않기 때문이다.

우주개벽설의 이러한 문제를 타개하기 시작한 것은 범서(梵書)와 우파니샤드 문헌에 나타나는 범신론적(汎神論的)인 우주전변설(宇宙轉變說)이다. 먼저 범서의 전변설부터 간단히 소개하면, 생주신이 열을 일으켜 천·공·지의 삼계를 발생하고 또한 태양·바람·불의 삼신을 발생하고 이들은 다시 일체를 발생한 다음 생주신은 그 일체 속에 들어갔다는 것이다. 다시 말하면 생주신의 열을 동력인으로 하고, 생주신의 몸을 질료인으로 하여 우주가 전개되었다는 말이다. 이렇게 되면 능생자와 소생자의 차별 문제는 사라지게 되며, 따라서 '생주신'이라는 이름도 바뀌어야 할 필요가 생긴다. 그리하여 '범(梵)'이라는 이름이 채택되는데, 이 낱말은 인격신으로서의 성격[男性]과 중성원리(中性原理)로서의 성격을 갖고 있어 알맞는 것이다.

범서의 이러한 우주전변설은 우파니샤드에 이르러 철학적으로 완성된다. 즉 태초에 유일자(唯一者)인 '유(有)'가 있어, 이것이 많아지려는 욕심을 일으켜 화(火)를 발생하고, 화는 다시 욕심을 일으켜 수(水)를 발생하고, 수는 또 욕심을 일으켜 지(地)를 발생하였다. 그리하여 이 화·수·지의 셋이 복합물을 만들고 '유'는 그 속에 '목숨의 자아[命我]' 형태로 들어갔다. 그래서 명색(名色)을 발생하고 명색에서 일체가 발생하였다는 것이다. 이런 우주론에 의하면 인간은 욕심을 바탕으로 목숨을 지닌 개아적(個我的) 존재로서 생사에 윤회하게 될 것은 당연하다. 따라서 괴로운 생사윤회를 해탈하려면 '범'과 '나'가 동일하다는 알음[智]에 의해 범행(梵行)과 선정(禪定)을 닦아 범계(梵界)에 돌아가야 한다는 결론에 도달하게 된다. 불교가 일어날 무렵 인도의 정통사상은 적어도 이 정도의 종교사상을 발전시키고 있었던 것이다.

이에 대해서 사문들은 어떤 사상적 도전을 하고 있었던가. 사문들의 사상 계보는 복잡하고 자료가 빈곤하여 확실한 내용을 알 수가 없다. 그러나 그들은 바라문의 우주전변설이 자기네의 사회적 지위를 확립, 유지하기 위한 독단론이라고 단정하고, 종교적 교설에 대한 회의론을 펴거나, 또는 확실한 논거 위에서 궁극적 문제를 해명코자 하였다. 이런 입장에서 우주의 근원을 몇 개의 요소로 보고 그런 요소들의 이합집산(離合集散)에 의해 세계와 인간의 생성·소멸이 있게 되는 것이라고 설하였다. 예를 들면 아지타는 우리들이 확인할 수 있는 가장 확실한 우주의 근원은 지·수·화·풍의 네 가지 요소라고 하였다. 파쿠다는 아지타의 이러한 사대설에 목숨·괴로움·즐거움의 셋을 추가한 칠신설(七身說)을 주장하였는가 하면 코살라는 여기에 다시 허공·얻음·잃음·생·사의 다섯을 추가하여 12요소설을 내놓았다.

생의 가치관에 있어서도 사문들은 바라문의 해탈사상과는 정면으로 충돌하고 있었다. 아지타의 4대설에 의하면 인간은 죽으면 그만이다. 따라서 그는 현세의 쾌락이야말로 인생 최대의 가치라고 주장하였다[順世派]. 한편 파쿠다의 칠신설과 코살라의 12요소설에는 목숨과 고·락·생·사 등이 불변의 요소로 포함되어 있는 것을 보면 인간의 삶은 싫든 좋든 간에 이미 결정된 것으로서 그것을 충실하게 살아갈 수밖에 없다는 뜻이 뚜렷하다. 그들이 생활파(生活派)라고 불려지는 것은 이 때문이다. 바라문의 종교적 이념이 생사윤회를 해탈하려는 것과는 정반대의 입장인 것이다.

한편 자이나교의 개조 니간타는 사문 계통에 속하면

서도 그와는 달리 해탈사상을 편 곳에 그의 독특한 입장이 있다. 니간타는 우주의 근원적 구성 요소는 목숨[命]과 목숨 아닌 것[非命]의 둘이라고 하고 전자에게는 의지(意志)와 상승성(上昇性)이 있다고 하였다. 후자는 법[운동의 조건]·법 아닌 것[정지의 조건]·허공·물질의 넷으로 세분되는데 물질은 업(業)을 일으켜 괴로운 생사의 원인을 지으며 하강성(下降性)을 띠고 있다고 한다. 니간타의 이러한 오실체설(五實體說)에 의하면 인간의 실존(實存)은 영혼[목숨]이 육체[물질]에 계박되어 생사에 윤회하는 모습으로 부각된다. 따라서 그는 육체의 계박을 멸할 극렬한 고행을 통한 영혼의 순화를 해탈의 요체라고 설하고 있었다.

인류가 생각해 낼 수 있는 거의 모든 우주론이 당시에 출현했던 듯한 인상을 준다. 이러한 여러 가지 우주론에 대해서 부처님은 이제 어떠한 태도를 취하고 계셨을까. 그들을 무비판적으로 받아들일 수는 없으셨을 것이다. 더구나 당시에는 이미 종교적 진리에 대한 회의론이 행해지고 있었음을 상기할 필요가 있다. 부처님은 그래서 우선 당시의 우주론이 다음과 같은 세 가지 범주 속에 모두 포섭된다고 보고 계신다.

① 존우화작인설(尊祐化作因說)

② 숙작인설(宿作因說)

③ 무인무연설(無因無緣說)

첫째의 존우화작인설은 우주의 창조는 물론, 그 안에 일어나는 모든 현상은 그 원인이 신[尊祐]에게 있다는 견해로서, 정통 바라문의 우주론이 여기에 포섭될 것이다. 둘째의 숙작인설은 그러한 원인은 과거에 지은 바에 있다고 보는 견해로서, 니간타를 여기에 포섭시킬 수가 있을 것이다. 왜 그러냐면 니간타의 오실체설(五實體說)에서 목숨은 의지적 생명성이 있고 물질은 업을 일으키는 활동성이 있다고 하지만, 그들을 불변의 요소로 보고 있는 한 그러한 작용들은 기계적으로 나타난다고 판단할 수밖에 없기 때문이다. 셋째의 무인무연설은 모든 현상은 아무런 원인 없이 발생하고 있다는 우연론(偶然論)으로서, 니간타 이외의 사문들을 이곳에 포섭시킬 수가 있을 것이다. 요소들의 이합집산에 대한 이유나 설명이 없기 때문이다.

그런 다음 부처님은 이 세 가지 우주론에 대한 진리성을 다음과 같이 검토하고 계신다. '만일 모든 것이 신의 뜻에 의해 일어난다고 하면, 우리들이 나쁜 업을 짓는 것도 그 때문에 짓는다고 해야 할 것이다. 그리고 이것은 해야 한다, 이것은 해서는 안된다는 의욕도 일어나지 않을 것이며, 또 노력이라는 것도 있을 수가 없을 것이다. 또 만일 모든 것이 과거에 지은 바에 의해 일어난다고 하면, 우리들이 나쁜 업을 짓는 것도 그 때문에 짓는다고 해야 할 것이고, 의욕도 노력도 일어나지 않을 것이다.

또 만일 모든 것이 아무런 원인 없이 일어난다고 하면, 우리들이 나쁜 업을 짓는 것도 그렇게 일어난다고 해야 할 것이고, 의욕도 노력도 일어나지 않을 것이다.' 〈중아함 권3 度經〉 다시 말하면 위의 세 가지 우주론은 인간의 죄악이라는 현상을 설명하지 못하는 것이니, 죄악이란 범한 자에게 책임을 물을 수가 있을 때에 한해 성립되기 때문이다. 동시에 인간에게 자유의지와 그에 입각한 노력이 있다는 엄연한 현실적 사실도 설명하지 못하는 것이다.

그렇다면 그 세 가지 우주론은 진리라고 말할 수가 없다. 왜 그러냐면 종교의 우주론이란 우리들이 살고 있는 현실세계의 배후에서 그것을 지배·조종하고 있는 궁극적인 원리·본질 또는 원인에 대한 해명이므로, 만일 그것으로써 설명할 수 없는 현상이 조금이라도 나타난다면 그것은 궁극적인 진리라고는 말할 수가 없기 때문이다. 부처님은 당시 종교의 우주론을 이렇게 비판하고 계시는 것이다.

④ 업설에 의한 불교의 우주론

궁극적 물음에 대한 종래의 종교에 이렇게 문제성이 있다면 이제 우리들이 해야 할 바는 무엇일까. 궁극적 원리에 대한 새로운 탐구가 시작되지 않으면 안 될 것이다. 고오타마 싯달타가 일찍이 처자와 왕궁을 버리고 산에 들어가 맹렬한 구도 생활을 하지 않을 수 없었던 것은 그 동기가 이런 곳에 있지 않았을까. 그리고 그 진리 탐구의 방법론은 현상 세계의 정확한 관찰로부터 시작하여 그 것을 합리적으로 설명할 수 있는 궁극적인 원리를 탐구해 들어가, 그로부터 다시 현상 세계의 모든 현상을 설명해 보는 방법이어야 함은 다시 말할 필요가 없다. 고오타마 싯달타가 깨달음을 얻은 방법은 바로 이 길이었고, 그가 부처님이 된 다음 전 인류에게 제시한 것도 바로 이 길이었다. 원시경전에 설해진 부처님의 깨달음은 십이연기설(十二緣起說)을 내용으로 하는데, '모든 부처님은 십이연기를 생사[현실세계]로부터 시작하여 무명에 이르고, 무명[현실세계의 원인]으로부터 다시 생사에 이르는 순서로 관찰하신다'고 설하고 있는 데에서 그것을 엿볼 수가 있다.

앞서 살펴 보았던 세 가지 우주론은 현실세계의 인간의 죄악과 의지를 합리적으로 설명할 수 없었다. 그래서 그들의 진리성이 부정되었던 것이다. 그렇다면 이제 새로운 진리탐구에 있어서는 '인간에게 의지가 있다'는 것을 엄연한 사실로 확정하고 이로부터 그 배후의 원리를 탐구해 들어가야 할 것이다. 이런 견지에서 부처님의 교설을 볼 때 거기 나오는 십이처설(十二處說)은 우리들의 깊은 관심을 끈다.

어느날 생문(生聞)이라는 바라문이 부처님께 "일체(一切)라는 것은 어떤 것입니까? "라고 물은 일이 있다. 그랬더니 부처님은 서슴없이 "일체는 십이(十二)에 들어가나니, 소위 눈·귀·코·혀·몸·의지[意]와 색·소리·냄새·맛·촉감·법(法)이니라"고 답하고 계신다. 이것이 십이처설의 내용이다. 불교의 중층적인 교리 조직에서 가장 기초적인 교설이다. 그런데 모든 것이 포섭된다는 그 십이처를 보라. 인간의 여섯 인식기관과 그에 대한 여섯 인식대상으로 이뤄졌음을 볼 것이다. 이것은 무엇보다도 먼저 우리들이 의지해야 할 바는 인식 가능한 현실세계이며, 진리 탐구는 이로부터 출발해야 한다는 입장과 상통한다. 그리고 그러한 현실세계의 중심을 이루고 있는 것은 인간인데, 그 주체를 의지라고 파악하고 있는 것이다. 의지의 존재를 엄연한 현실적 사실로 받아들인 것을 엿볼 수가 있을 것이다.

인간을 이렇게 의지로 파악하고 이런 견지에서 이제 그를 둘러싼 자연환경을 살펴보자. 그것은 어떤 대상물로 나타나는가. 인간이 의지적인 작용을 가하면 '필연적(必然的)인 반응'을 보이는 성질을 띤 것으로 나타난다. 가령 여기 어떤 물체에 5kg의 힘을 가하면 그것은 그 역량 만큼의 반응을 반드시 보여주는 것이다. 이것 또한 우리들이 현실세계에서 직접 보는 명백한 현상, 또는 사실이라고 해야 할 것이다. 이런 견지에서 부처님은 십이처설에서 '의지' 즉 인간의 대상을 '법'이라고 규정하고 계시는 것이다. 법이라는 말은 법률이라는 개념으로 흔히 쓰이지만 인도에서는 그 밖에 자연 법칙, 필연적인 것, 의지가 없는 것, 자연물 등의 뜻으로 쓰이고 있는 것이다.

인간의 인식대상을 이렇게 통틀어 법이라고 규정함을 보고 비난할 사람이 있을지 모른다. 인간을 둘러싸고 있는 것에는 자연물이 주가 되어 있지만, 사람들도 포함되어 있기 때문이다. 그러나 의지를 가지고 있는 대상이라고 하더라도 이쪽에서 작용을 가하면 일차적으로는 자연물과 같은 반응을 수행하려고 한다. 예를 들면 우리가 어떤 사람을 밀었을 경우, 그가 의지적으로 버틴다면 몰라도 그렇지 않을 경우는 자연물처럼 밀려나가기 때문이다. 십이처설에서 의도하는 바는 인간의 의지에 대한 대상의 이러한 일차적인 반응의 성격을 명백히 하려는 것임을 알아야 할 것이다.

이상에서 살펴본 바와 같은 인간의 의지적 작용을 불교에서는 '업(業)'이라는 말로 부른다. 그리고 이러한 업에 대해서 그 대상이 나타내는 필연적인 반응을 '보(報)'라고 한다. 업은 원인이고 보는 결과이므로 업인(業因)·과보(果報)로 표현하기도 한다. 업에는 반드시 보가 따를 것이고 그들의 성질은 상응할 것이다. 선업에는 좋은 보가,

악업에는 나쁜 보가 따른다는 말이다.

우리 현실에 나타나는 모든 현상은 원칙적으로 이런 업·보의 인과율에 의함은 새삼 말할 필요가 없다. 인과율이 전제되지 않으면 자연과학은 성립 근거를 잃을 것이고, 노동과 보상 또한 업·보의 관계이며, 착한 일을 하는 사람은 잘 살고 죄를 지은 사람은 벌을 받고 있는 것이다. 따라서 업과 보의 필연적 관계는 우리 현실계의 엄연한 법칙이며, 모든 현상 또한 그에 의해 설명되어야 할 것이다.

그러나 이런 견지에서 우리 현실계를 다시 한번 되돌아 볼 때 우리는 이따금 이해할 수 없는 현상을 발견한다. 모든 현상은 반드시 업·보의 법칙으로 설명되어야 할텐데 그것으로는 도저히 설명되지 않는 현상을 보기 때문이다. 가령 우주의 생성 소멸은 너무나도 신비스러울 뿐만 아니라, 가까운 주변을 돌아 볼 때도 어떤 사람은 악업을 지었는데도 잘 살고 있으며, 어떤 사람은 착하고 착한데도 왜 그렇게 고생만 하고 있는지. 이런 현상을 우리는 어떻게 생각해야 할 것인가. 그러한 현상은 신의 힘에 의해서 발생한다고 보아야 할 것인가. 또는 숙세에 지은 원인에 의해, 또는 아무런 원인 없이 우발적으로 발생한다고 보아야 할 것인가. 만일 그런 방법으로 이해한다면 그 견해는 앞서 살펴보았던 존우화작인설·숙작인설·무인무연설로 전개될 것이고, 결국은 부처님의 그에 대한 비판에서 본 바와 같은 문제성에 빠지게 될 것이다. 그렇다면 어떻게 보아야 할까. 문제는 매우 복잡해졌지만, 그러나 우리가 인식할 수 있는 이 세계에는 분명히 의지와 법, 업과 보의 관계가 엄연한 사실로써 존재하고 있다는 것을 양보할 수는 없을 것이다. 부처님이 '일체는 십이처에 들어가나니라'고 못박은 뜻을 이해함직하다.

그럴 경우, 다시 말하면 업·보의 현실적 사실을 양보하지 않을 경우, 문제의 현상도 일단 그런 업보적 현상이라고 볼 수밖에 없을 것이다. 그리고 이렇게 볼 경우, 업·보의 관계는 이제 숙세(宿世)·현세(現世)·내세(來世)의 삼세에 걸쳐 전개된다고 가정할 수밖에 없게 된다. 문제의 현상을 분석해 보면, 어떤 현상이 나타났는데 그 업인이라고 할 만한 것이 인식되지 않을 경우와 업인은 있는데 그 과보라고 할 만한 현상이 나타나지 않을 경우의 둘이다. 이런 두 현상을 업보적인 견지에서 본다면, 첫째 경우는 그 업인을 현세 이전에 있었던 것으로 가정할 수밖에 없고, 둘째 경우는 그 과보를 현세 이후에 있을 것으로 가정할 수밖에 없을 것이다. 현세 이전은 숙세가 되고 현세 이후는 내세가 될 것은 물론이다.

결국 우리들의 현실관찰과 그것을 합리적으로 이해해 보려는 노력은 일종의 가설(假說)에 도달한 셈이다. 자연과학에서는 사물의 배후 법칙을 알아내기 위해 가설을 세워 그 정당성을 검토해 본다. 종교적 진리 탐구에 있어서도 이러한 방법을 굳이 꺼릴 필요는 없을 것이다. 종교의 우주론이라는 것도 비판적인 입장에서는 일종의 가설이기 때문이다. 문제는 그러한 가설의 진리성에 있을 것이다. 종교적 가설의 진리성은 그것으로써 현실세계의 현상이 합리적으로 설명될 수 있는가를 검토해 보는 길밖에 없다. 이런 견지에서 이제 앞서 우리들이 도달한 '업·보의 삼세(三世) 전개'라는 가설을 검토해 보자. 존우화작인설이나 숙작인설 또는 무인무연설과는 비교도 안될 정도로 현실세계를 합리적으로 설명할 수가 있다. 뿐만 아니라 업·보가 삼세에 걸쳐 전개되고 있기 때문에, 우리가 인식하는 현 세상에는 그 '의아로운 현상'이 나타날 수밖에 없으며 또 이러한 현상의 존재는 업·보가 삼세에 걸쳐 전개되고 있음을 증명해 준다고 할 것이다.

　이런 견지에서 부처님은 다음과 같이 설하고 계신다. '만일 고의로 업을 지으면 반드시 그 보를 받나니 현세에 받기도 하고 내세에 받기도 하나니라. 그러나 고의로 짓는 업이 없으면 보를 받지 않나니라.'〈중아함 권3 思經〉이것이 불교에서 설하는 업설의 원리적인 내용이다. 업과 보의 종류와 그에 대한 설명은 다음 기회로 미룬다.

　불교의 이러한 업설에 의할 때, 인간의 현실 상황은 그가 짓고 있는 업에 대한 보의 총화(總和)가 바야흐로 나타나고 있는 것이다. 그러나 그러한 현실은 동시에 그의 새로운 업이 작용해야 할 대상이라는 것을 잊어서는 안된다. 눈앞에 불행이 닥쳤다면 책임은 오로지 자기에게 있는 것이지 남이나 운명이나 신에게 있는 것이 아니다. 그 것을 타개할 수 있는 것도 오로지 자기 힘이며, 남이나 운명이나 신의 힘이 아니라는 것이 뚜렷해진다. 불교의 업설을 흔히 숙명론과 혼동하는 사람이 있다. 그러나 이 것은 커다란 잘못이다.

니간타의 업설을 숙명론으로 본다면 몰라도, 불교의 업설은 결코 그런 것이 아니다. 과거의 업보다는 현실을 타개해 나갈 현재의 인간 의지와 그 노력에 커다란 비중 이 가 있다는 것을 잊어서는 안 될 것이다. 이래서 불교 의 업실은 강력한 인생관이 될 수가 있다. 업·보의 필연 적인 존재를 확실하게 이해한 사람은 악업을 지을 엄두 도 못낼 것이다. 따라서 불교의 업설은 건전한 사회윤리 가 될 수가 있다.

업설은 또 우주를 움직이는 근원적인 힘이 무엇인가에 대한 불교의 답변이기도 하다. 앞서 소개한 바와 같이 기 독교는 우주의 근원을 '신'으로 보고, 유교는 '역'으로 본다. 불교가 일어날 무렵 인도의 정통파 바라문교에서 는 '범(梵)'으로 보고, 이에 맞선 사문들은 물질적인 '요 소'로 보았다. 이제 불교는 어떻게 답하고 있는가.

불교의 업설에 의할 때 우주를 움직이고 있는 궁극적 인 힘은 바로 중생들 자신의 '업력(業力)'인 것이다. 불교 학에서는 우주 안에 있는 전 중생들의 이러한 공동적인 업을 '공업(共業)'이라는 말로 표현하고 '세계는 공업의 소성(所成)'이라고 말하고 있다. 이러한 여러 가지 우주론 중에서 이제 어떤 것이 정당한가는 독자들의 비판적인 판단에 맡길 따름이다. 다만 여기서 한 가지 말해 두고 싶은 것은 중생들의 업력은 우주를 능히 파괴할 수 있는 작용을 일으킬 수가 있다는 점이다. 커다란 우주를 바라볼 때 인간을 포함한 중생들은 너무나 미약한 존재다. 이렇게 미약한 존재들이 어떻게 우주를 움직이는 힘이 될 수가 있느냐고 반문할 사람이 있을지 모른다. 그러나 오늘날 우리들 인간을 보라. 가공할만한 핵폭탄을 개발해 내었으며, 이것이 만일 잘못 사용되면 그 연쇄반응은 전 우주의 조화를 파괴할 원인이 충분히 될 수가 있는 것이다.

이렇게 업설은 불교의 우주론이 될 가능성이 있는데 경전에는 실제로 그것을 우주론에 적용시킨 예까지 발견된다. 장아함 끝[권18~22]의 세기경(世記經)이나 또는 그 별행경(別行經)이라고 볼 수 있는 기세경(起世經)·기세인본경(起世因本經) 등이 그 좋은 예이다. 우주를 신의 창조로 보는 종교에서는 대개 우주론적 신화를 발생시키고 있다.

기독교의 구약성서 첫머리에 나오는 창세기는 그런 종류의 신화이다. 그런데 그와 비슷한 이야기가, 다시 말하면 우주의 구조·생성·소멸 등에 관한 신화 비슷한 이야기가 세기경·기세경·기세인본경 등에 담겨 있다는 말이다. 그 이야기는 상당히 길어 간단히 소개할 수가 없다. 아함경의 교리를 체계화한 '구사론'이란 문헌이 있는데 이것에 의하여 그 요점만을 소개하면 다음과 같다.

먼저 모든 중생들의 업력에 의해 허공에 바람이 일기 시작하여 풍륜(風輪)이 생한다. 중생들의 업력에 의해 다시 풍륜 위에 구름이 일어나 수륜(水輪)을 생하고, 업력에 의해 다시 수륜 위에 바람이 일어나 수면을 때리고 응결시켜 금륜(金輪)을 생한다. 금륜 위에 수미산이 솟고, 이것을 중심으로 그 주위에 일곱 산이 생하고, 그 최외각(最外殼)에 철위산(鐵圍山)이 둘러 앉는다. 그리하여 각산 사이에 물이 고여 여덟 바다가 생하는데, 수미산 부근의 일곱 산 사이에 생긴 바다를 내해(內海)라 하고, 그들과 철위산 사이에 생긴 바다를 외해(外海)라고 한다. 이 외해 속에 사대주(四大州)가 있어 수미산의 동서남북에 위치한다. 우리가 현재 살고 있는 곳은 수미산 남쪽의 섬부주(贍部州)이며, 이 밑에 염마왕국(閻魔王國)이 있고, 그 아래 다시 팔대지옥이 차례로 위치한다. 그리고 해와 달, 별들은 수미산을 싸고 공중에서 돌아간다. 이것이 중생들이 몸 담게 될 세계[器世間]가 형성되는 과정이다. 최초의 풍륜으로부터 이러한 세계가 완성되는데 1소겁(小劫)의 시간(1,590만 8년)이 걸린다고 한다.

세계가 생긴 다음 이곳에 중생이 생하는데, 그 순서를 살피기 전에 먼저 그들의 경계[衆生世間]부터 소개해 줄 필요가 있다. 중생의 경계는 크게 욕계(欲界)·색계(色界)·무색계(無色界)의 삼계로 갈라진다. 욕계는 욕심이 있는 경계로서 그로 말미암아 받게 되는 고통의 정도에 따라 지옥·축생·아귀·수라·인간·천신의 육취(六趣)가 식별되고, 특히 천신은 다시 육천(六天)으로 세별되고 있다. 색계는 선정(禪定)을 닦아 욕심을 멸하였지만 형색은 남아 있는 경계로서 사선천(四禪天)으로 나누기도 하고 십팔천(十八天)으로 세별하기도 한다. 무색계는 색계의 형색마저 사라진 정(定)의 경계로서 사처(四處)를 헤아림이 보통이다.

중생들의 경계는 이와 같거니와, 이제 이들은 세계가 생긴 다음 그곳에 어떤 순서로 생하는가. 먼저 범천(색계의 최하위)이 하생하고, 계속해서 욕계 육천에 해당되는 타화자재천·화락천·도솔천·야마천이 하생하여 수미산 위의 하늘에 머물고, 도리천·사천왕이 생하여 수미산의 봉우리와 허리에 각각 머문다. 그리고 또 인간이 생하여 사대주에 머물고, 축생은 바다에 생하여 육지와 공중에도 살게 되며, 아귀는 염마왕국에 생하여 떠돌아 다니고, 지옥취는 지옥에 생한다. 이밖에 다시 아수라가 있는데 이들은 수미산을 본거처로 하여 도리천과 항상 전쟁을 일으킨다. 이렇게 해서 천·인·아수라·아귀·축생·지옥취의 여섯 갈래 중생이 생하는데, 여기에 소요되는 시간은 19소겁이 걸린다는 것이다. 세계와 중생이 편성되는 이러한 시기를 성겁(成劫)이라고 부른다.

성겁 다음에는 주겁(住劫)이라는 시대가 온다. 그 기간도 20소겁이다. 이때 세계는 별로 변동이 없지만, 중생의 과보에는 많은 변동이 나타난다. 초기의 중생은 형색이 아름답고 빛을 내며 하늘을 날을 수도 있으며 수명도 장구하다. 그러나 좋은 맛에 탐착하여 물질적인 음식을 취하게 됨에 차츰 몸이 더러워지고 남·녀의 구별이 생하며, 음식에 대한 욕심이 일어나 싸움이 벌어진다. 그러자 이것을 다스릴 국왕을 뽑게 되고 형벌이 제정된다. 중생의 악업은 더욱 심해지고, 동시에 수명이 짧아지기 시작하여 마침내 10세에 이르게 된다. 그러자 도병(刀兵)·질역(疾疫)·기근(饑饉)의 삼재(三災)가 발생하여 살아 남는 자 겨우 1만을 헤아리게 된다[제1소겁]. 삼재의 괴로움을 겪는 중생들은 자신의 죄업을 뉘우치고 다시 선업을 행하게 된다. 동시에 수명도 증가하여 8만세에 이르게 되고 풍요한 사회가 된다. 그러자 다시 욕심과 악업이 성해져 수명이 10세로 감소된다[제2소겁]. 인간 수명의 이러한 증감이 그 뒤에도 19번 반복된 다음 다시 10세에서 8만세에 증가하게 된다[20소겁].

이때 우주가 파괴되는 괴겁(壞劫)이 시작되는데 여기에도 20소겁이 있다. 먼저 중생이 파괴되는데 그 순서는 지옥취부터 시작하여 최후에 천신이 파괴된다[19소겁이 소요됨]. 그런 뒤 화(火)·수(水)·풍(風)의 삼재가 발생하여 풍륜으로부터 색계 제삼선천에 이르는 세계를 모조리 멸해 버린다[제20소겁]. 괴겁이 지나면 허공만이 존재하는 공겁(空劫)이 오는데 이 기간도 20소겁이다. 공겁 다음에는 다시 중생들이 업력에 의해 성·주·괴·공겁이 반복하여 세계는 끝없이 생성·소멸한다는 것이다. 20소겁을 1중겁이라 하고 4중겁을 1대겁이라고 하므로 결국 한 세계는 1대겁을 시간적 단위로 하여 생성·소멸하고 있다는 말이 된다.

성주괴공을 되풀이하고 있는 이러한 세계는 하나만이 있는 것이 아니다. 우주 속에는 무수한 세계가 존재하고 있다. 1천 세계를 합한 것을 1소천(小千)세계라고 하고, 이 1소천 세계를 1천배한 것을 1중천(中千)세계라고 하며, 1중천을 다시 1천배한 것을 1대천(大千)세계라 한다. 이 소천·중천·대천을 '삼천대천세계(三千大千世界)'라고 하는데 이것을 한 부처님이 지배하는 세계라고 보고 있다. 그러나 이것으로 그치는 것이 아니다. 세계는 실로 무량하여 허공의 양과 같다는 것이다.

이상이 세기경·구사론 등에 설해진 불교의 우주론적 설화의 대강이다. 여기에서 우리들이 특히 주목해야 할 바는 세계의 생성을 중생의 의지적 업력에 의한 것으로 보고 있다는 점이며, 변천·소멸 그리고 다시 생성되는 과정에 있어서도 업력에 의한다는 입장이 한결같이 유지되고 있다. 이것은 우주를 신의 창조로 보는 신학적인 우주론이나 또는 성주괴공을 기계적으로 반복한다고 보는 우주론과는 본질적으로 다른 것으로서, 앞서 살펴 보았던 불교의 삼세업보설을 우주의 동력인으로 보고 그런 입장에서 전개시킨 우주론임을 말해주고 있는 것이다.

⑤ 우주의 실상과 깨달음

불교 교리는 십이처설과 삼세업보설로 다한 것이 아니다. 우주의 본질을 밝히려는 미묘한 교리가 그 뒤에 다시 중층적으로 전개되고 있다. 삼세업보설은 그러한 중층적 교리 조직의 첫길음에 불과하다. 그러나 현실세계의 정확한 관찰과 그에 입각한 합리적인 가설의 수립 및 검토라는 방법론은 새로운 교리가 나올 때마다 한결같이 응용되고 있다. 그리하여 우주의 본질에 대한 보다 올바른 이해에 착실하게 접근해 가고 있다. 그러한 교리 조직을 여기서 독자들께 납득시킬 만큼 설명할 수는 없다. 필자는 앞서 업설에서 상당한 지면을 쓰면서 그러한 노력을 해 본 셈이지만, 업설 뒤의 교리 조직은 그보다도 훨씬 미묘하게 전개되고 있기 때문이다. 따라서 그러한 내용은 독자들의 연구에 맡겨두고, 중요한 교리들의 항목과 그에 대한 간단한 소개만을 해 두고자 한다.

① 육식설(六識說) ② 십팔계설(十八界說) ③ 사대설(四大

說) ④ 육계설(六界說) ⑤ 오온설(五蘊說) ⑥ 사제설(四諦說)
⑦ 십이연기설(十二緣起說) ⑧ 육바라밀설(六波羅蜜說) ⑨
일불승설(一佛乘說)

　불교는 현실세계의 모든 것이 십이처에 포섭된다고 봄
은 앞서 소개한 바이지만, 이러한 십이처는 하나도 항구
불변하는 것이 없다. 덧없이 생주이멸(生住異滅)하고 있
는 것이다. 그러나 아무런 법칙도 없이 변화하고 있는 것
은 아니다. 어떤 것이 생하려면 반드시 인(因)과 연(緣)이
라는 두 조건이 갖추어져야 한다. 이것을 체계적으로 말
한다면 '육식(六識)은 육근(六根)을 인(因)으로 하고 육경
(六境)을 연(緣)으로 하여 일어난다'고 할 수가 있다[六識
說]. 십팔계는 십이처의 세계관에 육식이 발생하므로써
띠게 된 입체적인 구조를 보여준다. 한편 육근과 육경은
모두 지·수·화·풍의 사대 요소로 분석된다. 그렇게 되면
십팔계는 육계[지·수·화·풍·허공·식]로 파악될 것이다. 이렇
게 보면 육식설에서 육계설에 이르는 교리들은 십이처
의 세계로부터 그것을 구성하고 있는 요소들을 탐구해
들어가 그 근원적인 모습을 밝히고자 하는 것임을 알 수
가 있다. 불교 흥기 당시의 사문들이 과학적인 물질분석
을 통해 우주의 근원을 탐구해 들어간 작업과 일맥 상통
함이 있는 것이다.
　오온설은 이러한 요소설에 입각해서 인간 존재의 구

성 형태를 해명한 것이다. 오온은 색(色)·수(受)·상(想)·행(行)·식(識)의 다섯을 가리키는데, 그 바탕이 되고 있는 색은 사대요소를 '나'라고 집착하는 것을 뜻하기 때문이다. 좀더 구체적으로 말하면 사대요소가 결합한 일시적인 형체[色]를 항구불변적인 나로 집착하면 이로부터 개체를 형성하는 수·상·행·식이 발생하여 인간 존재의 근간부[蘊]를 이루게 된다는 말이다.

사제설은 오온설의 이러한 인간관에 입각해서 삶의 가치를 제시한 교설이다. 오온으로 이루어진 인간 존재는 그 자체가 괴로움[苦]이다. 이 괴로움은 오온이 집기(集起)한 때문이다. 따라서 괴로움을 근본적으로 해결하려면 그 원인을 멸(滅)하는 길 밖에 없다. 그러기 위해서는 '나'에 대한 바른 견해[正見]를 갖고 종교적인 길[道]을 닦지 않으면 안된다. 사제는 이러한 고·집·멸·도의 네 가지 뚜렷한 사실[諦]을 가리키는 것이다. 그리고 사제를 닦으면 예류(預流)·일래(一來)·불환(不還)·아라한(阿羅漢)의 사과(四果)를 차례로 얻게 된다고 한다.

이렇게 볼 때 육식설(六識說)에서 육계설에 이르는 교설들은 분석적인 관찰로 우주의 근본을 탐구해 들어간 일종의 우주론이라고 보겠고, 오온설은 그에 입각한 인간론이요, 사제설은 생의 가치론이라고 말할 수가 있을 것이다. 업설에 비할 때 이 교리 조직은 우주의 근원과 생의 가치에 대해 새로운 차원을 열어 주는, 보다 심화된 교설임은 다시 말할 필요가 없다. 우주를 움직이는 근원적인 힘에 대한 업설의 해명은 우주의 근본 요소에 대한 의식에는 아직 미치지 못할 것이며, 그것이 뜻하는 생의 가치 또한 안락한 과보[生天]를 얻는 데에 머물러 생사의 근본적인 해결에는 미치지 못하고 있기 때문이다.

사제를 닦으면 차례로 사과를 얻게 된다는 것은 앞서 소개하였는데, 이러한 길을 완성하였을 때 명(明)이 발생한다고 한다. '명'이라는 말은 '실재(實在)하는 것, 발견되는 것' 등의 뜻을 갖고 있다. 그런데 이러한 명에 대한 무지가 무명(無明)이며 이러한 무명이 인간의 마음속에 있을 때 이것에 연(緣)하여 행(行)·식(識)·명색(名色)·육처(六處)·촉(觸)·수(受)·애(愛)·취(取)·유(有)·생(生)·노사(老死)가 일어난다고 한다. 이것이 소위 십이연기설이다.

그렇다면 '명'은 불교의 요소설에서 다시 한 걸음 더 들어가 우주의 본질을 밝힌 것이며, 십이연기는 이에 입각해서 인간의 생사 괴로움이 어떻게 발생하였는가를 밝혀준 인간론이라고 말할 수가 있다. 생의 가치가 어디에 있는가는 새삼 논할 필요가 없다. 무명에서 연기한 인간의 생사 현실은 실체가 없다. 따라서 공(空)이다. 그러나 허무와는 다르다. 헛된 세계의 괴로움은 있기 때문이다. 따라서 그것을 멸진해야 한다. 그렇다면 현실세계는 유(有)라고도 못하고 무(無)라고도 못한다. 따라서 중도(中道)라고 한다. 이러한 내용의 십이연기를 깨달은 사람을 벽지불(辟支佛)이라고 부른다.

대승불교의 육바라밀설은 우주의 궁극적 본질에 대한 탐구를 새로운 차원에서 다시 한 걸음 더 밀고 나간 것이다. 사제나 십이연기설에 의하면 생사와 열반, 무명과 무명의 멸진과 같은 두 법은 엄연히 분별된다. 그리고 생의 가치는 후자에 있게 된다. 그러나 이 분별과 집착이 과연 올바른 것인가. 열반이나 무명의 멸진이 있게 된 성립근거를 생각해 보자. 이들은 생사나 무명을 연(緣)으로 하여 발생한 것이다. 그렇다면 연기한 법이요, 연기한 것이라면 실체가 공한 것이라고 볼 수밖에 없다. 동시에 우주의 본질은 분별·집착을 초월한다고 해야 한다. 그러한 본질은 이제 어떤 개념으로 표현할 수가 있을까. 언설과 사유를 초월해 버렸기 때문이다. 구태여 이름을 붙인다면 '그런 것[如]'이라고나 할까.

우주의 궁극적 본질에 대한 이러한 지혜를 '반야(般若)'라고 한다. 반야는 무분별지(無分別智)요, 평등지요, 공지(空智)이다. 그리고 이러한 반야의 실천을 통해 분별망념의 괴로운 존재 형태에서 피안에 도달하는 것을 '바라밀(波羅蜜)'이라고 한다. 반야바라밀다에 행하는 자를 보살(菩薩)이라고 하는데, 일체의 분별과 집착을 떠난 그의 무한한 자아 부정적 실천은 남과 사회를 결코 외면할 수가 없다. 보살이 반야와 더불어 보시·지계·인욕·정진·선정을 포함한 육바라밀을 닦음은 이 때문이다.

이렇게 볼 때 불교 교리는 업설에서 육바라밀에 이르기까지 어느 것 하나 인간의 궁극적 물음에 대한 답변 아닌 것이 없다. 우주의 근원적 힘·요소·본질이 무엇이며, 인간은 어떻게 해서 현재와 같은 괴로운 생사에 전락케 되었으며, 어떻게 살아야 할 것인가가 중층적으로 해명되고 있는 것이다. 그렇다면 불교의 우주론을 거론한다는 것부터가 새삼스러울 정도이다.

우리는 흔히 '일체유심조(一切唯心造)'라는 말을 듣는다. 이보다도 더 간결한 우주론이 있을까? 육조(六祖)대사가 이르되 '여기 한 물건이 있는데, 머리도 없고 꼬리도 없다. 이름도 없고 자(字)도 없다. 위로는 하늘을 받치고 아래는 땅을 받친다. 밝기가 해와 같고 검기가 칠흑과 같다. 항상 움직이고 사용하는 속에 있지만 거둬 들이지 못한다. 이것이 무엇인고?' 하였을 때 이보다 더한 우주론은 없을 것이다. 뿐만 아니라 대승불교의 이러한 유심설(唯心說)에 입각해서 우주론적 신화와 비슷한 이야기까지 설해진 예를 볼 수가 있으니 능엄경(楞嚴經)의 우주론이 그 한 예라고 할 것이다.

그러나 우주의 궁극적인 본질에 대한 어떤 해명이 참다운 진리성을 띠려면 신의 계시에 의했다던가, 성인의 말이기 때문이라던가, 가설의 정당성이 현실적으로 검토되었다던가, 또는 냉철한 이지적 사유에 의했다던가 하는 것만으로는 부족할 것이다. 실제로 그것이 체험되지 않으면 안된다. 이런 뜻에서 부처님은 법화경(法華經)에서 끝으로 다음과 같이 설하고 계신다.

"우주(諸法)의 실상(實相)은 오직 부처와 부처만이 주고 받나니, 소위 그러한 상(相)·성(性)·체(體)·힘[力]·작용(作用)·인(因)·연(緣)·과(果)·보(報)·본말구경(本末究竟) 등이니라."

우주의 실상은 깨달음을 열기 전에는 알 수가 없다는 뜻이다. 이렇게 되면 우주의 본질적 실상에 대한 언설적 해명은 불교에서는 다시금 없다는 말이 된다. 불교의 우주론을 듣고자 했던 우리들의 기대가 다시금 어그러지는 느낌이다.

그러나 부처님은 그 해답을 영원히 깨달음 속에 묻어 두시려는 것은 아니다. '부처가 세상에 출현함은 모든 중생들께 부처와 똑같은 지견(知見)을 갖게 하고자 함이라'고 누누이 강조하고 계신다. 궁극적인 진리를 손아귀에 쥐고 있으려는 것이 아니라, 어떻게라도 중생들에게 열어 보여 주려고 애태우고 계신다. 그리하여 깨달음에 이르는 길을 정성들여 시설(施設)해 놓으셨으니 그것이 바로 지금까지 살펴왔던 중층적[方便] 교리 조직이다. '세상에는 오직 하나의 불승(佛乘)이 있을 뿐, 제2승·제3승은 없나니라.' 좀더 구체적으로 말하면 사제설[阿羅漢乘]·십이연기설[辟支佛乘]·육바라밀[菩薩乘]은 한결같이 부처님의 깨달음에 이르는 길이다. '삼승은 오직 하나의 불

승에서 분별해 놓은 것에 불과하다.'

　불교는 우주의 궁극적 실상에 대해서 이렇게 '깨달음'과 '깨달음에 이르는 길'이라는 독특한 방식을 가지고 제시하고 있다. 이러한 방법은 안이하게 궁극적 문제를 해결하려는 사람들을 실망시킬지도 모른다. 그러나 인간에게 지워진 가장 중요한 문제에 대한 답은 그것을 쉽게 제시하였다는 데에 뜻이 있는 것이 아니라 참답게 제시되었느냐 하는 것에 보다 중요한 의미가 있다. 진지하게 궁극적 진리를 구하려는 사람들에게 불교는 결코 실망을 주지 않을 것이다.

〈불교의 진리관, 고익진·김운학·목정배 공저, 경서원 1979〉

11. 아함의 무아윤회설(無我輪廻說)

① 서론

인간은 몸과 마음의 두 부분으로 이루어졌음은 누구나 쉽게 느낄 수 있다. 이럴 경우 인간의 죽음은 그 두 부분이 결합 관계를 풀고 마음은 몸을 떠나는 것으로 생각된다. 인간이 막 죽었을 때 그 주검은 형태적으로는 살아 있을 때와 아무런 다름이 없고 다만 의식 곧 마음만이 떠나고 없기 때문이다. 죽음과 삶에 대한 이러한 비교·관찰은 삶의 본질을 목숨이라고도 보게 된다. 왜 그러냐면 '숨'의 있고 없음에 의해서 죽음과 삶이 결정되기 때문이다.

인도의 베다(Veda) 문헌에는 '마나스(manas)'와 '아수

(asu)'가 거의 같은 뜻으로 사용되고 있으며,[1] 이들은 인간이 죽을 때 몸을 버리지만, 몸을 버린 뒤에는 어떠한 형태로든지 그 자체를 계속한다는 뜻으로 나타나 있다. 이런 데에서 우리는 인도의 윤회사상의 시원을 찾아 볼 수 있는데, 마나스나 아수가 몸을 버린 뒤 멸하지 않고 그 자체를 계속한다면 이 불멸의 마나스나 아수는 다시 어떤 몸을 받아 그것과 결합한다는 생각에 이르게 될 것이 예상되기 때문이다.

베다 시대로부터 브라흐마나(Brāhmaṇa) 시대에 들어서면서 인간의 구성 요소에 대한 분석적 관찰은 한층 더 발전하는데, 그 주안점은 역시 죽음을 중심으로 멸하는 것과 멸하지 않는 것을 구별하여 죽지 않는 영원불멸의 참다운 주체를 찾는 데 있었다. 죽음과 삶을 결정지웠던 '아수'라는 말은 이 시대에 '프라나(Prāṇa)'라는 말로 대치되는데,[2] 이것은 그러한 분석적 관찰에 의하여 숨을 여러 가지로 분석한 결과 가장 근원적인 숨은 프라나로 생각되었기 때문일 것이다. 아수에 대해 이러한 관찰이 행해졌다면 마나스에 대해서도 응당 그러한 관찰이 행해졌을 것이다. 이 시대에 인간의 모든 정신기능[마음] 가운데서 가장 중심적인 것을 '아트만(ātman)'이라고 하였

---

1) 金倉圓照著 《印度哲學の自我思想》 p.12.
2) 同書 p.16.

음을 주의해야 한다. 우리의 마음을 살펴볼 때 그의 모든 기능에 내재하여 그들을 통일·제어하고 있는 것을 찾으면 그것은 곧 '나(아트만)'에 돌아가기 때문이다.

프라나와 아트만은 이리하여 죽지 않는 불멸의 근원적 주체로서 다같이 최고의 위치를 차지하게 되지만, 보다 근원적인 것을 추구하는 브라흐마나 시대의 사색과정에서 프라나는 아트만에 흡수되고 만다.[3] 왜 그러냐면 아트만에는 본래 '숨'이라는 뜻이 있어 프라나의 뜻을 갖고 있기 때문이다. 죽음에 임하여 몸을 떠나가는 것은 마나스나 아수가 아니라 이제 아트만이다.[4]

윤회의 주체로서의 아트만의 이러한 성질을 계승하면서, 그러한 아트만에 상응한 여러 속성 가운데서도 특히 '불변의 본질'이라는 점을 파고 들어 그것을 전 우주의 근본원리 곧 '브라흐만[brahman, 梵]'과 동일하다는[梵我一如] 데에까지 심화시킨 것은 우파니샤드(upaniṣad)의 철인들이다. 이쯤 되면 아트만은 이제 우주창조의 제일 원리·만유의 본체로서, '나'의 테두리마저 벗어난다.[5]

불교는 이러한 아트만의 존재를 강력하게 부정하고 일어났다. 이것이 불교의 무아설[無我說, anātma-vāda]로서 인도철학사에서 이채를 띠는 가장 특징적인 사상이라 할

---

3) 同書 p.21.

4) 同書 p.23.

5) 同書 p.26.

것이다. 아트만의 부정은 필연적으로 윤회의 부정에까지 이르러야 한다. 그런데 불교는 또 업보의 존재를 인정하고 있다. 이런 점에서 학자들은 불교의 윤회설을 우파니샤드의 유아윤회설(有我輪廻說)에 대해 무아윤회설(無我輪廻說)이라고 부르고 있다.[6]

무아윤회설은 일견 자가당착을 면할 수 없는 것 같다. 무아설과 윤회설은 서로 모순되기 때문이다. 이런 문제성에서 현대의 학자들은 불교의 윤회설을 '민중 교화를 위하여 불교 안에 채택한 하나의 통속적 종교관념'이라고 보고자 한다.[7] 무아설과 업의 주체 문제는 현대 학자들이 아니라 이미 아함에도 문제되고 있다. 일례를 들면, 중아함경 권11(고려 17·1126 b)에, '만일 색이 무상하고 수·상·행·식이 무상하다면, 살고 있는 자는 누구이며 고락을 받는 자는 누구란 말인가?'라고 묻고 있다.[8]

그러나 무아설과 업보·윤회설은 과연 그렇게 서로 모순하고 있을까? 아함에는 그런 문제에 대해서 여러 가지 답변을 주고 있는데, 그 중에서 가장 대표적인 것은 잡아

---

6) 上野順瑛著《無我輪廻の 論理的 構造》p.68.

7) 中村元著《原始佛教の 思想》(上) p.279 ; 中村元編《自我と 無我》p.103.

8) 於是諸摩竭陀人而作是念 若色無常 覺想行識無常者 誰活誰受苦樂. rūpam anattā, vedanā saññā saṅkhārā viññāṇaṁ anattā, anattakatāni kammāni katamattānaṁ phusisantīti. (SN. 22, 82)

함 권13[고려 18·836 a]의 다음과 같은 경설이라고 본다.

云何第一義空經. 諸比丘 眼生時無有來處 滅時無有去處. 如是眼不
實而生 生而盡滅. 有業報而無作者. 此陰滅已 異陰相續. 除俗數法.
耳鼻舌身意 亦如是說. 除俗數法 俗數法者 謂此有故彼有 此起故彼
起 如無明緣行 行緣識 廣說 乃至純大苦聚集起. 又復此無故彼無 此
滅故彼滅. 無明滅故行滅 行滅故識滅 如是廣說 乃至純大苦聚滅.
比丘 是名第一義空法經.

어떤 것을 제일의공경이라 하는가. 비구들이여, 눈은 생
길 때에도 오는 곳이 없고 멸할 때에도 기는 곳이 없다. 이
와같이 눈은 참답지 않아 생기고 생겼다가는 모두 멸하나
니, 업보는 있지만 지은 자는 없느니라. 이 근간이 멸하고
나면 다른 근간이 이어받나니 세속의 수법(數法)과는 다르
니라. 귀·코·혀·몸·의지에 있어서도 또한 이와같이 말하지
만 세속의 수법과는 다르니라.
　세속의 수법이란 이른바 '이것이 있기 때문에 저것이 있고,
이것이 일어나기 때문에 저것이 일어난다'는 것이니, 무명을
연하여 행이 있고 행을 연하여 식이 있으며 이와같이 널리 설
하고 내지, 아주 커다란 괴로움의 무더기가 집기하느니라.
　다시 '이것이 없기 때문에 저것이 없고 이것이 멸하기 때
문에 저것이 멸한다.'는 것이니 무명이 멸하기 때문에 행이
멸하고, 행이 멸하기 때문에 식이 멸하며, 이와같이 널리

설하고 내지, 아주 커다란 괴로움의 무더기가 멸하나니라. 비구들이여, 이것을 제일의공법경이라 하느니라.

따라서 이 경설을 중심으로 아함의 윤회설이 그의 무아설과 과연 모순하고 있는지의 여부를 고찰하려는 것이 이 글의 목적인데, 이 고찰은 먼저 무아설의 그 '무아'가 어떤 내용을 가진 것인가를 검토하는데서부터 시작되어야 할 것이다.

② 무아설의 내용

'무아'라는 말이 아함에 사용된 예를 보면 무상(無常)·고(苦)라는 말과 함께 어떤 주어에 대해 술어로 연결되어 있음이 보통이다. 이런 문장에서 주어의 위치를 차지하고 있는 말은 다양하지만, 대표적인 것은 십이처·육육법·오온·십이연기라고 할 수 있다.[9] 이들은 어느 것이나 우리들이 살고 있는 현실세계, 아함의 술어를 빌리면 일체(一切)·세간(世間)을 가리킨다. 이러한 현실세계는 연이생(緣已生)·유위법(有爲法), 다시 말하면 '연기한 것'이다.

따라서 아함의 무아설은 단순한 무아설이 아니라, 연

---

9) 拙稿《阿含法上의 體系性 研究》p.7 (2018년 간행본 p.30).

기에 입각한 것이요, 그것이 부정하고 있는 '나'는 그렇게 연기한 나를 가리킴을 알 수 있다. 이러한 내용을 가진 무아설을 필자는 '연기무아설(緣起無我說)'이라고 부르고 싶다.

연기무아설이 부정하고 있는 '나'는 좀더 구체적으로 말하면 연기한 '온(蘊)'을 가리키고 있다. 아함에는 여러 가지 아견(我見)과 아소견(我所見)이 설해 있는데, 그 '나'는 항상 '온'과 밀접한 관계를 갖고 있는 것이다. 가령 네 가지 유신견(有身見)을 예로 들면,

① 오온이 나이다.

② 나는 오온을 갖고 있는 것이다.

③ 나 속에 오온이 있다.

④ 오온 속에 나가 있다.[10]

로 되어 있다. 따라서 연기무아설이 부정하고 있는 '나'는 '온'과 동일하거나 또는 그와 밀접한 관계를 가진 것이라고 할 수 있다.

이러한 '온'의 '나'는 무아설이 아니라도 연기를 살필 때 그 실재성이 마땅히 부정된다. 아함의 연기설에는 여러 가지 유형이 있지만, 제일의(第一義)적인 것은 십이연기라고 할 수 있다.[11] 이 십이연기의 성격을 규정짓고 있

---

10) 舟橋一哉著 《原始佛敎思想の 硏究》 p.55.

11) 拙稿 《阿含法相의 體系性硏究》 p.121(2018년 간행본 p.172).

는 근본 요인은 무명[無明, avidyā]과 행[行, saṁskāra]이다. 따라서 이것을 중심으로 '온'의 '나'가 왜 본래부터 존재하지 않는가를 살펴볼까 한다.

무명은 아함에 사제(四諦, satya)에 대한 무지라고 설명되어 있다.[12] 이런 설명은 부처님이 그 뜻을 완전히 나타내는 요의설(了義說)이라고 할 수 없지만, 어떻든 무명은 '실재하는 것(satya)을 모르는 상태'를 가리키고 있음만은 확실하다. 이러한 모름의 상태는 바꿔 말하면 실재하지 않는 것을 실재하는 것이라고 알고 있음이다. 다시 말하면 뒤바뀐 착각[顚倒想]이다.

'행'은 이러한 무명에 연하여 일어난 것임으로, 실재하지 않은 것을 실재하게끔 하려는 형성작용(形成作用)이라고 할 수 있다. 다시 말하면 '온'을 성립·유지시키는 근본작용이다. '유위[有爲, saṁskṛta]'라는 말이 미계(迷界)의 모든 법을 특징 지우는 술어가 되고 있음은 이 때문이다.

무명과 행이 이런 성질을 가진 것이라면, '나'는 '있다'고 할 수 없다. 왜 그러냐면 그것은 실재하지 않는 것을 실재한다고 생각한데서 연기하여 하나의 큰 '온'을 이루고 있는 것이기 때문이다. 전세든 사람이 그 집을 아무리 자기 집이라고 생각하고 있어도 그것은 여전히 주인의 집이고, 그가 생각하고 있는 바와 같은 자기 집은

---

12) 雜阿含 卷12(고려 18·825 b) ; 增一阿含 卷46(고려 18·660 a).

실재하지 않는 것과 같다. 서론에 인용한 아함의 경설은 이러한 '나'를 '실체없이 생하고[不實而生] 생하여서는 없어진다[生而盡滅]'고 표현하고 있다.

이와같이 연기의 고찰은 필연적으로 무아설에 도달한다. 그러나 단순히 그런 결론을 설하려는 것만이 무아설의 목적은 아니다. 무아설의 진정한 뜻은 그렇게 실재하지 않는 '나'에 집착하지 않음은 물론, 적극적으로 그것을 없애는 실천을 부르짖는 데에 있다. 연기설이 '온'의 성립 과정을 밝혀주는 철학적인 설명이라면, 무아설은 그러한 '온'의 '나'를 제거하기 위한 실천원리이다. 이것이 연기설과 무아설의 관계요 차이이다.

무아의 원어 '안아트만(anātman)'은 비아(非我)로도 무아로도 해석되는 말이다. 학자들 가운데는 이 두 가지 뜻에서 무아설의 원뜻을 무아보다는 비아에서 찾으려는 이가 많다.[13] 물론 그 두 가지 뜻은 아함에 모두 유력한 근거를 갖고 있다. 일례를 들면 네 가지 유신견 가운데서, '오온이 나다'라고 보는 아견(我見)은 비아를 뒷받침해 주고, '오온 속에 나가 있다'는 아소견(我所見)은 무아를 뒷받침해 준다. 그러나 무아설이 '나'를 없애는 실천원리라는 점에서는 비아보다는 무아에 그 의의가 있음을 알 수 있다. 중국의 역경가는 거의 전부가 '무아'라는 뜻

---

13) 中村元著 《原始佛教の 思想(上)》 p209 ; 中村元編 《自我と 無我》
　　p443(早島鏡正 : ミリンダパンハ-における 我と 無我の 論點).

을 취하였다.

이상 고찰한 바와 같이 무아설은 '나'를 부정하는 것이지만, 그러나 부정되는 것은 무명에서 연기한 '온'의 '나'이므로 참다운 '나'가 부정되는 것은 아니다. 참다운 '나'는 오히려 그러한 부정을 통해야만 나타난다. 추호라도 나의 긍정이 있다면 나타날 수가 없다. 불교에서 아트만을 내세우지 않음은 실로 이 때문이다.

무아는 곧 공[空, śūnyatā]이며, 제법실상(諸法實相)이며, 반야(般若)이며, 아트만이다.

③ 업의 주체

연기를 고찰할 때 '나'의 실재성은 부정되지만, 그러나 그러한 '나'가 아주 없다는 것은 아니다. 연기설은 오히려 그러한 '나'의 발생 과정을 설명해 주는 교설이고, 이러한 성질의 연기설이 불교 안에 뚜렷하게 존재해 있다는 것은 그러한 '나'가 없지 않음을 뚜렷하게 표시해 주고 있다고 해야 한다.

여기에 곤란한 문제가 발생한다. '나'는 '없지만 있다'는 것이 논리적으로 어떻게 성립할 수 있을까. 있음과 없음은 모순 개념이므로 그 둘은 동시에 성립할 수가 없다.

아함의 이론적 중도설(中道說)은 이러한 문제를 무난히 해결해 주고 있다. 그 내용은 '세간(世間)의 집(集)을 여실히 정관(正觀)할 때 세간이 없다는 견해가 일어나지 않고, 세간의 멸(滅)을 여실히 정관할 때 세간이 있다는 견해가 일어나지 않는다. 여래는 이 두 끝을 떠나 중도를 설하나니 그것은 곧 연기'〈잡아함 10, 고려 18·799 b〉라는 것이다. 이것은 없음과 있음을 차라리 다같이 부정함에 의하여 그 둘을 한 개념 속에 통합하여 논리적인 성공을 거둔 것이다.

따라서 무아설의 무아도 '나'는 없지만 아주 없다는 뜻이 아니다. '나'는 없지만 그러나 아주 없지 않다는 그러한 뜻을 담은 중도적인 무아이다. 왜 그러냐면, 그것은 연기에 입각한 연기무아설이기 때문이다.

구사론은 이러한 '나'를 '거짓 나(假我, prajñaptyātman]'라고 하고, 그러한 '나'는 실로는[實, dravyatas] 없지만, 거짓으로는[假, prajñaptitas] 있음이 허용되며,[14] 이러한 거짓 '나'의 허용은 지혜의 일부에 속한 것으로 보고 있다.

'나'는 본래 없지만 '나'를 여의는 줄기찬 실천이 요구됨은 불교의 무아설이 이와같이 중도적인 것이기 때문이다. 무명이 완전히 다하여 '온'의 '나'가 없어질 때까지 무아의 실천은 행해지지 않으면 안된다. '나'가 본

---

14) 中村元編《自我と無我》p.466 (桜部建 : 俱舍論に 於ける 我論).

래 없음을 아는 것만으로는 해탈이 아니다. '지즉성(知卽成)'이 불교에서 인정되지 않는 이유가 여기에 있다.

불교의 무아설이 이와같이 중도적인 것이라면, 업의 주체 문제가 제기될 필요가 없다. 업의 주체는 '아주 없지도 않은' 바로 그 '온'의 '나'이기 때문이다. 관심은 차라리 그러한 '온'이 생사에 윤회할 때 어떠한 모양을 띠느냐에 집중되어야 한다.

이 물음에 대한 아함의 답을 우리는 서론에 인용한 경설 가운데서 '이 음이 멸하고 다른 음이 상속한다此陰滅已 異陰相續'는 곳에서 구할 수 있다. 그러나 이 귀중한 시사는 얼른 보아서는 이해하기 어려운 점이 없지 않다.

그 경설에서 '음'은 '온'과 같은 말이므로,[15] 무명에 연하여 행이 일어나고 행에 연하여 식·명색·육처·촉·수·애·취·유·생·노사가 일어나 하나의 집합체를 이루고 있는 것을 가리킨다. 따라서 그것에는 무명에서 노사에 이르는 십이지(十二支)가 다 갖추어 있다고 해야 한다. 이러한 '음'이 멸한다고 함은 무명을 비롯한 십이지가 다 멸한다는 말이 된다.

그러나 무명은 죽음에 의해서 멸하는 것이 아니다. 무아의 실천이 완성될 때라야 비로소 멸하는 것이다. 그리고 또 만일 무명이 멸한다면 다른 '음'을 상속시킬 근거

---

15) 梵語 skandha는 일반적으로 '蘊'으로 漢譯되어 있지만, '陰'이나 '聚'로 번역된 예도 많다.

는 어디에 남는다는 말인가. '이 음이 멸하고 다른 음이 상속한다'고 하지만 '음'의 완전한 멸은 생각할 수가 없다. 어떤 형태로든지 남아 있다고 보아야 한다.

부파불교 시대에 항속적(恒續的)인 심식(心識)의 존재를 상정한 것, 예를 들면 독자부(犢子部)의 비즉비리온(非卽非離蘊), 화지부(化地部)의 궁생사온(窮生死蘊), 경량부(經量部)의 일미온(一味蘊) 등은 그러한 생각에서 나온 것으로 볼 수 있다.

그러나 연기를 다시 고찰해 볼 때, 그러한 항속적인 심식의 존재는 상정할 필요가 없음을 알게 된다. 제2절에서 무명은 실재하는 것에 대한 무지로 말미암아 실재하지 않는 것을 실재하는 것으로 알고 있음이고, 행은 그렇게 실재하지 않는 것을 실재하게끔 하는 형성 작용이라고 했다. 그러나 이것은 너무나 추상적인 말이다. 실재하는 것과 실재하지 않는 것은 구체적으로 어떠한 것이며, 그 둘은 어떠한 관계에 있는가.

아함에는 물론 이에 대한 설명이 없지만, 간접적으로 어느 정도 그것을 밝힐 수가 있다. 십이연기설에서 온의 속성을 규정짓고 있는 근본 요인은 무명이고, 온은 그 결과이다. 따라서 '온'의 속성을 알 때 이로부터 무명의 성질을 알아낼 수가 있다.

아함에서 '온'의 '나'는 불변의 주체로서 나타난다. 비담가(毘曇家)의 술어에 의하면 '상일(常一)·주재(主宰)'

의 속성을 띤다. 그렇다면 무명은 가변의 객체를 불변의 주체[常一主宰]로 보는 착각이다. 그리고 행은 그러한 가변의 객체를 불변의 주체로 형성하려는 의욕[思, cetanā]이요, 작용이다. '나'는 이런 행에 의하여 형성·유지되고 있는 '온'이다.

무명과 행을 구체적으로 이렇게 생각해 볼 때, '이 음이 멸하고 다른 음이 상속한다'는 경설이 쉽게 이해된다. 행은 언젠가는 무상하지 않을 수 없다. 왜 그러냐면 그것은 가변의 객체를 불변의 주체로 형성하려는 작용이므로 힘이 들고[苦], 이 힘의 한계를 넘으면 감당할 수 없기 때문이다. 이럴 때 '온'은 파괴되는데, 이것이 십이연기 최후 지분인 '죽음'이며, 경설의 '이 음이 멸하고'의 뜻이다.

이러한 온의 파괴는 행에 의하여 억제되고 있던 법의 가변성이 변화를 수행한 것이라고 할 수 있다. 따라서 이렇게 변화를 수행하는 순간, 달라진 법 위에 새로운 무명이 놓인다. 왜 새로운 무명이 놓이는가 하면 이전에 무명이 있었기 때문이다. 이 말은 이전의 무명과 새로운 무명이 동일하다는 뜻이 아니고, 십이연기설의 이해에 있어서, 앞의 무명의 발생을 시인했다면 달라진 법 위에서도 그것을 시인해야 한다는 말이다.

이렇게 무명이 놓이면 이것을 연하여 행·식 등이 일어나 온을 형성하는데, 이 '온'은 이전의 '온'과 다른 것이고 또 이전의 온이 멸하는 순간 형성된다. 그러므로 '다른 음이 상속한다'는 경설은 참으로 적절한 표현이다. 무아 실천에 의하여 나를 없애지 않는 한, 온의 상속은 계속하여, 아함의 표현을 빌리면 '상(常)도 아니고 단(斷)도 아니다.' 이것이 생사윤회의 모습이다.

이상과 같이 생각해 볼 때 아함의 무아윤회설은 이론적 정연함이 시종일관한다. 거기에 비즉비리온·궁생사온·일미온과 같은 항속적 심식을 상정할 필요가 없다. 아니, 상정해서는 안된다. 그런 것의 상정은 오히려 무아윤회설의 정연한 이론 체계를 손상시키기 때문이다.

4 결론

불교의 무아설은 단순한 무아설이 아니라 연기에 입각한 연기무아설이다. 그것이 부정하고 있는 '나'는 무명에서 연기한 '온'의 '나'로서, 참다운 아트만의 부정이 아니다. 참다운 아트만은 '나'의 부정을 통해서만 나타나고, 추호라도 '나'의 긍정이 있으면 나타나지 못한다. 불교가 무아설에 시종일관함은 이 때문이다.

연기무아설에서 '나'는 부정되지만, 그러나 절대적으로 없다는 말은 아니다. 절대적으로 없지는 않은 이 '나'가 업보·윤회의 주체이다. 따라서 연기무아설은 있음과 없음의 두 끝을 떠난 중도로서, 이것을 윤회설과 모순된다고 봄은 잘못이다. 업설을 '불교 안에 채택된 하나의 통속적인 종교 관념' 이라고 함은 삼가해야 한다.

문제성이 있는 것은 무아윤회설이 아니라 오히려 우파니샤드 등의 유아윤회설이다.[16] 아트만을 범아일여의 경지에까지 심화해 놓고 아직도 그것을 윤회의 주체라고 한다면, 이론적으로 해탈은 있을 수 없다. 그러한 해탈이란 그러한 아트만에 계합함이라고 할 수 있는데, 그 아트만이 윤회하고 있다는 말이 되기 때문이다.

불교의 무아윤회설은 유아윤회설의 이러한 이론적 결함을 멀리 뛰어 넘었다. 그의 윤회와 해탈의 이론체계는 참으로 정연하다. 그것은 유아윤회설의 결함을 지양하여 발생한 듯한 느낌마저 준다. 어떻든 불교의 무아설이 나타난 뒤에는 인도의 정통적인 사상계에서도 아트만을 윤회의 주체로는 보지 않게 된 것 같다.[17] 이것은 불교가 인도사상에 끼친 중요한 공헌의 하나라고 할 것이다.

〈동국사상 6집, 동국대학교 1971〉

---

16) T.R.V. Murti著《The Central Philosophy of Buddhism》p.32에 有我輪廻說의 문제성이 수긍할 만하게 논해 있다.

17) 일례를 들면 Īśvaragītā 제 2장에, "アートヌンは 唯一・透明・淸淨・微細・永遠であり, 一切に內在し 心そのものであり 暗黑を 超越している. ……それ自身な 輪廻することなく 主(自在神)は 輪廻にあるのではなこ." 〈中村元編 '自我と 無我' p.362-363〉.

12. 무시무종(無始無終)의 시간개념

인도적 사유는 종교적 운연(暈緣) 속에서 육성되었다. 단순한 애지(愛知)로서의 철학은 인도인에게는 무의미하였다. 지(知)와 행(行)의 결합을 통하여 종교적 의미를 지닐 때 그들은 비로소 그것을 참다운 알음[智]으로 받아들였다.

'시(始)'라는 개념에 대해서도 인도인은 특이한 사유형태를 보여주고 있다. '시'를 나타내는 가장 보편적인 고대 인도어는 '아디(ādi)'라는 낱말이다. '잡는다[取]'는 어원적인 뜻을 갖고 있다. 시작을 왜 잡는다는 뜻으로 파악했을까? 시작을 잡는다는 뜻으로 보는 인도적 사유는 시(始)에 대한 중국인의 생각에 비할 때 특이함이 선명해진다.

시(始)라는 한자는 '여(女)'와 '대(台)'로 분석된다. '여'

는 뜻을 나타내고 '대'는 발음을 가리킨다. 한자 구성법
[六事]으로는 형성자(形聲字)에 해당된다.

중국인이 시작을 '여'의 뜻, 다시 말하면 '음(陰)'의 뜻
으로 보는데는 그들의 세계관이 뒷받침 되고 있다. 그들
은 고대로부터 우주를 생성하는 근본원리는 음양(陰陽)
이라고 보았다. 만물은 음양의 결합으로 이루어 진다는
것이다.

그런데 그 음양은 이원론적인 것이 아니고, '음'은
'양'으로 발전하고 '양'은 다시 '음'이 된다는 역리에
입각한 일원론적 성질의 것이다.

따라서 삼라만상의 시원(始元)은 음양인데, 그 중에서
도 특히 음을 갖고 '시'로 삼을 것이 예상된다. 음양의
변역 과정에서 변역의 발단은 음에서 비롯된다고 보는
것이 생성의 의미에 부합되기 때문이다. 중국인이 시작
을 음으로 보고, '시'자로 표상한 것은 이런 생각에 의한
것이다.

이러한 중국적 사유의 '시'를 인도의 '아디'에 비할
때 어떨까. 전자가 생성적인 뜻에 중점을 두고 있다면,
후자는 인간의 집착에 중점을 두고 있음을 본다. 전자가
객관적이라면 후자는 주관적이다.

모든 중생은 시간의 제약 속에 살고 있다. 오늘을 보내
고 내일을 맞는다. 이달이 가고 새달이 오며, 묵은 해가
기울고 새해를 맞는다. 새해를 맞을 때마다 새로운 발원

과 새로운 출발을 한다.

그러나 시간 자체에 그러한 년월일이 새겨져 있는 것은 아니다. 시간은 아무런 의식이 없다. 덧없이 흘러갈 뿐이다. 인도인의 '아디'에는 이러한 뜻이 담겨 있다. '시'는 객관적인 존재가 아니라 인간이 어떻게 '잡는가'에 따라 결정된다는 것이다.

따라서 이러한 뜻의 인도적 '시'에는 반드시 '종[終, anta]'이 있게 된다. '시'만 있고 '종'이 없는 경우는 생각할 수가 없다는 것이다. 무한한 시간의 어느 일점을 잡아 '시'로 하였다면 그러한 인간의 잡음은 유한한 것이므로 무한한 시간 속에 그 유한성을 드러내고 말 때가 오기 때문이다.

종교적인 사색이 깊은 인도인은 인간의 이러한 유한성이 애달팠다. 그들은 인간적 존재를 '영원한 시간의 흐름 속에 기멸(起滅)하는 하나의 포말에 불과한 것으로 표현한다.

그리하여 끊임없이 자연의 무한성을 동경한다. 무한하고 보편적인 것을 추구하여, 마침내는 공상과 판연한 구별도 서지 않는 명상을 걷잡을 수없이 전개시키고 있다. 이러한 사상 경향은 현실세계에 대한 적극적인 태도의 쇠퇴를 가져옴은 물론이다.

불교 또한 인도적 사유 속에서 자라난 종교사상이요, 따라서 그 영향에서 전적으로 자유로울 수는 없다. 그러나 그러한 소극적인 현실관에 대해 과감히 도전하고 있다. 부처님은 인간 의지의 중요성을 끊임없이 강조하셨다.

'시'와 '종'의 개념에 대해서도 새로운 국면을 개척하고 계신다. '시'를 잡는다는 뜻으로 보는 전통적인 관념에 대해 불교는 부정의 뜻을 표시한 일이 없다.

'아디'라는 낱말을 '시'의 뜻으로 그대로 사용하고 있다. 그러나 그 '시'와 '종'을 '무시무종(無始無終)'의 철학으로 지양하고 있는 것이다.

시간은 덧없이 흐르고, 인간이 그 어느 일점을 잡으면 '시'와 '종'이 설정된다. 그런데 그 시간이라는 것이 과연 실재할까? 불교는 시간 자체의 실재성에서부터 문제를 제기한다.

부파불교 시대의 불교학자들은 이 문제에 대해 치열한 논쟁을 벌였다. 그러나 시간에 실체성이 없다는 점에 대해서는 의견의 일치를 보여준다. 일체의 유(有)를 주장한 유부의 만법분류법[五位七十五法]에 있어서도 시간은 포함되어 있지 않는 것이다.

그러나 과거·현재·미래라는 삼세(三世)의 구별만은 인정하고 있다. 시간은 실재하지 않되 삼세를 허용함은 모든 존재의 양상이나 위상(位相)에 변화가 나타나고 그러한 변화에 의해 삼세(三世)를 상정할 수 있기 때문이라는 것이다. 대승불교의 유식철학(唯識哲學)에서도 시간과 삼세의 구별에 대해서는 비슷한 의견을 표명하고 있다.

그러나 해탈의 열반세계에는 시간은 말할 것도 없고, 이러한 삼세의 구별마저도 존재하지 않는다. 일체의 제약을 벗어나 모든 것은 본래부터 고요할 뿐이다.

불교는 이렇게 시간을 부정한다. 시간이 부정됨으로 시간이 흐른다는 것도 성립될 수 없다. 그러나 불교의 이러한 시간부정은 지혜의 눈에 비친 세계에서라는 것을 잊어서는 안된다. 무지에 싸인 중생에게는 시간은 여전히 흐르고 있는 것이다. 중생세계의 이러한 시간의 존재를 부정하는 것은 아니다.

따라서 열반에 머물지 않는 한 모든 중생은 시간의 제약 속에 던져진다. 중생의 '시'와 시간의 존재는 공시(共時)적이다. 시간은 그 자체가 곧 중생의 '아디'의 표현이다.

따라서 시간 속에 던져진 인간에게 집착의 활동은 잠시도 쉴 새가 없다. '시'에는 필연적으로 '종'이 있지만, '종'에 이르면, 다시 새로운 집착을 한다. 집착은 곧 시작이다. 그래서 '종'은 '시', '시'는 또 '종'이 되어, 시종의 무한한 상속(相續)이 계속된다. 그리하여 중생의 시종은 '무시무종'이 되는 것이다.

신라의 원효는 불교의 적극성을 발휘하는 데에 일생을 바친 사상가다. 많은 저술을 통해, 그리고 진속(眞俗)에 걸리지 않는 생활을 통해 자기의 불교적 이념을 구현했던 사람이다. 그런데, 그러한 원효는 불교의 이 '무시무종'의 설에 남다른 관심을 보여주고 있다.

원효는 그의 여러 저술에서 다음과 같은 논란을 소개하고 있다. '부처는 모든 중생을 제도하여 깨달음을 얻게 한다. 만일 그렇다면 중생이 비록 많지만 언젠가는 다할 날이 있을 것이다. 중생이 다해 버리면 그 최후의 부처는 제도할 중생이 없으리니 어떻게 성불할 수 있을까. 이타(利他)의 공덕 없이 성불한다는 것은 생각할 수 없기 때문이다.'

　이러한 논란에 대해서 그는 이렇게 답하고 있다. '허공이 무량하므로 중생 또한 무량하고, 삼세가 무제(無際)하므로 생사 또한 시종이 없다. 중생이 이미 시종이 없거늘 어찌 부처에 시종이 있겠는가.'

　'만일 부처에 처음이 있다면, 그 이전에는 부처가 없을 것이므로 가르침이 없을 것이다. 가르침이 없으면 수행이 없으리니 성불 또한 있을 수가 없다. 수행 없는 성불은 생각할 수 없기 때문이다. 그러므로 부처에 처음이 있다는 것은 성립될 수 없다' 는 것이다.

　그런 뒤 그는 다음과 같이 결론하고 있다. '부처에 처음이 없지만 그렇다고 일찍이 중생이 아니었던 부처는 없다. 중생 또한 끝이 없지만 한 사람도 뒤에 부처가 되지 않을 중생은 없다. 부처와 중생은 이렇게 전전(展轉)하여 무시무종인 것이다.' 〈無量壽經宗要〉 매우 고답적인 말이라고 할지 모른다. 그러나 부처와 중생이 다같이 무시무종이라는 원효의 말에서 그의 뜻이 어디에 있는가를 엿볼 수가 있다. 불교의 궁극적인 목적은 흔히 열반에 있는 것으로 생각된다. 차안(此岸)보다는 해탈의 피안(彼岸)에 가치를 두고 있다는 것이다.

그러나 원효는 그렇게 보려고 하지 않는다. 부처와 중생이 다함께 무시무종이라는 것은, 그들이 다같이 피안이 아닌 차안에 머물고 있음을 뜻한다. 무시무종의 일대 약동(一大躍動)은 결코 세속을 빠져 나가지 않는 것이다.

불교는 인도적 사유의 '시'와 '종'을 이런 국면으로 개척하고 있다. '무시무종'은 구원의 시간을 표현하는 단순한 수사가 아니다. 그것은 종식의 안주(安住)를 거부하는 파격적인 사상이다. 모든 '종'을 다시 '시'로 지양하여 영원한 활동을 바라보고 있는 것이다.

〈동대신문, 1976. 2. 24〉

13. 원시불교의 인간관

　인권선언은 현대사회의 인권유린을 떠나 생각할 수가 없을 것 같고 그런 성격의 인권유린은 다시 현대사회의 인간 주체성 상실을 떠나 생각할 수가 없을 것 같다. 그렇다면 인권선언적인 각도에서 원시불교의 인간관을 다룬다는 것은 곧 인간의 주체성을 원시불교에서는 어느 정도로 인정하고 있느냐는 것을 밝히는 것으로 자랄 것이다.

　이런 각도에서 아함경에 설해진 여러 가지 인간관을 살펴 볼 때 필자는 다음과 같은 세 가지 점을 그곳에서 볼 수 있는 인간관의 특질로 지적하고 싶다.

① 힘찬 의지적 존재

첫째는 인간의 자유의지에 대한 전적인 인정이다. 부처님 당시의 인도 사상계는 인간의 자유의지에 대해 여러 가지 의견대립이 있었다. 우주의 창조와 그 본질을 범(梵)으로 보는 바라문들은 인간의 자유의지를 인정하되, 피조물로서의 한계 안에서 인정하였을 뿐이었다.

한편 사문들은 바라문들의 이러한 범을 부정하고 우주의 근본을 몇 가지의 물질적인 요소로 보았는데 이들 중의 순세파(順世派)와 사명파(邪命派)는 인간의 자유의지를 완전히 부정하였다. 특히 사명파에서는 인간은 결정된 운명적인 삶을 어쩔수 없이 살아갈 수 밖에는 없다는 것이다. 이에 대해서 자이나교는 우주의 구성요소를 물질적인 것[非命]과 정신적인 것[命]과의 둘로 가르고, 후자에게는 의지가 있어 물질적인 계박으로부터 해탈이 가능하다고 설하였다. 그러나 이것 또한 철저한 의지론에는 이르지 못하였으니, 두 요소의 결합 문제는 숙세(宿世)에 이미 이루어진 것으로 돌리고 있었기 때문이다.

자유의지에 대한 이러한 여러 가지 견해에 대해서 부처님은 어떤 태도를 취하셨는가. 아함경에 설해진 가장 기본적인 인간관은 육근설(六根說)이라고 말할 수가 있다. 이에 의하면 현실적으로 인간존재를 구성하고 있는 부분은 눈·귀·코·혀·몸의 다섯 감각기관[根]이다. 그런데 이러한 다섯 감각기관을 통합·주재하고 있는 주체를 곧바로 '의지'라고 규정하고 있는 것이다.

뿐만 아니라 그러한 인간의 주체적 의지는 아무것에도 예속될 수 없는 극히 자유로운 것임을 현실적으로 의식하지 않으면 안된다는 것이다. 만일 인간에게 의지가 없다거나, 또는 있다고 인정하더라도 그것을 신이나 운명 같은 것과의 예속관계 속에서 인정한다면 인간의 죄악이나 의욕과 같은 현상을 제대로 설명할 수가 없을 것이다. 죄악이라는 것은 그것을 범한 자에게 전적으로 책임이 지워질 수 있을 때에 한해서 성립될 것이며, 인간에게 의욕이 있다는 현상 또한 현실적으로 의심할 여지가 없기 때문이다.

이런 견지에서 부처님은 인간의 행·불행도 신이나 운명에 의해서, 또는 우발적으로 발생한 것이 아니라, 인간 스스로의 의지적 행동에 의해서 초래된 것이라고 설하고 계신다. 눈앞의 현실을 극복하고 타개해 나가는 것도 신이나 운명, 또는 우연에 힘입는 것이 아니라 인간 스스로의 의지적 활동 뿐임은 다시 말할 필요가 없다. 이러한 입장이 바로 원시불교의 업설(業說)의 내용임은 물론이다.

② 괴로움에 제약된 존재

아함경에 인간은 이렇게 강력한 의지적 존재로서, 아무 것에도 예속될 수 없는 극히 자유로운 주체성을 지닌 것으로 나타난다. 그러나 이러한 인간은 내적으로 괴로움을 지닌 존재라는 것을 또한 밝히고 있으니, 이것을 우리는 원시불교의 인간관에서 주목해야 할 두번째 특질로 들 수가 있다.

인간존재에 대한 원시불교의 분석적 고찰은 육근설(六根說)에서 다시 오온설(五蘊說)로 전개되고 있는데, 이에 의하면 앞서 소개한 여섯 부문으로 구성된 인간존재는 그 하부조직으로서 다시 색(色)·수(受)·상(想)·행(行)·식(識)으로 이름붙일 수 있는 다섯개의 근간적인 부분(蘊)이 있다는 것이다. 그리하여 이 하부조직의 속성을 '괴로움'이라고 규정하고 있다.

육근설에 이어 설해지는 이러한 오온설은 인간의 의지가 극히 자유로운 주체성을 지닌 것이로되, 그것은 보다 근원적인 괴로움에 제약되어 있다는 뜻을 나타낸다. 좀더 구체적으로 말하면 괴로운 존재는 끊임없이 편한 것을 추구하기 마련이고, 이러한 본능적인 욕구는 인간의 의지에 선행한다는 것이다. 따라서 인간은 의지를 가졌다고 하더라도 유혹이나 강압에 쉽사리 지지 않을 수가 없고, 그러한 괴로움이 감당할 수 없는 극한상황에 이르면 자체 붕괴를 면할 수가 없다. 강력한 의지적 존재이면 서도 안으로는 이렇게 덧없는 나약함을 지닌 것이 바로 인간의 존재라는 것이다.

이렇게 볼 때 원시불교 또한 인간적 의지의 한계를 인정하고 있다. 그러나 그러한 한계를 주고 있는 원인을 '범(梵)'이나 숙명과 같은 외적인 것에서 찾지 않고 인간 내부에서 발견하고 있으니, 여기에서 다시금 우리는 원시불교의 인간관이 매우 주체성을 띠었음을 느낄 수가 있는 것이다.

③ 스스로 구원해야 할 존재

그러나 인간의 주체성에 대한 원시불교의 의식은 이 정도로 끝나는 것이 아니다. 여기에서 다시 한 걸음 더 들어가, 인간의 의지를 제약하고 있는 그 괴로움은 어떻게 하여 있게 되었는가를 밝힌다. 그리고 그것을 진리에 대한 인간의 무지에서 발생한 것이라고 설하고 있다. '죽음'으로 대표되는 인간의 괴로움은 무명(無明)에서 연기한 것이라는 십이연기설은 이러한 교설의 대표적인 것이다.

바라문교나 자이니즘, 또는 오늘의 기독교와 같은 종교들은 인간의 현실상황을 모두 비참한 것으로 보고 있다. 불교 또한 마찬가지이다. 그러나 이러한 상황이 어떻게 해서 있게 되었는가에 대해서는 서로 설명이 다르다. 바라문교는 '범(梵)'에 의한 것으로 설하고, 자이니즘은 숙세에 있어서의 정신과 물질의 결합으로 보았다. 기독교에서는 주지하는 바와 같이 신의 뜻을 어긴 인간의 오만심에 대한 신의 벌로 설하고 있다. 다시 말하면 이들은 모두 인간의 괴로움을 외부에서 주어진 것으로 설하고 있는 것이다.

그러나 불교는 그러한 괴로움의 원인을 인간 스스로의 무지에서 발생한 것이라는 것이다. 이런 견지에서 괴로움의 근본적인 극복 또한 인간 스스로의 노력에 의할 수밖에 없다는 입장을 뚜렷이 한다. 인간 내심의 무지를 타파할 수 있는 것은 스스로의 힘에 의할 수밖에 없다. 부처는 오직 길을 가리킬 뿐, 자신을 등불로 삼고 깨달음을 이루라는 것이 아함경에 끊임없이 되풀이 되고 있다. 인간은 스스로를 구제할 능력이 없고, 오직 창조주인 신에 대한 속죄를 통해서만이 구원이 가능하다는 다른 종교의 입장과는 본질적으로 다른 것이다. 따라서 이 점을 다시 필자는 아함경의 인간관에서 세번째의 특질로 들고 싶다.

이렇게 살펴볼 때 원시불교는 시종일관 인간을 아무 것에도 예속되지 않는, 또는 예속시킬 수도 없는 뚜렷한 주체성을 지닌 존재로서 파악하고 있다. 다른 종교사상에서는 예를 찾을 수가 없을 정도이다. 인간의 권리와 주체성이 문제되는 현대사회에서 원시불교의 이러한 인간관은 새로운 관심을 모아도 좋을 것이다.

〈불광, 1979. 2〉

14. 자유의 불교적 의미

　어떤 바라문이 부처님을 찾아와서 '일체(一切)라는 것
은 어떤 것입니까?'라고 물은 일이 있다. 이때 부처님
은 서슴지 않고 '그것은 열두 가지[十二處]에 포함되는 것
이니, 눈·귀·코·혀·몸·의지(意志)와 색·소리·냄새·맛·촉
감·법(法)이니라'고 답하셨다.〈잡아함 권13〉
　우주 만물을 포섭하는 그 열두 가지를 살펴보면 인간
의 인식기관과 그 대상으로 이루어져 있다. 우리들이 인
식할 수 있는 것만이 가장 확실한 존재라는 입장이 밝혀
져 있는 것이다.
　불교의 가장 기본적인 입장을 나타내는 이 교설에서
우리들이 특히 주목해야 할 점은, 인간의 주체를 '의지
[意志, manas]'라는 말로 파악하고 있다는 사실이다.

현대의 '자유'는 인간의 자유의지에 바탕을 둔 개념이라고 볼 수가 있다. 그런데 불교는 처음부터 인간을 그러한 '의지'로 파악하고 있는 것이다.

일체를 자재신(自在神)이나 숙명, 또는 우연에 의해 일어난다고 보는 세계관에 대해 부처님은 다음과 같이 비판하고 계신다. '만일 모든 것이 그러한 원인들에 의해 일어난다고 하면 인간의 범죄는 이론상 성립되지 않을 것이며, 의지와 같은 현상도 일어나지 않을 것이다.'〈중아함 권3 度經〉

이것은 어떠한 형태로든지 예속되어 있는 '의지'라면 그것은 참다운 자유의지라고 말할 수 없다는 뜻을 나타내고 있다. 동시에 이것은 불교의 '의지'는 어떤 것에도 예속되어 있지 않은 지극히 순수한 '자유'를 지닌 것이라는 말이 된다.

선을 행하든지 악을 행하든지는 각자의 의지에 내맡겨져 있는 것이다.

그러나 여기에서 우리는 또 한가지 주목해야 할 점이 있다. 그것은 앞서 살펴본 불교의 기본입장에서 그러한 '의지'의 대상을 '법[法, dharma]'이라는 말로 제시하고 있다는 사실이다. '법'은 어떤 원인이 있을 때 그에 대해서 '필연적인 반응을 보이는 것'을 가리킨다. 선인(善因)에는 선과(善果)를, 악인(惡因)에는 악과(惡果)를.

이런 뜻의 법으로써 의지의 대상으로 제시하고 있다는

것은 무엇을 의미할까? 자유에 대한 철저한 책임이 각자에게 돌려지고 있다는 사실을 간취해야 할 것이다. 불교에서의 자유와 책임은 다른 곳에서는 볼 수 없을 정도로 철저하다는 것을 알 수 있다.

그러나 이러한 자유도 불교에서는 아직 참다운 자유에는 이르지 못한 것으로 보고 있다. 자재신(自在神)을 비롯한 일체의 외적 구속을 벗어난 것이지만 '나'라는 내적인 구속은 아직도 벗어나지 못하였기 때문이다. '내'가 의지의 바탕에 존재하는 한, 그것이 행사하는 자유는 아무래도 '나'를 위한 이기적 방향으로 흐르지 않을 수가 없다. 의로운 일이 눈앞에 있어도 '나'를 버리고 그것을 행해 보려는 자유는 결코 결행되지 못하는 것이다.

그러기에 불교에서는 그러한 '나'를 번뇌 중에서 가장 근본적인 것이요, 무지요, 계박이요, 마(魔)요, 죽음이라고 규정한다. 의로운 일에 목숨을 바칠 수 있는 진정한 자유를 실현하기 위해서는 무엇보다도 먼저 이 장애가 제거되지 않으면 안된다는 것이다.

불교의 무아설(無我說)은 바로 이런 측면에서 이해될 수가 있다. '나'를 취멸(吹滅)하려는 강렬한 실천은 마침내 대승적 공(空)사상에로 심화된다. 그러나 단순히 '공'만을 설하는 것이 아니라, 보시를 비롯한 대사회적 활동이 보살의 덕목으로 함께 설해지고 있는 것이다. 무아는 실로 자유의 원천이 됨을 알겠다.

이렇게 볼 때 불교는 자유를 위한 종교라고 말해도 좋을 것 같다. 불교에서 말하는 깨달음이나 해탈은 인간성에 본유(本有)한 이러한 자유에 대한 각성이요 계발이다. 오늘날 불교인들이 의로운 일에 무력하다는 말을 듣는다면 그것은 죽음의 상태와 마찬가지라고 해야 할 것이다.

원효는 '일체무애인(一切無碍人)은 한길로 생사를 벗어난다[一道出生死]'라는 무애가를 부르며 신라 사회를 누비고 다녔다고 한다. 천년 전 신라를 깨우치던 그 싱싱한 목소리에 우리는 다시금 귀를 기울여야 하겠다.

〈독서신문, 1975. 10. 12〉

15. 법화경의 일불승설(一佛乘說)

  부처님은 한결같이 괴로움을 멸하는 길을 설하고 계신다. '사제(四諦)를 닦아라. 그러면 너희에게 괴로움의 멸(滅)이 있게 될 것이니라.' 십이연기설(十二緣起說)에서도 무명의 멸진(滅盡)은 곧 생사 괴로움의 멸진에 이른다고 한다. 대승불교의 육바라밀설(六波羅蜜說)에서도 마찬가지다. 보살은 오온(五蘊)이 공함을 비춰보고 일체의 괴로움을 건너간다고 설해진다. 불교는 괴로움을 문제로 삼고 괴로움의 멸을 목적으로 삼는다고 평해질 법하다.

  그러나 이게 어찌된 일인가. 부처님은 법화경에서 다음과 같은 놀라운 말씀을 하시는 것이다. '부처가 세상에 출현함은 오직 한 가지 일 때문이니, 그것은 중생들에게 부처의 지견(知見)을 얻게 하고자 함이니라. 하는 바

모든 일은 항상 이 목적을 위한 것이니 오직 하나의 부처 되는 길, 곧 불승(佛乘)이 있을 뿐 그밖의 다른 길은 없느니라. 그러나 오탁(五濁) 악세의 중생들은 번뇌가 무겁고 괴로움이 심하여 부처의 뜻을 제대로 받아들이지 못하므로, 부득이 방편을 써서 일불승(一佛乘)을 셋으로 분별하여 삼승(三乘)을 설하는 것이니라.'〈法華經 方便品〉

부처님의 이 말씀에서 먼저 우리들은 불교의 궁극적 목적을 표현하는 말이 '괴로움의 멸'에서 '부처의 지견' 으로 달라진 것을 주의할 필요가 있다. 괴로움이 사라진 열반을 얻고는 거기에서 다시 부처의 깨달음을 지구(志求)하지 않는다면 그러한 사람은 부처의 제자가 아니라고도 한다. 그리하여 부처나라를 건설하고 중생을 교화하는 부처님의 사명이 끊임없이 권설되고 있는 것이다.

다음으로 주목되는 점은, 지금까지 설해온 사제·십이연기·육바라밀과 같은 교설들은 괴로움을 받는 중생들을 먼저 괴로움에서 끌어내려는 방편에 의해 시설된 것들로서, 사실은 일불승을 그렇게 갈라서 설했던 것이라는 점이다. 따라서 삼승(三乘)은 거짓[權]이요 일승(一乘)은 진실[實]이라고 말할 수가 있고, 거짓을 열어 진실을 드러낸 것[開權顯實]이요, 삼승을 모아 일승에 돌아간 것[會三歸一]이라고도 말할 수가 있다. 법화경의 이러한 교설을 '일불승설'이라고 하는데, 이 법문이 처음으로 베풀어질 때는 정말로 놀라운 선언이었던 모양이다. 사리불이 세

번이나 거듭 청하였고, 5백인의 퇴장을 거친 뒤에 비로소 설해졌다는 데에서 당시의 그러한 소식을 엿볼 수가 있다.

따라서 법화경의 일불승설은 미증유의 획기적인 교설이라고 말할 수가 있고, 그만큼 그에 대한 연구도 사상가들 사이에 활발하게 전개되었던 것이다. 그런데 이러한 연구의 주된 관심은 일불승이란 과연 구체적으로 무엇이며, 삼승(三乘)과 어떤 관계에 있느냐 하는 점에 있었다. 중국 삼론종을 개립한 가상길장(嘉祥吉藏)은 이에 대해 다음과 같이 설명하고 있다. 삼승은 사제를 닦는 성문승(聲聞乘)과 십이연기를 관하는 연각승(緣覺乘)과 육바라밀을 닦는 대승(大乘)을 가리키는데, 이들 삼승은 모두 불성을 갖고 있으므로 성문·연각도 마침내는 성불을 하게 된다. 삼승(三乘)이 이렇게 성불할 수 있으므로 이것을 이르되 일불승이라고 하는 것이며, 이 일불승은 삼승(三乘) 중의 대승과 다르지 않은 것이다.

법상종을 세운 자은규기(慈恩窺基)도 일승을 삼승(三乘) 중의 대승으로 보는 점은 길장과 같다. 그러나 삼승(三乘)의 성불 가능성에 대해서는 전혀 의견을 달리하고 있다. 법상종의 오종성설(五種姓說)에 의하면, 성문·연각의 이승(二乘)에는 결정적으로 그 길만을 닦게끔 정해진 것[決定種姓] 그렇지 않은 것[不定種姓]과의 두 가지가 있어, 이중에서 정해지지 않은 종성만이 대승에 전향하여 성불할 수가 있다고 한다. 법화경의 일불승설은 이러한 부정 종성을 대승에 전향시키기 위한 교설이라는 것이다. 따라서 삼승(三乘)은 진실이요, 일승은 오히려 방편이라고 한다.

길장과 규기는 이렇게 성불의 가능성에 대해서는 의견을 달리하고 있지만, 일불승을 삼승(三乘) 중의 대승으로 보는 점에 있어서는 의견을 함께 하고 있다. 그러나 천태종의 천태지의(天台智顗)와 화엄종의 현수법장(賢首法藏)은 다시 그들과는 전혀 달리 삼승(三乘)밖에 따로 일불승이 있다고 본다.

좀더 구체적으로 말하면 법화경에 불난 집의 비유[火宅喩]라는 것이 있는데, 어떤 장자(長者)가 자기 집에 불이 난 것을 보고, 그 안에서 놀고 있는 자기 아들들을 불러내기 위해 다음과 같은 꾀[方便]를 쓴다. "급히 나오너라. 너희들이 좋아하는 양·사슴·소를 맨 세 가지 수레가 지금 문 밖에 있느니라." 그리하여 아들들이 모두 집 밖에 나왔을 때 장자는 그들에게 다같이 하얀 소를 맨 큰 수레를 나눠 준다는 얘기다. 지의와 법장에 의하면 삼승(三乘)은 양·사슴·소를 맨 세 가지 수레에 해당되고, 일불승은 집 밖에서 모든 아들에게 평등하게 나눠 준 하얀 소를 맨 큰 수레에 해당된다. 그래서 이들은 사거가(四車家)가 되고, 전자의 길장과 규기는 삼거가(三車家)라고 불리우는 것이다.

일불승을 이렇게 삼승(三乘)과는 다른 독특한 법을 갖고 있는 것으로 본다면, 이제 문제는 그 법이 구체적으로 무엇이냐 하는 점일 것이다. 일불승을 대승과 동일시할 경우는 대승의 반야교설이 곧 그에 해당되겠지만, 사거가(四車家)의 입장에 서면 그와는 다른 독특한 교법이 제시되어야 하겠기 때문이다. 이에 대해서 천태지의는 법화경 방편품에 '모든 법의 실상은 오직 부처와 부처만이 다 안다'는 말과 그 내용으로 제시된 십여시(十如是)설에 주목하여, 이로부터 일념(一念) 삼천(三千)의 부사의묘관(不思議妙觀)을 전개시키고 있다.

한편 현수법장은 일불승에는 삼승(三乘)과 동일한 부분과 전혀 다른 부분과의 두 가지 측면이 있을 것이므로 전자를 동교(同敎) 일승, 후자를 별교(別敎) 일승으로 각각 부른다. 그리하여 별교 일승은 화엄경의 무진교의(無盡敎義)가 그에 해당된다고 한다. 그리하여 이로부터 화엄법계관을 체계화하고 있는 것이다.

이상 소개한 것이 일불승설에 대한 옛 사상가들의 주된 견해인데, 전부가 교학적인 연구에 집중되어 있음을 본다. 법화경의 일불승설이 지닌 신앙적인 면은 전혀 고려하지 않고 있는 것이다. 교리사상도 중요하지만, 종교로서의 교설이 지니는 신앙적인 면도 또한 중요하다. 이런 뜻에서 필자가 평소에 느껴오는 법화경의 일불승설에 대한 종교적인 측면을 언급해 보고 싶다.

불교에 있어서 믿음의 대상은 말할 것도 없이 부처님이다. 그러나 부처님은 우주를 창조하고 지배하여 인간에게 화복을 내리는 신과 같은 존재가 아니라, 우주의 진리를 깨달아 남에게도 그것을 깨닫게 하고자 하는 선각자와 같은 존재이다. 따라서 부처님에 대한 믿음은 기독교에서 볼 수 있는 바와 같은 절대적 의빙(依憑)의 염이 될 수가 없다. 위대한 스승에 대한 귀의요 신뢰라고 하는 말이 적절할 것이다.

부처님에 대한 이러한 믿음은 한 걸음 더 들어가면 모든 중생에게 갖춰 있는 불성(佛性)에 대한 믿음으로 심화되고, 마침내는 '나도 부처가 될 수 있다'는 믿음으로 된다. 불교적 신앙의 특징은 바로 여기에 있다고 말할 수가 있다. 다시 말하면 자기 불성에 대한 자신과 같은 것이라고 말할 수가 있다.

그러나 이러한 자신감은 깨달음을 얻으려는 실제적인 구도에 임해서는 산산조각이 나기 마련이다. 끝도 갓도 없이 깊어지는 불법의 심오함에 그만 갈 길을 멈추고 건잡을 수 없는 회의에 빠지지 않을 수 없기 때문이다. '내가 행하고 있는 이 법이 과연 부처님의 뜻에 합당한 바른 길일까?', '나와 같은 죄악 범부는 도저히 부처가 될 수 없다'는 불안에 휩싸인다. 이런 좌절은 곧 믿음의 상실을 의미한다.

믿음을 잃고 불안에 쌓인 이런 사람들의 입장에 서서

이제 법화경의 일불승설을 바라보자. 삼승은 모두 하나의 불승속에 있는 것이다. 삼승 뿐만 아니라 심지어는 부처님께 절을 한번 하거나 이름을 한번 외기만 해도, 벌써 불승 속에 들어선 보살인 것이다. 그러기에 법화경은 어린애가 장난으로 불상을 하나 그려도 모두 부처가 된다고 설하고 있다. 이 얼마나 감사하고 감격스런 말씀인가. 불안했던 마음 속에 다시 믿음의 환희가 용솟음친다. 이러한 믿음의 환희를 더욱 북돋우기라도 하려는 듯이 법화경 방편품은 다음과 같은 말로 맺어져 있는 것이다.

'기뻐하라!   너희들은 모두가 부처가 될 것이다.'

〈불광, 1981. 4〉

16. 상불경(常不輕)의 보살행(菩薩行)

서늘한 남국의 새벽이다. '싱갈라'는 깨끗이 몸을 씻고 동서남북 상하 육방(六方)을 향해 경건히 예배를 올린다. 부처님은 이 젊은이의 모습이 여간 기특한 게 아니다.

"젊은이여, 그대는 무슨 이유로 육방을 예배하는가."

"부친이 돌아가실 제 육방 예배를 유촉하셨습니다. 그 유촉을 받들어 하루도 해태(懈怠)한 일이 없습니다."

"육방에는 단지 방위의 이름만이 있을 뿐, 그에 대한 예배에 어떤 의의가 있겠는가? 동쪽은 부모, 서쪽은 스승, 남쪽은 아내, 북쪽은 친족, 하방은 노비, 상방은 성자(聖者)로 생각하고 예배함이 좋으리라."

싱갈라는 부처님 앞에 무릎을 꿇고 그 육방을 예배하는 구체적인 설명을 다시 듣는다. 육방예경(六方禮經)에 나오는 이야기다.

불교는 형식적인 예(禮)를 부정한다. 오랜 전통을 지닌 것이라고 해도 인간적인 알맹이가 없는 예는 단연 거부하는 것이다.

불교처럼 예에 대한 규정이나 정의가 없는 종교도 없는 것 같다. 유교의 오상(五常)에는 예가 들어 있어 그에 대한 설명이 자상하다. 그러나 불교의 숱한 경전에는 예를 전적으로 설한 경전은 발견되지 않는다. 앞서 소개한 육방예경 정도라고나 할까.

불교에서 굳이 예에 대한 개념을 찾아 본다면 '나무(南無)'라는 술어가 생각된다. '나무'는 범어의 '나마스(namas)'라는 말을 소리옮김한 것인데 '구부린다'는 뜻을 갖고 있다. 절할 때 몸을 굽히기 때문만은 아니다. 그런 육체적인 굴신(屈身)이라기 보다는 차라리 심신을 다 바쳐 귀의(歸依)한다는 뜻을 가진 말이다.

따라서 '나무'에는 항상 향할 바 대상을 나타내는 말이 뒤 따라 말귀를 이루기 마련이다. 나무서가모니불(南無釋迦牟尼佛)처럼. 석가모니부처님께 귀의한다는 뜻이다.

이렇게 볼때 '나무'는 단순한 예라기 보다는 믿음에 가까운 개념이다. 불교에는 예에 대한 형식적인 설명이 드물다. 그러면서도 믿음에 대한 강조는 지나칠 정도로 행해지고 있다. 믿음은 모든 부처님의 어머니요, 깨달음에 드는 문이라는 등….

그러나 불교의 이러한 믿음은 다른 종교에서 말하는 믿음과는 본질적으로 다른 바가 있다. 예를 들면 기독교의 믿음이 하나님에 대한 절대적인 신앙이라면, 불교의 믿음은 인간성에 대한 확고한 신뢰라고 말할 수가 있다.

인간은 무지하고 사악하기 이를 데가 없다. 거기에서 어떤 진실을 기대할 수는 없는 것 같다. 모든 면에서 한정된 인간의 능력을 갖고 일체의 한정을 넘어선 절대적인 진리를 인식하려는 것부터가 차라리 이성적 인간의 오만일지도 모른다.

그러나 불교의 믿음은 인간의 이러한 사악함과 유한성에 절망하지 않고 인간성에 끝까지 신뢰를 두는 입장에 있다.

다시 말하면 인간은 스스로 깨달을 능력이 있으며, 자기의 구원을 스스로 실현시킬 능력이 있다는 것이다.

법화경에 설해진 상불경(常不輕) 보살은 이러한 뜻을 잘 보여준다. 상불경 보살은 사람들을 대할 때마다 이렇게 말했다고 한다. "당신들은 부처님이 되실 것입니다." 사람들이 그를 조소하고 나무라도, 심지어는 몽둥이로 때리고 돌을 던져도, 그는 이 모든 괴로움을 감내하면서 "당신들은 부처님이 되십니다"는 말을 끊이지 않으면서 한결같이 예배하였다는 것이다.

그를 '상불경(常不輕)' 보살이라고 한 것은 이러한 이유 때문이지만, 이 이야기는 불교적 믿음의 극치를 보여주고 있다.

사람을 사람으로 존경해 주고 있음은 물론, 각자의 마음속에 누구나 부처님의 성품[佛性]이 있음을 예를 통해 깨우치고 있는 것이다.

불교의 예는 이러한 믿음에 입각한, 다시 말하면 인간성에 신뢰를 두는 보살의 행이다.

오늘날 예(禮)라는 것이 어떤 상태로 있는가. 형식적인 한갓 '에티켓'으로 전락했거나, 아첨의 방편으로 이용되고 있지는 않을까. 인간성에 신뢰와 존경을 바치는 불교적 예가 새삼 음미될 필요가 있을 것 같다.

〈독서신문, 1975. 7. 20〉

17. 경전 속의 관음신앙

대승불교가 행해지는 곳에서 관음(觀音)에 대한 신앙이 불길처럼 일어나지 않는 곳은 없다. 관음이 이렇게 뜨거운 신앙을 받는 까닭은 어디에 있을까? 어머니처럼 자애로운 관음의 품안이 중생들의 괴로운 마음을 달래기에 넉넉하기 때문일 것이다. 몇몇 대표적인 경전을 통해 그러한 관음의 보살상을 더듬어 관음신앙의 경전적 기반을 밝혀 본다.

1 공관의 자재자

관음은 대승보살이므로 아함과 같은 원시경전에는 나

타나지 않는다. 대승경전에 이르러 그 모습을 처음으로 드러내고 있는 것이다. 대승경전에서 가장 초기(B.C. 1세기경)에 성립한 것은 반야 계통의 문헌이다. 이 계통에서 방광(放光)·광찬(光讚) 등은 비교적 성립이 빠른데, 관음의 이름은 벌써 여기에서 찾아 볼 수가 있다. 그러나 다른 보살들과 함께 '영호중(影護衆)'의 하나로 등장하고 있을 뿐, 그의 독특한 모습이 따로 새겨지고 있지는 않다.

반야 계통 경전에서 관음을 크게 클로즈업하는 것은 우리가 너무나도 잘 아는 반야심경에서이다. 법화경이나 화엄경보다도 성립이 늦다고(A.D. 4 세기경) 생각되고 있는 이 심경에 의하면 부처님은 '광대심심(廣大甚深)'이라는 삼매에 드신다. 이 삼매 속에 관자재보살이 나타나 옛날 반야바라밀다에 행할 때의 모습을 보여 준다. '관찰하니(vyava-lokayati) 오온이 있는데 그들은 자성(自性)이 공함을 보셨다'는 것이다[梵本]. 이에 사리불이 반야바라밀다에의 행을 묻고 관자재가 이에 대답하는 것이 심경의 내용을 이루고 있다.

관음이 신역(新譯) 경전에서는 모두 관자재(觀自在)로 통일되어 있고, 대부분의 범본이 이 역어를 뒷받침하고 있는데 '관자재'라는 이름은 심경의 이러한 내용에 잘 상응하고 있다. 관자재의 '관[觀, avalokita]'은 '관한다[avalokayati]'는 동사의 과거분사 형태인데, 이 동사는 심경에서 관자재보살이 반야바라밀다에 행하면서 오온을 관찰했던 그 관행(觀行)과 동일한 말이다. 그렇다면 관자재의 '관'은 심경의 관행과 밀접한 관계를 갖고 있다고 말할 수가 있다. 그런데 그 '관'은 과거분사 형태이므로 '관해진 대상'을 의미하고, 구체적으로는 오온의 자성이 공하다는 지혜를 의미할 것이다. 한편 '자재[iśvara]'는 '소유한 임'이라는 것이 그 원뜻이다. 그렇다면 관자재는 '공관을 통해서 반야의 완성을 구현한 임'이라는 뜻이 뚜렷해진다.

심경에 이르러 관음은 이렇게 반야바라밀다에의 행자요, 공에 대한 가장 체계적인 변증자요, 교시자로 부각되고 있는 것이다. 대승의 근본사상이 반야일진대 관음은 대승보살의 본존이요, 알음[智]과 수행[行]의 덕을 겸비하고 있다고 말할 수가 있을 것이다.

② 중생의 부름에 응함

반야경에 이어 성립한 대승경전은 법화경이다. 반야경이 소승을 배척하고 있는 데에 대해서 법화는 그것을 폭넓게 받아 들이고 있기 때문이다. 육바라밀 뿐만 아니라 사제와 십이연기와 같은 교설도 성불에 이르는 오직 한 가지 길에서 분별된 것이라고 주장하고 있다. 이러한 법화경에서 관음은 이제 어떤 모습으로 아로새겨지는가.

법화경 권7 관세음보살보문품에 의하면, '만일 중생들이 고뇌 속에서 그 보살의 이름을 듣고 일심으로 부르면 그는 그 소리를 듣고 그들을 모두 고통에서 벗어나게 한다. 그러므로 그 이름을 관세음이라고 한다'고 설해져 있다. '관세음'이라는 역어는 학계에서 오역이라고 말해지고 있지만, 어떻든 그 이름은 법화경의 이러한 내용과는 놀랄 정도로 잘 상응하고 있다.

그런 뒤 법화경은 관음이 사바세계에서 활동할 제 어떤 모습을 띠고 있는가에 대해서 설해주고 있다. '부처 몸이라야 건질 수 있는 자는 부처 몸을 나투어 설법하고, 벽지불·성문·범왕 …… 집금강 등의 몸으로 건질 수 있는 자는 각각 그러한 몸을 나투어 설법한다'는 것이다. 이것이 소위 관음의 '삼십삼응신(三十三應身)'설이다. 특히 그 속에 불신(佛身)이 포함되어 있음을 주의할 필요가 있다. 능엄경 권6에 나타나는 관음의 모습도 법화경의 이러한 관음사상에 입각한 것으로 볼 수가 있다.

반야경에서 공관의 임으로 부각되었던 관음은 법화경에 이르러 이렇게 괴로운 중생들의 부름에 귀를 기울이는 자비로운 어머님의 모습으로 새겨지고 있다. 대승불교권에서 열렬히 행해지고 있는 관음신앙은 법화경의 이러한 교설에 바탕을 둔 것임은 재론할 필요가 없다. 옛날부터 보문품을 관음신앙의 근본 소의경(所依經)이라고 부르는 것은 이 때문이다.

③ 보타락가산에 머뭄

법화경의 일불승에 입각하여 보살의 초발심으로부터 성불에 이르는 과정을 시설한 교설이 화엄경이라고 말할 수가 있다. 따라서 보살 십지설과 입법계품이 그 주축을 이루고 있다. 전자가 보살의 도정(道程)을 시설하고 있는 데에 대해서, 후자는 53인의 선지식과 이를 역방하는 선재동자를 내세워 구체적으로 그것을 표현하고 있기 때문이다. 이러한 화엄교설에서 관음은 다시 어떤 형태를 띠는가.

선재가 찾아가는 53인의 선지식 가운데 관음(觀音)이 28번째로 나타남을 본다. 그런데 그의 주처(住處)는 '남방에 산이 있으니 보타락가요, 그 곳에 보살이 있되 이름을 관자재라고 하나니라.' 〈신역화엄 권68〉 열렬한 구도자 선재가 그 곳에 찾아갔을 때, 관음은 그에게 '대비행문(大悲行門)'으로 일체중생을 평등하게 교화한다는 말을 일러 주고 있다. 중생의 괴로움을 찾아 부르는 소리마다 응해주는 관음의 특질이 이제 대비행(大悲行)으로 표현되고 있는 것이다.

특히 관음의 주처를 '포타라카(Potalaka)'라고 한 점은 주목할 만하다. 포타라카는 하얀 꽃나무[小白花樹]로서 향기가 짙은 꽃을 피운다고 하며, 이러한 관목으로 뒤덮여 있으므로 그 산을 포타라카산이라고 한다. 그런데 그 산이 있는 곳은 어디인가? 인도 남변의 섬이라는 데에 학자들의 견해는 거의 일치하고 있다. 다시 말하면 괴로운 중생들이 있는 이 사바세계에 위치하고 있는 것이다. 관음의 주처가 이렇게 사바에 있다는 것은 사바세계에서의 활동을 설하던 법화경의 관음설과 상통한다고 말할 수가 있다.

신라에 화엄사상을 전래한 의상이 동해안에 낙산사를 열고 백화도량 발원문을 지은 것도, 이러한 포타라카 사상에 근거를 둔 것임을 쉽게 짐작할 수가 있다.

④ 미타정토에의 길잡이

불교의 근본 입장은 자기 힘으로 해탈을 실현하는 데에 있다. 그러나 각박한 생활고에 처하거나 죽음과 같은 극한 상황에 놓였을 때 인간은 자기 힘만으로는 해탈을 실현할 수가 없다. 물에 빠진 사람은 밖에서 건져주지 않으면 안된다. 이런 까닭으로 해서 불교에는 일찍부터 부처님의 본원력(本願力)을 바탕으로 한 정토사상이 발생하고 있다. 관음은 이러한 정토교설에서는 다시 어떻게 되는가.

경전에는 여러 가지 형태의 정토가 설해져 있다. 그러한 정토 중에서도 물질적으로나 정신적으로 깨달음을 얻는 데에 가장 좋은 조건이 갖추어져 있는 곳은 아미타불의 극락정토이다. 뿐만 아니라, 이곳에는 부처님의 이름을 열 번 부르는 것만으로도 갈 수가 있다고 한다. 정토교는 오로지 범부를 위한 교설이라는 것은 이 때문이다. 그런데 관음은 대세지보살과 함께 이러한 미타정토의 두 협시보살(脇侍菩薩)로 등장하고 있는 것이다. 관음의 주처는 예토의 포타라카에서 이제는 정토의 미타극락에 옮겨진 셈이다. 그러나 이것은 우리로 하여금 관음의 보살상이 어떤 것인가를 더욱 뚜렷하게 느끼게 할 뿐이다. 중생에 대한 슬픔이 정말로 마음 속에서 우러나고 있다면 이렇게 정토사상 속에 몸을 던지지 않을 수가 없겠기 때문이다.

⑤ 중생 속에 뛰어든 부처님

대승불교의 사상적 깊이와 상징적 표현은 밀교에 이르러 극도에 달한 듯하다. 이에 의하면 관음과 미타는 동일한 것으로 취급되어 정토에서는 미타의 몸을 나투고, 예토에서는 관자재의 몸을 나툰다고 한다. 심지어는 모든 부처는 관자재의 교화에 힘입어 성불한다는 말까지 하고 있다. 관음을 이렇게 이미 성불한 부처로 보는 것이 밀교 특유의 사상이지만, 그러나 이것 또한 법화경의 삼십삼신설(三十三身說)에 부처몸이 포함되어 있는 데에 이미 그 근거가 있었다고 말할 수가 있다.

밀교의 풍부한 상징성은 관음의 이러한 특성을 여러 가지 만다라로 표현하고 응현신(應現身)을 분화시키고 있다.

그러한 밀교적 관음 중에서 우리들에게 잘 알려진 것으로는 성(聖)·천수천안·마두·십일면·여의륜·준제·불공견색·백의관음 등을 들 수가 있다. 이들의 여러 가지 지물과 괴상한 형상은 육도에 헤매는 중생들을 근기에 따라 건지려는 사랑의 적극적인 표현임은 다시 말할 필요가 없다.

공혜(空慧)의 소유주로 등장한 관음은 중생의 괴로운 소리에 귀기울여 사바의 포타라카에 머물더니 다시 중생을 정토에 인도하고, 이제는 육도에 헤매는 중생 속에 몸을 던지는 부처로 새겨지고 있다.

그러한 관음에 대해서 어찌 열렬한 신앙을 바치지 않을 수가 있겠는가. 괴로운 중생을 어루만지는 영원한 어머님의 모습, 그것을 경전은 그려내고 있는 것이다.

〈불광, 1978. 11〉

18. 죄악범부(罪惡凡夫)와 정토신앙(淨土信仰)

① 극한 상황의 의식

대승경전은 현재 약 650여 부를 헤아리고 있는데 그 중에서 아미타불의 서방정토를 찬탄하고 있는 것은 200여 부로서, 전체 경전의 3분의 1 정도에 이른다. 정토교설이 대승불교에서 어떠한 비중을 차지하고 있는가를 짐작케 한다. 미타정토에 관한 이러한 경전 중에서 대표적인 것은 다음의 삼부경이다.

① 구마라즙 역(鳩摩羅什譯) 아미타경(阿彌陀經) (小經) 1卷

② 강승개 역(康僧鎧譯) 무량수경(無量壽經) (大經) 2卷

③ 강량야사 역(畺良耶舍譯) 관무량수경(觀無量壽經) (觀經) 1卷

정토사상이란 한마디로 말해서 이러한 정토경전에 설

해진 교설을 바탕으로 인도의 용수(龍樹)·무착(無着)·세친(世親), 중국의 혜원(慧遠)·담란(曇鸞)·도작(道綽)·선도(善導), 신라의 원효·경흥(憬興), 일본의 법연(法然)·친란(親鸞) 등에 의해서 전개된 사상이라고 말할 수가 있다. 내용적으로는 미타의 본원력(本願力)에 의해서 정토에 왕생하여 불퇴전(不退轉)의 경지에 이름을 목적으로 한다고 요약할 수가 있다.

미타의 본원력에 전적으로 의존하는 이러한 입장은 지금까지 우리들이 살펴왔던 원시불교에서 대승불교에 이르는 여러 가지 불교사상과 비교할 때 매우 이채로운 감을 준다. 종전의 한결같은 입장은 '법에 의지하고 자신에 의지하라'는 철저한 합리주의적 정신이었다. 그런데 정토사상에서는 왜 자신의 힘보다는 미타의 본원력을 절대적으로 강조하고 있는 것인가. 정토사상은 당시(B.C. 1세기경)의 힌두이즘의 영향하에 성립했다는 학설이 있을 정도로 그의 본원력 구제설은 유신론(有神論)적 종교사상에 비슷한 바가 있는 것이다.

그러나 정토교의 정토교다운 특색은 바로 이러한 타력교적인 점에 있다. 그리고 정토사상에 대한 이해는 바로 이러한 정토교적 종교성이 왜 대승불교에 발생하게 되었는가를 살피는 일에서부터 시작하는 것이 순서이다.

정토교 발생의 사상적 동기를 문제로 하는 이러한 견지에서 정토관계 문헌을 살필 때 우리는 그곳에 강력하게 대두되고 있는 극한 상황 의식(意識)을 주의하지 않을 수가 없다. 정토 삼부경의 하나인 무량수경에는 지금까지 살폈던 원시경전이나 반야·법화·화엄과 같은 대승경전에서는 찾아보기 어려울 정도로 우리들이 처해 있는 현실 사회의 괴로움이 심각하게[五苦·五痛·五燒] 묘사되고 있다. 다시 관무량수경에는 아사세(阿闍世)라는 불효막심한 아들로 말미암아 처참한 상황에 처한 빈비사라왕(頻毘沙羅王)의 왕비 위제희(韋提希) 부인을 설법의 대상으로 등장시키고 있는 것이다.

경전상에서 뿐만 아니라 정토사상가들 속에서도 정토교의 이러한 극한 상황 의식은 얼마든지 엿볼 수가 있다. 용수는 정토교를 하열법(下劣法)을 즐기는 범부를 위한 이행도(易行道)로서 이해하고, 도작(道綽)은 정토교에 있어서의 극한 상황을 말법시대로 파악하여 그러한 시대에 가장 알맞은 법은 오직 정토교 뿐이라고 단정하고 있다. 그리고 중국 정토사상을 대성한 선도(善導)는 관무량수경의 '심심(深心)'에 대해 자신이 죄악범부임을 깊이 믿는 것이라고 주석하고 있다.

이러한 사실들은 정토교가 애초에 극한 상황에 처하여 자신의 힘으로는 깨달음을 실현할 수 없는 나약하고 죄장(罪障) 두꺼운 범부를 의식하고, 그런 의식 위에서 싹터 그 싹이 대승불교의 풍토 속에서 독특한 결실을 보게 된 것임을 말해 주고 있다. 정토교를 올바로 이해하기 위해

서는 정토교의 이러한 근본 입각지를 항상 염두에 두어
야 할 필요가 있는 것이다.

② 정토 왕생

정토 교리를 구성하고 있는 중요한 개념의 하나는 말
할 필요도 없이 '정토'인데 글자 그대로 그것은 부정잡
예(不淨雜穢)가 사라진 청정한 부처님의 국토를 가리키고
있다. 즐거움이 충만한 땅이라고 해서 극락세계(極樂世界)
라고도 불리운다.

정토계 경전에는 미타의 서방정토 외에도 여러 가지
정토가 설해지고 있다. 미륵보살의 도솔천정토(兜率天淨
土), 약사여래의 유리광정토(瑠璃光淨土) 등이 그것이다.
그러나 그 중에서도 가장 수승한 것은 미타의 서방정토
라고 부처님들은 찬탄하고 계신다. 아닌게 아니라 무량
수경이나 관무량수경 등에 설해진 미타정토의 장엄상은
다른 정토에 비할 수가 없을 정도로 훌륭하다. 땅이나 수
목 등이 모두 황금이나 칠보로 되었을 뿐만 아니라 부처
님의 깨달음을 얻으려는 보살·성문들이 성황을 이루고
있다.

미타정토의 이러한 장엄상을 용수는 열 가지 모습[十
相]으로 정리하고, 무착은 십팔원정(十八圓淨)으로, 세친

은 삼엄(三嚴) 이십구종(二十九種)으로 정리하였지만, 한마디로 말해서 물질적으로나 정신적으로나 수도하는 데에 아무런 부족함이 없는 곳이라고 말할 수가 있다. 모든 것이 여의치 못한 우리들의 현실세계를 정토교에서는 '예토(穢土)'라고 부르는데, 이러한 예토에 비할 때 미타정토는 실로 꿈만 같은 곳이다. 부처님과 같은 일체지(一切智)를 얻고 싶지 않은 사람이 어디 있을까마는, 그런 것을 구하기에는 너무나도 우리들의 생활이 각박하다. 아침부터 저녁까지 일을 해도 생활은 항상 쪼들리기만 한다. 그러나 서방 극락세계를 보라. 그곳은 모든 것이 황금이나 칠보로 되어 있지 않는가. 따라서 그런 나라에 가기만 하면 경제적인 문제는 걱정할 필요가 없을 것이다.

경제적인 문제 외에도 우리들의 예토에는 수도에 장애가 되는 요건이 한두 가지가 아니다. 시시각각으로 위험이 닥쳐와 생명을 보존하기가 어려울 뿐만 아니라 갖은 유혹과 번뇌가 우리들의 마음을 괴롭힌다. 그러나 극락세계를 보라. 아미타불은 '무량한 수명과 광명을 가진 부처님'이란 뜻이다. 그러한 부처님의 땅에 태어나는 사람들 또한 무량한 수명과 광명의 공덕 속에 있게 될 것임은 물론이다.

한마디로 말해서 미타정토는 그곳에 가기만 가면 부처님과 같은 깨달음을 얻는 것이 어렵지 않고, 누구나 쉽게 불퇴전지에 이르러 보처보살(補處菩薩)이 될 수가 있는 곳이다.

정토사상은 바로 이러한 정토에 왕생하는 것을 목적으로 한다. 따라서 '왕생'이라는 개념이 다시 정토 교리에 있어서 중요한 술어가 되는데, 글자 그대로 그것은 '가서 태어난다'는 뜻이다.

'가서 태어난다'는 말은 '간다'는 말과 '난다'는 말이 복합된 것이다. '간다'는 것은 예토에서 타방 정토에로 가기 때문이다. 미타의 서방정토를 비롯한 여러 가지 정토는 우리들의 사바 예토를 중심으로 방위가 표시되어 있음이 예사이다. '난다'는 것은 정토에서 새로운 출생[化生 또는 胎生]을 받기 때문이다. 정토 왕생은 인간의 임종과 밀접한 관계를 갖고 경전에 나타나고 있는 것이다.

정토 경전에 나타나는 정토왕생은 이상 소개한 바와 같은 형태를 띠고 있다. 다시 말하면 정토는 찬란한 낙토(樂土)로써 묘사되고 왕생은 임종 후의 일로 제시되고 있는 것이다. 정토 교학에서는 이러한 정토설을 '지방입상(指方立相)'이라고 말한다. 방위를 지시하고 장엄상을 건립하기 때문이다.

그러나 대승불교의 반야사상에서 볼 때 이러한 지방입상적인 정토설을 용납할 수가 있을까. 반야개공(般若皆空)·일체불가득(一切不可得)의 견지에서 볼 때 정토장엄이나 임종왕생과 같은 교설을 글자 그대로는 받아들이기가 어려울 것이다. 따라서 정토사상가들 사이에서는 반야사상과 정토교설과의 이러한 모순을 화해하려는 여러 가지 시도가 행해지고 있다.

정토가의 그러한 시도 중에서 특히 주목되는 것은 정토를 수행자의 마음에 나타나는 해탈계로 보려는 입장이다. 용수에 의하면 정토는 부정잡악(不淨雜惡)이 사라진 중도실천의 묘과(妙果)이며, 무착과 세친에 의하면 불삼신(佛三身) 중의 수용신[受用身, 報身]이 머무는 보토(報土)인 것이다. 예토와 정토를 마음 하나로 보는 선가(禪家)의 유심정토설(唯心淨土說)은 이러한 정토관을 궁극에까지 밀고 간 것이다.

이러한 정토관에 의할 때 정토와 예토는 공간적으로는 동일한 위치를 점하게 된다. 다만 주관적인 심식(心識)이 다를 뿐이다. 따라서 정토장엄상도 공(空)과 가(假)가 상즉(相卽)하는 원리로 이해하게 됨은 물론이고, 담란이 말하는 바와 같이 왕생도 '불왕(不往)의 왕(往)이요 불생(不生)의 생(生)'이 되는 것이다. 심지어는 정토장엄은 해탈계를 상징적으로 또는 문학적으로 표현한 것이라는 생각도 하게 된다.

이러한 정토관은 정토교설과 반야사상의 갈등을 해소하여 정토교를 선양하는 데에 뜻이 있었음은 물론이다. 그러나 정토를 단지 유심적(唯心的)으로만 이해하려는 태도가 있다면 그것을 우리는 경계해야 한다. 왜 그러냐면 정토교는 본래 자기 힘으로는 해탈을 실현할 수 없는 극

한 상황에 처한 범부를 상대로 부처님의 자비가 베풀어
준 교설이기 때문이다. 세친은 정토장엄을 '부처님의 원
심장엄(願心莊嚴)'이라고 강조하고 있는데 이 뜻을 우리
는 깊이 음미할 필요가 있는 것이다.

③ 본원력(本願力)과 염불

정토교는 이렇게 정토에 왕생하는 것을 목적으로 하는
데 이 목적은 어떤 방법으로 이루어지는가. 정토교에서
는 그것을 부처님의 본원력에 의한다고 한다. 원시불교
에는 업설에 입각한 생천설(生天說)이 있었다. 인간보다
상위의 천상에 태어나려면 보시·지계를 비롯한 십선업
(十善業)을 닦아야 한다. 정토교의 정토왕생은 원시불교
의 이러한 생천설에 기원을 둔 것으로 생각되고 있지만,
그 방법에 있어서는 그와는 달리 부처님의 본원력을 크
게 강조하고 있는 것이다. 본원이란 부처님이 발심 때에
세우는 서원을 가리킨다. 그러한 서원 속에는 자신의 깨
달음을 기어이 실현하겠다는 자리(自利)적인 것이 주가
되겠지만 그에 못지 않게 남에게도 깨달음을 얻게 하자
는 이타(利他)적인 서원이 동시에 세워진다. 경우에 따라
서는 그런 이타적인 서원이 자리적인 서원보다도 우위
를 차지하여, 지장보살처럼 지옥중생을 다 제도하기 전

에는 성불하지 않겠다는 경우도 있을 수가 있고, 아미타불처럼 부처의 깨달음이 극한 상황에 처한 중생이라도 제도할 수 있는 것이 아니라면 그것을 취하지 않겠다는 서원이 있을 수도 있을 것이다. 본원력에 의한다는 것은 불·보살의 바로 이러한 이타구제(利他救濟)적인 원(願)의 힘에 의한다는 말이다.

그리하여 부처님이 그러한 본원력이 사상적으로 주의를 받게 되면서 정토계 경전에는 부처의 본원의 수가 점점 불어나고 있음을 본다. 즉 아촉불국경(阿閦佛國經)에는 이십원(二十願), 평등각경(平等覺經)에는 이십사원, 무량수경에는 사십팔원[梵本에는 四十九願]으로 이러한 사실은 미타정토에 관한 교설이 경전상에서 어떻게 형성되어 오는가를 보여 주고 있는데, 그러한 발전의 최고 단계에 있는 무량수경의 원(願)에 의하면 죄악범부를 어떻게라도 구제하려는 원심(願心)으로 가득차 있음을 본다.

정토사상가들은 미타의 이러한 사십팔원(四十八願) 중에서 특히 제십팔원(十八願)에 비상한 관심을 모으고 있다. 그 내용은 "시방중생이 지심신락(至心信樂)하여 내 나라에 생하고저 하며 내지 '십념(十念)'하되 만일 생(生)하지 않는다면 정각을 취하지 않겠노라"는 것이다.

정토사상가들이 이러한 내용의 제십팔원을 미타 본원 성취의 참다운 정신이라고 하며 중요시하는 것은, 정토교의 목적이 정토왕생에 있고 그런 왕생에 있어서 범부에게 가장 알맞은 길은 이 제십팔원의 내용이기 때문이다.

임종과 같은 극한 상황에 이르러서도 정토왕생을 바라는 십념(十念) 정도는 할 수가 있겠기 때문이다. 더구나 관무량수경에는 이 십념설이 다시 더 죄악범부를 구제하려는 방향으로 진전되고 있다. 무량수경에서는 제십팔원에 '오역(五逆)과 방법(誹法)을 범한 자는 제외한다'는 조건이 붙어 있는데, 관무량수경에는 오역죄는 허용되고 있으며 십념(十念)도 '나무불(南無佛)'을 열 번 외는 '십성(十聲)'으로 나타나고 있는 것이다.

정토 왕생은 어려운 일이 아니다. 아무리 큰 죄를 범했다고 하더라도 지심으로 참회하여 '나무아미타불'을 열 번이라도 염하면 왕생할 수가 있다. 그것은 자력으로가 아니라 미타의 본원력에 의한 것이다. 비참한 죄악감 속에서 절망할 필요는 없다. 부처님의 사랑이 있기 때문이다.

<불광, 1978. 2>

19. 한역 불교근본경전 발간에 부침

　불교를 체계적으로 공부하려면 어떻게 하면 좋으냐고 묻는 사람이 많습니다. 그럴 때마다 저는 무엇보다도 먼저 경전에 의지해야 하지 않겠느냐고 말하고, 경전 중에서는 아함(阿含)·반야(般若)·법화(法華)의 삼부경이 중심이 되고 불교 교리는 이 삼부경을 통해 체계적으로 구성되고 있다고 대답합니다.

　오랜 병고로 인생의 덧없음을 절실히 느꼈던 저는 삶의 의미가 무엇이냐는 어려운 문제에 부딪히게 되었고, 이 문제 해결을 위해 종교와 철학이라는 것을 생각하게 되었습니다. 혼자 힘만으로 해결하기에는 너무나도 벅찬 일인 것 같아 저보다도 먼저 그런 문제를 생각했던 선현들이 생각났던 것입니다.

그러다가 우연히 산사(山寺)에서 반야심경이라는 불교의 짧은 경전을 만나게 되었습니다. 그런데 그 속에는 참으로 놀라운 말이 있었습니다. 눈도 없고 색도 없다는 것이었습니다. 제게는 분명히 눈도 있고 색도 있습니다. 그런데 그것이 없다는 것입니다. 저는 그 당시 그 말 한마디에 얼마나 놀랐는지 모릅니다. 눈이 있다는 저의 세계관과 눈이 없다는 불교의 세계관은 전혀 차원이 다르다는 것이 느껴졌습니다.

그로부터 3년간 저는 줄곧 그 문제에서 벗어날 수가 없었습니다. 왜 눈이 없다는 것일까? 밤낮으로 그 이유를 묻고 또 물었습니다. 눈이 없다는 것이 부처님의 말씀이지만, 그러나 그것을 그대로 진리라고 인정하고 제 마음을 억지로 그것에 맞추고 싶지는 않았던 것입니다. 정당한 이유 없는 방하착(放下着)은 위험천만한 일이고, 올바른 이유를 탐구함은 버려야 할 사량분별(思量分別)이 아니라고 굳게 믿었던 것입니다.

그러나 한편으로는 제 마음을 끊임없이 경계하고 살피는 것도 잊지 않았습니다. 자신의 판단이나 확신이라는 것에도 잘못과 고집이 얼마든지 있을 수가 있다고 생각하였기 때문입니다. 이러한 저의 산중생활은 기쁨과 허탈이 거듭되는 속에서 덧없이 흘러갔습니다. 조그마한 경계를 얻어 기쁨에 잠기기가 무섭게 다시 쓰라린 자기붕괴를 맛보았습니다. 그리하여 다시 처음부터 시작하는, 마치 첩첩 산중의 등산길과 같은 것이었습니다.

그렇게 보낸 3년은 마침내 제게 새로운 세계를 열어 주었습니다. 그리고 사람들이 왜 생사의 괴로움에 헤매게 되는가를 환히 알게 되었습니다. 참으로 시원한 마음이었습니다. 그러나 얼마 안 있어 제게는 다시 전혀 새로운 문제가 일어나고 저의 구도 생활은 다시 계속되지 않을 수가 없었습니다. 눈이 없다는 것만이 불교의 전부는 아니었던 것입니다. 깨달음의 길은 그로부터 다시 무한히 계속되고 또 그 이전에는 기초적인 가르침들이 첩첩이 깔려 있음을 간과해서는 안된다고 느껴졌던 것입니다.

그 뒤 저는 좀더 많은 경전을 대하게 되면서 그러한 한 줄기 깨달음의 길을 부처님은 이미 자상하게 시설(施設)해 놓으셨으며, 아함·반야·법화의 삼부경을 통해 그것이 가장 체계적으로 구성되고 있음을 발견하였습니다. 좀더 구체적으로 말하면 인간의 현실적 존재를 분석적으로 관찰하여 괴로움의 원인을 밝혀 그 해결책을 마련해 주는 아함경의 복잡한 교설은 모든 것이 공(空)하다는 반야경에 이르고, 이것은 다시 불교의 궁극적인 목적은 성불(成佛)과 중생교화에 있다는 법화경의 교설에 이르는 것을 알았습니다.

그리하여 부처님과 같은 깨달음을 이루고저 발심한 사람들에게 기별[授記]을 주시고 많은 부처님께 봉사한 다음 내세에 부처가 된다고 설하시는 뜻이 무엇을 의미하는가를 깊이 생각하게 되었습니다. 그러자 한줄기 힘찬 보살의 길이 끝없이 눈앞에 펼쳐지는 것이었습니다. 여기에 이르러 비로소 저는 모든 의심을 쉬고 부처님의 끝없는 사랑에 한없이 흐느끼게 되었던 것입니다.

그 뒤 불교학을 공부하면서 저는 부처님이 열반하신 뒤 오늘에 이르는 불교에서 다시 많은 문제성을 발견하게 되었습니다. 남방 상좌부에서는 지금껏 아함경[巴利 尼柯耶]만을 의지하고 부처님의 뜻을 그것에 한정시키고 있습니다. 북방 대승불교는 여러 종파가 발생하여 저마다 경전을 달리하고 해석을 달리하고 있습니다. 그러나 그러한 종파들은 거의 모두가 반야사상을 바탕으로 하고 있음이 느껴졌습니다. 일례를 들면 천태종에서 법화경을 소의경전으로 하고 있습니다만 법화를 용수의 중관사상에 의해 해석하고 있는 것입니다. 경전의 권위를 부정하는 선종이라고 해도 그러한 입장은 크게 다르지 않았습니다. 뿐만 아니라 대승불교는 아함경을 건너뛴 까닭에 그 공관(空觀)은 직관적인 경향으로 흐르지 않을 수가 없었고, 이것은 한걸음 더 나아가 법화경의 심오한 의미를 파악할 논리적 근거를 잃어버린 문제성을 안게 된 것이었습니다.

아함·반야·법화는 각각 독자적인 교리를 지니고 있음을 저도 시인합니다. 그러나 그 삼부경은 궁극적으로는 하나의 깨달음의 길을 구성하고 있음을 잊어서는 안될 것입니다. 법화경에 삼승(三乘)은 방편이요 일승(一乘)은 진실이라는 것이 누누히 설해지고 있는 것입니다. 그럼에도 불구하고 지금껏 그 삼부경이 개별적으로 수지(受持)됨으로써 교단을 분열시키고 대립시켜 왔음은 그 역사적 사정이야 어떻든 간에 중대한 문제라고 생각되지 않을 수가 없었습니다. 심지어는 현대 학자들 속에서도 아함 이외의 반야·법화와 같은 것은 부처님의 설이 아니라는 말을 하는 사람까지 있는 것입니다.

그래서 저는 저으기 당황하였고 그러한 학설이 나오게 되는 근거를 살펴보게 되었습니다. 그 결과 반드시 그렇게만 보아야 할 절대적인 이유는 없다는 것을 발견하였습니다. 경전 자체의 사상적인 체계를 살펴볼 때 아함에서 반야·법화에 이르는 교리적 체계는 조금도 빈틈이 없었기 때문입니다. 다시 말하면 대승의 기초를 이루고 있는 것은 아함이고, 아함의 교리는 또 대승에 이르러 비로소 완성될 성질의 것이라는 것이 뚜렷했던 것입니다.

이런 견지에서 저는 불교의 그런 체계성을 밝히는 일에 적은 힘이나마 바치기로 마음먹게 되었습니다. 다행히도 아함·반야·법화 삼부경은 범어(梵語)와 팔리어(巴利語)로 된 원전이 전부 전해지고 있습니다. 우리말 불교성전은 이러한 원전에서 직접 번역해야 함은 다시 말할 필요가 없습니다. 그러나 그러려면 아직도 많은 시간과 연구가 필요한 것은 말할 필요가 없습니다. 그래서 우선 한역본(漢譯本)으로라도 삼부경을 한 책으로 엮어 불교를 체계적으로 공부하고저 하는 사람들께 기본자료로서 제공코저 한 것입니다.

그러나 이 작업도 그렇게 쉬운 일은 아니었습니다. 삼부경 중에서 아함부가 문제였던 것입니다. 장(長)·중(中)·잡(雜)·증일(增壹)의 4아함 중에서 교리적으로 가장 중요한 것은 잡아함인데, 그것만도 총 50권에 이르는 방대한 양일 뿐만 아니라, 현재의 잡아함은 권수가 흐트러진 착간(錯簡)의 상태로 전해지고 있어 깊은 연구를 하기 전에는 그 속에 시설된 미묘한 교리적 체계성을 살필 수가 없게 되어 있었던 것입니다.

그래서 아함경의 이러한 문제성을 조금이라도 덜어 보려는 뜻에서 저는 일찍이 아함경법의요초(阿含經法義要抄)라는 자료집을 발간한 일이 있습니다. 이것은 4아함에서 중요한 경전을 전부 발췌하여 정연한 교리적 체계로 새로 엮은 것입니다. 계획중인 삼부경의 아함부에 이것을 싣는 게 좋을 것으로 생각되었습니다. 그래서 이번에 그것을 다시 대폭 수정하고 보완하여 아함경정선(阿含經精選)이라는 것을 마련하였습니다. 그런 뒤 부처님의 생애를 설해 주는 본연부(本緣部) 경전에서 교설의 수준이 아함경과 동일한 것을 골라 이것과 합쳐 아함부에 싣기로 하였습니다. 팔리삼장(巴利三藏)에서도 불타전(佛陀傳)은 소부니가야(小部尼柯耶)에 실려 있는 것입니다.

반야부 경전으로는 가장 성립이 이른 것으로 학계의 의견이 모아진 것은 소품반야경(小品般若經) 10권입니다. 따라서 이것을 중심으로 그 앞에 역시 성립과 유통의 면에서 중요한 위치를 차지하고 있는 금강경을 싣기로 하였습니다. 그런 뒤에 이러한 반야 교설이 널리 수지독송되고 있는 반야심경을 통해 체계적으로 요약되게끔 하였습니다.

법화부 경전에서 가장 많이 유통되고 있는 것은 묘법연화경(妙法蓮華經) 7권임은 다시 말할 필요가 없습니다. 여기에 화엄부의 십주경(十住經)과 보적부(寶積部)의 무량수경(無量壽經)을 추가하여 법화경의 뜻을 더욱 확충하기로 하였습니다. 십주경은 화엄경의 핵심이 되는 십지품(十地品)에 해당되는 별행경으로서 용수 이전에 이미 그 성립이 이루어진 것으로 생각되고 있는데, 그 십지설은 법화경의 일불승설에 입각해서 보살도(菩薩道)를 새로 조직한 것으로 볼 수가 있기 때문입니다. 그리고 무량수경에 자세히 설해진 정토 교설은 법화경의 신앙적 측면을 더욱 전개한 것으로 볼 수가 있는 것입니다.

이렇게 해서 여기 삼부경을 한 책으로 엮어 발간하게 되었습니다. 하나의 자료집으로 볼 수가 있습니다. 그러나 저로서는 오랫동안 생각해 온 것이고, 불교를 체계적으로 공부하고자 하는 사람들이 무엇보다도 먼저 전거(典據)로 삼아야 할 중요한 경전들입니다. 우리 주변에는 선(禪)에 맹목적인 사람들이 흔히 경전의 권위를 부정하려는 것을 봅니다. 그러나 역대의 조사(祖師)치고 경전을 전적으로 부정한 사람은 한사람도 찾아볼 수가 없습니다. 달마는 능가경을, 육조는 금강경을 의지했고, 임제와 보조 또한 삼장에 통효했던 것입니다. 선종에서 불립문자(不立文字)를 주장함은 문자에 얽매이지 말라는 것이지 딴 말이 아닌 것입니다. 문자에 얽매이어서는 안된다는 이러한 입장은 이미 부처님도 취하고 계시는 것입니다. 스스로 교설을 뗏목에 비유하시고 반야는 불가설(不可說)이요 삼승(三乘)은 방편이라고 설하고 계시기 때문입니다.

따라서 불교를 공부하고자 하는 사람이 무엇보다도 먼저 의지해야 할 것은 경전이며, 경전에 따라 그 뜻을 깊이 생각하고 실천해 보아야 하는 것입니다. 경전은 흔히 교리를 자세하게 설명해주는 것으로 생각하기 쉽습니다. 그러나 불교경전은 절대로 그렇지가 않습니다. 깨달음에 이르는 길만이 간명하게 시설되어 있을 뿐, 그밖의 모든 것은 스스로 알아내고 깨닫도록 짜여져 있는 것입니다. 따라서 경전은 그대로 전체가 문제 덩어리라고 봐야 하는 것입니다. 그러기에 아함경에는 '홀로 고요한 곳에서 골똘히 생각한다[獨一靜處 專精思惟]'는 말이 수없이 되풀이 되고 있습니다. 오늘날 우리에게도 이러한 태도가 참으로 아쉽습니다.

부처님의 말씀에 깊이 생각하는 이러한 태도로 임할 때 틀림없이 우리에겐 시원한 깨달음이 열려 올 것입니다. 그리하여 끝없는 보살의 길을 힘차게 걸어가게 될 것입니다. 부디 이 엮음이 그러한 길에 조금이라도 도움이 되기를 바랍니다.

〈한역 불교근본 경전, 고익진편, 민족사 1981〉

20. 불교와 기독교

1 한국 사회의 종교적 실정

현재 세계의 중요한 종교로는 불교·기독교·힌두교·이슬람교·유교를 들 수가 있다. 불교는 인도에서 발생하여 실론·미얀마·타이 등의 남방 여러 나라로 퍼져 나갔고, 북으로는 서역(西域)·중국·한국·일본으로 전파되었다.

그러나 발생지인 인도에서는 자취를 감추고(A.D. 12세기경) 그곳엔 힌두교가 주로 행해지고 있다. 한편 기독교는 중동에서 발생하여 서쪽 유럽 여러 나라로 퍼져 나갔고 발생지인 중동에는 이슬람교가 크게 떨치고 있다. 유교는 중국에서 발생하여 한문화권(漢文化圈)에 널리 행해지고 있지만, 종교적 기능보다는 도덕이나 정치윤리로 행해져 왔다. 따라서 분포 지역이나 종교적 기능으로 봐서 불교와 기독교는 동서를 대표하는 2대 종교라고 말할 수가 있다.

그런데 우리 한국은 아시아의 다른 전통적 불교국과는 달리 기독교의 교세가 크게 떨치고 있어, 동서의 대표적 두 종교가 뚜렷한 형태로 한 자리에 공존하는 양상을 보여 주고 있다. 한국사회의 이러한 종교적 특수 상황은 두 종교가 앞으로 어떤 관계를 가지고 발전해 나가야 할 것인가 하는 지극히 어려운 문제로서, 한민족 스스로가 슬기롭게 해결해야 할 중대한 과제로 제기되고 있다.

동서의 반대 방향으로 퍼져 나간 불교와 기독교는 그러한 지역적 격리 때문에 오랫 동안 서로 사상적으로 깊이 교섭할 기회를 갖지 못하였다. 그들의 접촉이 그동안 전혀 없었던 것은 물론 아니다. 복음서[福音書, 특히 新約外典]의 예수전에는 불타전(佛陀傳)의 영향이 보이고, 불전(佛典)의 교훈이나 비유담에는 복음서의 영향이 눈에 띤다. 초기 기독교의 그노시스파(Gnosticism)와 중세 마니교(Manism)에 불교의 영향이 엿보이며, 불교도와 네스토리아파(Nestorian Christianity) 사이에 행해진 교섭은 잘 알려진 사실이다(2세기경). 16세기에 들어와서는 기독교의 동양 전도가 행해짐으로써 두 종교 사이에 보다 넓은 접촉이 이뤄지고, 이어(18세기경) 근대 서구학자들의 동양학이 행해지기 시작하였다. 그러나 동서양에 걸쳐 행해진 이러한 불교와 기독교의 교섭은 대개가 외부적 접촉에 그쳤거나, 내면적 영향이 있었다고 하더라도 '전면(全面)적인 만남이나 본질적인 대결'은 없었다는 것이 학계의 통설이다.

따라서 불교와 기독교는 오늘날 우리를 당황하게 할 정도로 너무나도 상이한 종교적 양상을 보여 주고 있다. 불교인의 합리적 사유에서 볼 때 기독교적 신앙은 이해하기 어렵고, 기독교인에게 불교는 종교라고 보기가 어려울 정도이다. 이것은 불교와 기독교의 문화적 배경과 사상적 입장이 발생 당시부터 상이한 것에 근본적인 이유가 있겠지만, 오랜 역사적 분리로 말미암아 그러한 상이성을 조화융섭(調和融攝)할 기회를 갖지 못한 데에도 원인이 있을 것이다.

② 종교적 관용

불교와 기독교의 이러한 사상적 상이성(相異性)은 자칫하면 종교적 대립과 쟁론을 발생시킬 소지를 갖고 있다. 종교라는 것은 궁극적 진리에 대한 확고한 신념이므로 그와 반대되는 입장을 용인하는 일은 지극히 어렵기 때문이다. 더구나 종교가 교단의 발전을 꾀할 때 그러한 대립은 심각한 사회문제로까지 번질 가능성이 없지 않다.

그렇다면 그런 사태가 발생하기 전에 우리는 종교간의 대립을 방지할 어떤 길을 모색하지 않으면 안 될 것이다. 그 바람직한 길은 무엇일까?

우선 종교간의 대립을 타개할 안이한 방법으로 정치권력이나 경제적 힘에 의한 종교 통일을 생각할 수가 있다. 그러나 지난 종교사를 되돌아 볼 때 이러한 방법은 막대한 희생을 치뤘으면서도 결코 성취될 수 없었던 헛된 망상이었다는 것을 실증해 주고 있다. 더구나 현대는 모든 민주국가에서 신교(信敎)의 자유가 헌법에 의해 보장되어 있다. 따라서 그러한 강압적 방법은 상상할 수도 없을 것이다.

그렇다면 어떤 방법이 있을 수 있을까. 말할 필요도 없이 그것은 모든 종교가 배타적 태도를 버리고 서로 관용과 존경을 갖고 평화로운 공존과 발전을 꾀하는 길일 것이다. '세계의 상이한 문화적·정신적 유산이 점점 전 인류의 공유재산이 되어가고 있는 것과 같이, 모든 종교도 각자의 역사적 동일성을 유지하면서 서로 흉금을 털어놓고 마음 속을 피력하지 않으면 안된다'고 토인비(Arnold Toynbee)는 말하고 있다.

종교적 관용(religious tolerance)은 다른 종교에 대한 깊은 이해를 바탕으로 하지 않으면 안된다. 단순한 무관심이나 무차별주의를 관용과 동일시할 수는 없다. 구스타프 멘싱(Gustav Mensching)은 종교적 관용을 형식적인 것과 내용적인 것과의 둘로 가르고 전자를 다음과 같이 설명하고 있다. '형식적 관용은 단순히 남의 신앙에 손을 대지 않고 방치하는 태도로서, 관용되는 대상에게는 신앙의 자유가 있게 되는 것을 가리킨다.' 그는 이러한 형식적 관용을 배격하고 진정한 의미에 있어서의 종교적 관용은 내용적 관용이어야 한다고 설한다. '내용적 관용이란 다른 종교를 방치하는 것이 아니라, 그것을 성스러운 것과의 만남이라는 진정한 종교적 가능성으로서 적극적으로 승인하는 것이다.'

③ 서구학자의 불교 이해

현대의 비교종교학은 여러 종교를 관용적 입장에서 깊이 이해하고자 할 때에 적지 않은 도움을 줄 것이다. 여러 종교에 대한 비교적 연구는 애초에 동서의 길이 열리면서 기독교가 세계의 다른 종교와 만나게 되었을 때, 자신의 우월성을 주장하기 위한 호교(護教)적 목적으로 시작되었다. 그러나 학문의 객관적 연구에 대한 시대적 요청은 그러한 호교적 입장을 지양하여 모든 종교를 다같이 인류가 발생시킨 문화 현상의 하나로 보고, 그것을 역사적으로[宗教史學] 또는 현상학적으로[宗教現象學] 연구하는 방법들을 도입케 하였다. 따라서 현대의 비교종교학은 신뢰할만한 공정성을 지니고자 노력하고 있는 것이다.

그러나 현재로 봐서는 아직도 깊은 연구에 이르렀다고는 볼 수가 없다. 불교와 기독교에 대한 연구 성과가 요즘 활발하게 발표되고 있지만, 서구학자들에 의한 그러한 연구를 불교 쪽에서 볼 때는 아직도 부족한 것이 상당히 많이 눈에 띄기 때문이다. 윈스턴 킹(Winston L. King)의 예를 들어보자. 오랜 역사적 분리 때문에 빚어진 불교와 기독교의 대립적(oppositions)차이를 다음과 같이 열거하고 있다.

① 궁극적 실체(ultimate reality)에 대해서 : 기독교는 그것을 세계를 창조하고 유지하고 방향을 결정하는 거룩한 인격을 갖춘(personal) 신(God)으로 본다. 그러나 불교는 그러한 신을 인정하지 않고, 인과율(因果律)에 지배되는 '비인격적 과정(impersonal process)'으로 보고 있다.

② 세계사의 의미에 대해서 : 기독교는 신의 섭리에 의해 예정된 목적을 갖고 세계는 그 방향으로 움직이고 있다고 한다. 그러나 불교에서는 세계를 끝없는 생주이멸(生住異滅)의 반복으로 보고, 인간은 그러한 세계를 개변할 수 없으며 다만 그것으로부터 벗어나는 열반을 구해야 한다고 설한다.

③ 인간성에 대해서 : 기독교는 인간의 본질로서 인격적인 개성을 인정한다. 그러나 불교는 그러한 영혼(soul)을 인정하지 않는 무아설(無我說)을 주장하고 있으며, 인

간의 자아라고 말할 수 있는 오취온은 죽음과 함께 분산
되어 세계의 변역과정에 속해 버린다. 인간의 생사윤회
는 업력에 의한 것이라고 하는데, 이것은 무아설에서 볼
때 이상한 설이며, 힌두교의 영향으로 보인다.

④ 구원(salvation)에 대해서 : 기독교에서 인간은 신의
뜻을 어긴 죄인으로 보기 때문에 오직 신의 은총에 의해
서만 인간은 구원될 수가 있다고 한다. 그러나 불교에서
는 인간을 구제할 수 있는 것은 오직 자기 자신일 뿐, 죄
에 대한 참회보다는 지적인 깨달음을 강조하고 있다.

⑤ 수행방법에 대해서 : 기독교 수행은 신앙(worship)을
주축으로 삼고 있는데, 그러한 신앙의 가장 특징적인 형
태는 기도(prayer)라고 말할 수가 있다. 찬송·참회·감사·
기원 등이 기도의 여러 가지 모습이다. 불교에서는 그러
한 기도의 대상이 없다. 붓다는 신이 아니며, 열반 또한
시공(時空)을 초월한 가치에 불과하다. 불교 수행의 기본
적인 것은 개인적인 명상인데, 자아를 구성요소로 분석
하고 모든 중생을 평등한 자비로 보는 관법(觀法)이다.

⑥ 윤리적 태도에 대해서 : 기독교는 구체적이고 활동
적인 윤리관을 갖고 실제적인 인간생활에 깊은 관심과
참여를 보인다. 진실·정의·사랑이 강조된다. 그러나 불
교에서는 모든 세속적인 것에 대한 '무집착(detachment)'
과 인간적인 감정을 배제한 '평정(equanimity)'이 중시되
고 있다.

⑦ 적극성과 소극성에 대해서 : 기독교는 긍정적이고 불교는 부정적이라고 말할 수가 있다. 기독교는 궁극적 실재라고 믿는 바를 적극적으로 말로 표현하고자 하는데, 불교는 매양 그런 것은 불가사의·불가설이라고 주장할 뿐이다.

윈스턴 킹의 이러한 비교는 상당히 광범위하고 체계적이라고 할 만하다. 그러나 불교 측에서 볼 때는 아직도 미진한 것임을 쉽게 알 수가 있다. 궁극적 실체를 불교에서 '비인격적 과정'으로 본다는 것은 소승불교의 유부(有部) 교학에서 하는 말이지 석가모니의 근본 뜻은 아니다. 불교가 세계사를 생주이멸의 연속으로 본다던가, 열반을 궁극적 목표로 본다는 것도 너무나 천박한 견해라고 하지 않을 수가 없다. 불교의 궁극적 목적은 성불(成佛)에 있는 것이지 해탈 열반에 있는 것이 아니다. 삼승을 설하고 열반을 설하는 것은 일시적 방편이요 화성(化城)에 불과하다고 법화경은 역설하고 있다. '부처님이 세상에 출현함은 오직 사람들에게 불지견(佛知見)을 얻게 하기 위함이다.'〈法華經〉 그리하여 모든 불자에게 불국(佛國)을 건설하고 중생을 교화할 지상사명[至上使命, 授記]이 명해지고 있는 것이다. 불교의 무아설은 윤회설과 모순하고 있지 않으며 참다운 자아에 이르기 위한 '거짓 나'의 부정이다.

불교의 윤리적 태도에 대한 윈스턴 킹의 견해 또한 미

진하다. 불교 윤리는 선악[業說]에서 정사(正邪)로 심화되고[四諦, 八正道說], 정사에서 다시 자비로 심화되고 있어, '무집착'과 '평정'을 최고 미덕으로 보는 것은 아니다.

윈스턴 킹은 그가 밝히고 있는 바와 같이 분명히 소승불교에 입각하고 있다. 그러나 그렇지 않은 서구 학자들의 비교도 대개 이런 차원에 머무르고 있다. 다시 한 예를 더 들어보자. 기독교 신학자이며, 철학자이기도 한 폴 틸리히(Paul Tillich)는 불교와 기독교의 구조적 특질을 다음과 같이 비교하고 있다. 기독교에서는 모든 사람과 모든 사물은 '하느님 나라(Kingdom of God)'에 맺어져 있으며, 불교에서는 모든 사물과 모든 사람은 열반 속에 성취되어 있다. 하느님 나라는 사회적·정치적·인격적 상징이며, 열반은 존재론적 상징이다. 기독교에서의 인간은 타락에 대한 책임이 있어 죄인이며, 불교에서의 인간은 괴로운 생사윤회에 얽매인 유한한 중생이다.

하느님 나라와 열반이라는 엇갈리는 상징 뒤에는 두 개의 다른 존재론적 원리가 있으니, 그것은 곧 '참여(Participation)'와 '일치(identity)'이다. 참여의 원리에서는 인간이 자연을 지배하고, 일치의 원리에서는 인간은 자연 속에 동화한다. 참여는 아가페(agape)를 낳고, 일치는 자비(compassion)를 낳는다. 아가페는 남을 개변(改變)하려는 사랑이요, 자비는 그런 개변의 의지가 없는 동정이다. 세계사의 의미에 대해서도 두 상징은 입장이 서로 달라진다. 하느님 나라의 상징에서는 역사는 새로운 천지를 창조할 개혁적인 운동이고, 열반의 상징에서는 그런 현실 개혁의 뜻이 없고 현실로부터 해탈하려는 것이 기본 태도가 된다. 폴 틸리히는 대승불교를 언급하고 있지만, 그의 비교는 이렇게 윈스턴 킹의 그것과 별 차이가 없는 것이다.

④ 종교학적 방법론의 지양

객관적 입장에서 종교를 전문적으로 연구하는 석학들의 불교에 대한 견해가 저러할 때 우리에겐 다음과 같은 회의가 생기게 된다. 남의 종교에 대한 깊은 이해라는 것이 과연 가능할까? 그러나 그럴수록 우리는 다른 종교에 대한 이해와 관용의 정신을 더욱 증진해가야 할 것이다. 종교간의 대결을 타개할 바람직한 길은 오직 그것밖에 없기 때문이다. 따라서 우선 학문적인 비교연구만이라도 더욱 심화시킬 필요가 있다.

여러 종교에 대한 학문적 비교연구를 심화시키기 위해서는 현재의 종교학적 기본 입장을 지양할 필요가 있다고 본다. 비교종교학은 애초에 다른 종교에 대한 기독교의 우월성을 주장하기 위해 시작되었다는 것은 앞서 언급한 바가 있거니와, 현대 종교학은 이런 호교적 입장을 반성하고 나타났던 것이다. 따라서 그것은 '종교는 이래야만 한다(should)'는 등의 규범(norm)을 묻는 일은 신학이나 종교철학에 맡기고, 제 자신은 오로지 '종교는 어떤 모양으로 있는가(be)'를 묻는 일에만 한정시키게 되었다. 종교학의 대상이 되는 자료는 크게 종교사상·종교행동·종교체험·종교활동의 네 방면으로 접근되는데, 이 중에서 종교사상에 대한 연구가 현재 제일 부진한 까닭은 현대 종교학의 그러한 제한 때문이다.

종교에 있어서 가장 근본이 되는 것은 종교사상이다. 종교행동이나 체험·사회적 활동 등은 사상을 바탕으로 행해지기 때문이다. 종교사상의 중요한 내용이 되는 것은 요아킴 바하(Joachim Wach)가 지적한 바와 같이, 신학(theology)·우주론(cosmology)·인간관(anthropology)의 세 가지 테마라고 말할 수가 있다. 종교의 근본 바탕이 되는 이런 문제를 제쳐두고 어떻게 종교의 참다운 뜻을 파악할 수가 있을까? 종교의 체계적 이해는 종교사상에서 출발하여 행동·체험·활동으로 진행되어야 할 것이다. 그리고 종교사상이 근본이 되는 것은 궁극적 실재에 관한 것이므로 그것부터 구명(究明)해 나가야 한다. 이러한 작업은 필연적으로 종교학에서 금기로 치고 있는 규범(norm)에 관한 문제에까지 저촉하게 될 것이다. 현대 종교학은 이제 스스로 걸머진 제한을 신중하게 풀면서 이런 깊이에까지 파고들 필요가 있다는 말이다.

종교학자 중에도 이런 뜻을 표명하는 사람이 있다. 그 한 예로 미셸 파이(Michael Pye)를 들 수가 있는데 그는 다음과 같이 말하고 있다. '종교의 현상학적 연구는 여러 종교의 진위·가치 등을 묻는 궁극적인 물음(further question)에까지 확대되어야 한다. 왜 그러냐면 현상학적 연구의 대상이 되는 자료 자체가 그런 문제를 제기하고 있기 때문이다.' 오늘날 종교인은 '기독교는 비신화화(非神話化)할 수 있는가', '불교의 참뜻은 무엇이며 현대화는 어떻게 해야 할 것인가' 등의 문제를 던지고 있다. 현상학적 연구의 대상에는 이러한 자료도 포함되어야 할 것이다. 같은 종교의 교설 속에 서로 엇갈리는 말이 있을 수가 있는데, 이런 경우에도 단순히 그것이 신의 계시라는 것만으로는 지적인 신자에게 받아들여지지 않는다. '보다 심오한 이유(more profound reason)'가 필요하다. 비교 종교의 대상에는 이런 '심오한 이유'까지도 포함되어야 한다는 것이다.

그러나 종교사상의 진위(眞僞)나 가치 등에 관한 문제는 정말로 신중하게 다루지 않으면 안된다. 경솔한 독단이나 속단이 내려져서는 안된다. 만일 그런 일이 발생하면 그것은 종교간의 이해와 관용은 커녕, 다시 심각한 대립과 쟁론을 불러일으킬 것이다. 호교적인 비교종교학이 반성되고 현대 종교학에서 종교적 범규(範規)에 관한 문제가 금기되었던 것은 그러한 위험이 있었기 때문이다. 따라서 어떤 단정을 내리려면, 그러기 전에 그 종교에 속한 전문적인 수행인에게 먼저 그 내용을 검토케 하는 것이 바람직하다고 미셸 파이는 말하고 있다.

이런 견지에서 앞서 예로 들었던 윈스턴 킹과 폴 틸리히의 비교연구를 한번 되돌아보고 싶다. 그 두 학자는 다같이 불교와 기독교의 궁극적인 문제를 밝히고, 그로부터 논술을 전개하고 있다. 윈스턴 킹에 의하면 기독교의 궁극적 실체(ultimate reality)는 세계를 창조하고 지배하고 방향을 결정하는 '인격신(人格神)'이며, 불교의 그것은 인과율에 따르는 '비인격적 과정'이다. 폴 틸리히는 기독교와 불교의 구조적 특질을 다음과 같이 보았다. 기독교에서는 모든 인간과 사물이 하느님 나라에 맺어져 있고, 불교에서는 모든 사물과 인간은 열반 속에 성취되어 있다고.

5 불교와 기독교의 본질적 차이

그러나 불교인의 입장에서 볼 때 두 종교의 본질에 대한 그들의 견해는 그대로 수긍할 수가 없다. 매우 중요한 본질적 차이를 그들은 간과하고 있기 때문이다. 불교의 근본사상을 깊이 파악한 학자라면 기독교와 불교에 대해서 우선 다음과 같이 말할 것이다. 기독교는 '창조신에 대한 믿음'을 중심으로 하고, 불교는 '진리에 대한 깨달음[覺]'을 중심으로 한다고.

이제 이런 견지에서 기독교와 불교의 교리조직을 연역해 보자. 기독교에 의하면, 우주와 인간은 창조신이 무(無)로부터 창조한 종속적 피조물이다[宇宙論]. 그런데도 인간이 만일 그런 사실을 망각하고 스스로를 '주(主)'라고 여긴다면, 이런 교만은 신의 뜻을 어긴 죄[原罪]라고 보지 않을 수가 없고, 죄에는 필연적으로 괴로운 형벌이 따를 것이다[人間觀]. 따라서 죄악에 빠진 인류는 오직 신앙을 통한 신의 은총과 인간의 속죄에 의해서만 구원을 바랄 수가 있다. 그러나 불교에 의하면, 인간은 진리에 대한 무지의 상태 속에 있다[無明]. 이런 무명이 있게 되면 그것에 의해 생사의 괴로움이 일어난다[緣起論]. 따라서 괴로움에 빠진 인간은 오직 깨달음에 입각한 스스로의 수행을 통해서만이 괴로움을 근본적으로 극복할 수가 있다.

이와같이 '창조신에 대한 믿음'과 '진리에 대한 깨달음'이라는 두 전제는 기독교와 불교의 교리 조직을 연역하는데에 별로 문제성이 없다. 따라서 이것을 두 종교의 본질적 차이를 나타낼 수 있는 명제라고 볼 만하다. 그러나 이 정도에 머물러서는 안된다. 여기에서 한 걸음 더 들어가, 두 종교는 애초에 왜 그렇게 상이한 입장에 서게 되었는가를 생각해 보지 않으면 안된다. 그렇지 않고는 근본적 차이에 대한 밝힘으로는 충분하다고 볼 수가 없기 때문이다.

기독교 신앙에 의하면 '예수 그리스도(Jesus Christ)'는 신의 아들로서 인류의 구속(救贖)을 위해 인간으로 수육(受肉)하여 십자가를 지고 사후에 부활하신 분이다. 신은 오직 그를 통해서만 인식될 뿐이다. 그러나 종교학적 견지에서 보면, 그는 기독교를 창시한 한 인간으로서 그의 신관은 구약성서의 신을 그대로 계승한 것이다.

'고오타마 붓다(Gotama Buddha)'는 하늘의 계시라든가 오랜 전통이라는 이유만으로 곧 진리라고 받아들이는 태도에 대해서 매우 비판적이었다. 당시의 바라문들을 향해 그는 다음과 같이 묻고 있다. '삼명(三明)을 갖춘 바라문으로서 일찍이 한 사람이라도 범천(梵天)을 본 자가 있는가?' 더구나 당시는 여러 종교사상이 난립하여 저마다 자기 입장을 진리라고 주장하여 사람들을 심한 종교적 방황에 빠뜨리고 있었다. 이런 상황에서 그들의 진위를 가려낼 수 있는 길은 오직 자기 스스로 깊은 사유와 체험을 통해 '깨닫는 길' 밖에 없을 것이다. 고오타마 붓다가 정통적인 바라문의 신을 따르지 않고, 진리에 대한 깨달음을 근본으로 삼게 된 것은 이 때문이다.

불교와 기독교를 올바로 이해하려면 두 종교의 이런 근본적인 차이를 깊이 생각해 보아야 한다. 근본을 제쳐 두고 지말적인 것을 아무리 정확하게 비교한다고 해도 참다운 이해에는 도달하지 못할 것이다. 인간은 처음부터 어떤 특정 종교인으로 태어나는 것이 아니다. 불교나 기독교라는 것도 궁극적 진리를 탐구해 들어간 인간 문화 활동의 하나임을 벗어나지 못한다. 이런 견지에서 진지하게 진리를 탐구하는 입장에 설 때 우리는 자기 종교에 대한 맹목적인 집착이 무의미함을 발견하고, 남의 종교에 대한 진정한 관용과 이해도 스스러워질 것이다.

〈불교학 개론, 동국대학교 출판부, 1982〉

21. 전법(傳法)의 자세

　고속버스 터미널에서 만난 그 신사의 모습은 내게 상당히 깊은 인상을 주었나 보다. 지금도 가끔 그의 모습이 생각되니 말이다. 담배를 피우는 사람, 잡담을 하는 사람, 주간잡지를 훑어보는 사람 ……. 차를 기다리는 사람들의 모습은 가지가지였다. 그러나 내 앞에 몇 사람 건너 앉아 있는 그 중년 신사의 모습은 내 주의를 끌 정도로 특이한 바가 있었다. 차림새가 점잖은 것은 말할 필요도 없었지만 시끄러운 터미널 대합실에서 조용히 책을 읽고 있었다. 그것도 보통 책이 아니라 '금강경'이었다.

　길을 가다가도 염불하는 보살님을 만나면 그렇게나 반가운 성미라서 나는 그 신사 옆으로 다가가지 않을 수가 없었다. 몇 마디 말을 주고 받은 뒤 나는 또다시 새로운 사실을 발견하고 놀랐다. 그가 불교 신자였다면 모른다. 그러나 그는 불교 신자가 아니었다. 서울 어느 교회에서 열심히 기독교를 전도하고 있는 목사였던 것이다.

그가 무슨 이유로 불교경전을 읽고 있는가는 새삼 말할 필요도 없으리라. 불교가 좋아서 그렇게 열심히 읽고 있는 것은 아니다. 기독교에서 불교로 전향하기 위해서 불교경전을 읽고 있는 것도 아니다. 그가 금강경을 비롯해서 여러 가지 경전을 읽어 보는 것은 '적을 알기 위해서'인 것이다.

19세기초로부터 서구에서는 비교종교학이란 것이 크게 발달하고 있었다. 동서양의 종교를 비교적으로 연구하는 학문이다. 그러나 사실은 동양종교에 대해서 기독교의 우월성을 밝히려는 것이 그 목적의 하나였던 것이다. 이것은 현대의 종교학자들 스스로가 인정하며 반성하고 있을 정도이다.

그러나 오늘날 우리 불교인의 다른 종교에 대한 마음가짐은 어떠한가. 불교에 대한 다른 종교의 도전에 대해서 관심이라도 갖고 있는지 모르겠다.

한 사람에게라도 더 복음을 전하려는 기독교 전도사의 노력은 참으로 끈질기다. 일주일 정도의 간격을 두고 그들은 규칙적으로 대문을 두드린다. 들여보냈다가는 그 수다스러움을 감당할 길이 없다. 따라서 기독교를 믿지 않는 집이라면 으레 대문에서 돌려보내기 마련이다. 그러나 그들은 다음에 또 찾아 온다. 돌려보내도 돌려보내도 단념하지 않는다. 계속해서 떨어지는 물방울은 바위에 구멍을 뚫는다는 원리를 종교적으로 실천하고 있는 듯한 인상이다.

어느 땐가 대문이 열렸던가 보다. 눈을 돌릴 겨를도 없이 원고를 정리하고 있었는데, 기독교 전도사가 이미 내 방문 앞에 걸터앉아 있었다. 스무살 남짓한 처녀와 중년 아주머니였다. 나의 바쁜 사정은 아랑곳도 하지 않고 그들은 유창하게 기독교 설교를 하기 시작한다. 나는 그들에게 사정을 했다. 오늘은 바쁘니 다음에 보자고. 이런 말이 그들에게 통할 리가 없었다. 하나님의 말씀을 듣는 것보다도 더 소중하고 급한 일이 있느냐는 것이다.

하다 못해 나는 내 머리맡에 걸려 있는 커다란 부처님의 사진을 가리켰다. 방 가득히 쌓여 있는 불교관계 전문서적들을 보라고 하였다. 그리고 솔직하게 내 전공분야까지 말해 주었다.

"나는 불교대학에서 불교를 전문적으로 강의하고 있는 몸입니다." 이쯤하면 그들이 물러가리라고 생각했던 것이다. 그러나 이것은 나의 오산이었다. 뿐만 아니라 그들의 답변은 더욱 기가 막힌 것이었다. "선생님 같은 사람이야말로 정말로 하나님의 구원을 받아야 할 사람입니다."

기독교 전도사의 방문을 받아보지 않은 사람은 거의

없으리라고 본다. 그들의 태도에 화를 내기에 앞서 우리
들은 먼저 그들의 그 끈질긴 인내심과 자기 종교에 대한
확신을 생각해 볼 필요가 있다. 우리 불교인으로서 남에
게 그 정도의 열성을 갖고 부처님의 말씀을 전해 본 사람
이 몇 사람이나 될까.

전했다고 하더라도 "어느 절에서 어떠한 불사를 하니
자손을 위해서 동참하지 않겠느냐"는 정도가 고작이 아
니었을까? 진정으로 부처님의 말씀을 전한 경험이 있을
까. "나라가 이러하니 하나님을 찾아야 한다"고 기독교
인은 강조한다. "죄를 사할 길은 하나님 밖에 없다"고 그
들은 강조한다. 우리 불교인으로서 남에게 인생의 괴로
움을 이야기하고 그것을 올바로 해결할 방법을 제시해
본 사람이 과연 몇 사람이나 될까.

지나간 불교사를 되돌아볼 때 얼마나 많은 사람들이
구법(求法)의 길에 목숨을 잃고 전법(傳法)의 길에 목숨을
바쳤는지 모른다. 그렇게 흘린 피와 땀에 의해 오늘의 불
교가 있게 된 것이다. 내일의 불교는 오늘 우리들이 얼마
나 많은 피와 땀을 흘리는가에 의해서 결정된다. 가만히
있어도 되는 줄로 알고 있다면 이것이야말로 불교를 단
절시킬 어리석음이다.

부처님의 은혜를 입는 길은 곧 부처님의 은혜를 갚는
길이며 부처님의 은혜를 갚는 길은 곧 부처님의 은혜를
입는 길이라는 것을 우리 불교인들도 가슴깊이 새기지

않으면 안될 것이다.

〈신행불교, 1976. 11〉

한 길을 걸어가는 보살이여
항상 고요한 마음에 머물러
검소한 생활과 봉사에 힘쓰라
그 마음이 미묘하게 움직여 주리라.
(1988년 새해 아침)

- 병고 고익진 -

오늘도 무사히 하루 일을 마쳤으니
이제는 걸림없는 자유로운 시간이라
조용히 선정에 들어 밤 깊는 줄 몰라라

- 병고 고익진 -

22. 종교간의 대립과 불교의 관용

1

모든 종교는 그들이 진리라고 생각하고 있는 것에 대해 절대성을 주장하고 있다. 배타성이 강한 예언자적 종교에서는 말할 필요도 없지만 신비주의적 종교에 있어서도 그러한 절대성의 주장은 행해지고 있다. 따라서 종교간의 대립은 불가피한 것이 된다. 각 종교의 여러 가지 다른 절대성의 주장은 합리적으로 생각할 때 그 중의 어느 하나가 진리라면 다른 것들은 허위가 되기 때문이다. 더구나 각 종교가 그들의 신념에 철저할 때, 또는 교단의 발전이나 경제적 이해(利害)에 관심할 때 그러한 대립은 표면에 떠오르게 된다.

이러한 종교간의 대립을 해소·완화할 최선책으로 '종교적 관용' 이라는 것이 주목된다. 그것은 강제적 힘에 의한 대립극복이 아니라 다른 종교에 대한 관대한 용인을 통해서 대립을 타개하려는 민주적인 방법이기 때문이다. 독일의 비교종교학자 G. 멘싱(G. Mensching 1901~)은 이러한 종교적 관용에 대해서 형식적인 것과 내용적인 것과의 둘을 식별하고 있다.

형식적인 관용은 각 종교가 자기 교의의 절대성을 주장하면서 "단순히 남의 신앙에 손을 대지 않고 방치하는 것으로써 관용되는 대상에게는 신앙의 자유가 있게 되는 것을 가리킨다."[1] 종교사를 되돌아 볼 때 인류는 이 정도의 관용을 실현시키는 데에도 얼마나 많은 희생을 치렀는지 모른다. 국가권력과 결합하게 된 종교는 그의 종권(宗權)이 침해될 우려가 있을 때는 가차없이 다른 종교를 박해하였던 것이다. 그러나 오늘날은 거의 모든 자유국가에서 정교의 분리와 신교(信敎)의 자유가 행해지고 있다. 따라서 형식적인 관용은 일반적으로 실현되고 있다고 볼 수가 있다.

그러나 이러한 형식적 관용을 진정한 종교적 관용이라고 볼 수가 있을까. 단순한 무관심이나 무차별주의를 관

---

1) メンシング(Gustav Menshing) : 《宗敎における寬容と眞理》 (Tolerenz und Warheit in der Religion, Quelle & Mayer, Heidelberg 1955), 田中元譯(東京 : 理想社, 昭和 40), p.17.

용과 등치시킬 수는 없을 것이다. 여기에 G. 멘싱의 내용적 관용이 요청되는 근거가 발생한다. 종교간의 대립은 각 종교의 절대성의 주장이, 합리적으로 생각할 때 상호 배제성을 띠는 데에 있다. 그러나 종교적 진리를 그렇게 합리적인 정당성을 갖고 판단할 수가 있을까. G. 멘싱은 바로 이 점을 파고 들어, 종교적 진리는 신화나 심벌에서 예증되는 바와 같이 '인간이 체험적으로 만난 신(神)적 현실성 바로 그것'[2]이며 지적(知的)인 것이라기 보다는 정적(情的)인 것이라고 한다. 그리하여 종교의 개념을 '성스러운 것과의 만남'[3]이라고 폭넓게 이해하고 내용적 관용은 이런 종교관에 입각한 것이라고 말하고 있다. 다시 말하면 "다른 종교에 손을 대지 않고 방치하는 것이 아니라 그것을 성스러운 것과의 만남이라는 진정한 종교적 가능성으로서 적극적으로 승인하는 것"[4]이다.

  종교의 다수성(多數性)에서 통일성(統一性)을 얻는 여러 가지 가능성이 있다. 첫째는 다수성에 대신하는 단일성[5]을 추구하는 경우로서 이러한 단일성은 다른 종교의 제거, 자기 종교의 승리에 의해서 형성된다. G. 멘싱은 이러한 불관용은 '합리적으로 정당하다는 의미로 오해된

---

2) 上揭書 p.153.

3) 上揭書 p.171.

4) 上揭書 p.17~18.

5) 上揭書 p.167.

진리개념에서 발생하는 것'⁶⁾이라고 하여 단연히 거부하고 있다. 계몽주의의 종교 학자들은 '종교의 다수성으로부터 하나의 단일성을 추출하여 모든 종교에 공통적인 것을 모아 그것을 본래적인 종교[自然的宗教]'⁷⁾로 보고자 하였다. G. 멘싱은 이러한 합리적인 종교관도 각 종교의 살아 있는 본질을 오인한 것, 종교의 역사적 현실에 대해 정당하지 못한 것이라는 이유를 들어 거부한다.⁸⁾ 그가 말하는 내용적 관용이 근거하고 있는 종교는 '다양성 속의 단일성'이라고 할만한 것으로서 '여러 종교의 생명은 추상적인 단일성 때문에 포기되는 것이 아니라 다양한 형식 아래 하나의 단일성으로 나타나는 것'⁹⁾을 의미한다.

G. 멘싱의 종교적 관용에 대한 이러한 고찰은 경청할 만한 가치가 있다. 그러나 종교적 관용을 요청하는 입장에서 종교의 근본개념을 문제로 삼을 때 우리는 여기에서 한 걸음 더 들어갈 수가 있지 않을까 한다.

---

6) 上揭書 p.167.

7) 上揭書 p.168.

8) 上揭書 p.168.

9) 上揭書 p.168~169.

2

G. 멘싱이 종교적 진리를 인간의 신적 체험(神的體驗)에서 찾고 합리적인 정당성 속에 있는 것이 아니라고 하는 그 의도는 어디에 있을까. 이것은 각 종교의 절대성의 주장이 합리적으로 생각할 때는 상호배제적이어서 이것이 종교적 불관용의 근본 이유가 되고 있기 때문일 것이다.

그러나 그의 이러한 합리주의적 입장의 부정은 그 부작용으로 어떤 결과를 마련하고 있을까. 각 종교는 다른 종교가 어떤 주장을 하건 더 이상 손을 댈 수 없는 높이에로 올려 놓아 버렸다는 사실을 의식할 필요가 있다. 오늘날 모든 종교의 절대성의 주장에 대해서 적극적인 승인만 하고 있을 수는 없을 것 같다. 남의 종교에 대한 간섭은 그만 두고라도 우리는 자신의 종교에 대한 신념의 확립을 위해서도 다른 종교에서 주장하는 진리에 대해서 조금은 생각해 볼 필요가 있다. 그럴 경우 진위(眞僞)를 판가름하는 그 기준은 우리 마음속의 어떤 작용이란 말인가.

종교사를 되돌아 볼 때 시대의 변천에 따라 새로운 종교사상은 발생하고 있다. 가끔 사회적 문제로 대두되는 유사종교(類似宗敎)나 사교(邪敎)도 이런 종교현상의 하나라고 볼 수가 있을 것이다. 이러한 종교에 대해서도 우리는 그 절대성의 주장을 적극적으로 승인만 해야 할 것인

가. 더구나 고대에서는 일종의 종교사상으로 간주되었던 사상이 현대에 들어 와서는 정치적 전체주의로 변하여 신교(信敎)의 자유를 위협하고 있다. 이러한 현대적 정치사상에 대해서도 우리는 관용만해야 할 것인가. 만일 그들의 정사(正邪)를 문제로 삼아야 한다면 그 기준은 어디서 구해야 한다는 말인가.

이런 문제성에서 우리는 종교적 관용에 있어서 합리적인 생각을 전적으로 배제할 수는 없을 것 같다. 그렇다면 합리적인 생각을 배제하지 않는 입장에서 진정한 종교적 관용을 모색할 가능성은 무엇일까. 이런 점에서 우리는 종교가 인류에게 있게 된 보다 근본적인 동기에 대해서 관심두지 않을 수 없다.

종교의 개념에 대한 학자들의 견해야 어떻든 간에 종교적 교의를 분석해 보면 그 속에는 다음과 같은 두개의 근본적인 문제가 답변되고 있음을 본다. 하나는 우주는 어떻게 형성되었는가에 대한 것이요, 다른 하나는 그런 입장에서 인생의 현실상황을 설명하고 생의 의의와 가치를 설해주고 있음이다. 전자를 종교의 세계관이라고 한다면 후자는 인간관이라고 말할 수가 있을 것이다. 그렇다면 종교는 결국 우주의 근원과 생의 가치와 같은 근본적 문제에 대한 답을 주는 것이며, 좀더 올바른 답을 얻으려는 인류의 부단한 공동노력 속에서 형성·발전하고 있는 것이라고 말할 수가 있을 것이다.

종교의 기본성격을 이렇게 볼 때 종교적 관용은 어떤 양상을 띠게 될까. G. Mensching의 내용적 관용보다도 종교적 관용의 폭은 더 확대되어 거기에서 문제되었던 것들을 지양할 수가 있을 것으로 보인다. 첫째로, 모든 종교는 '성스러운 것과의 만남'이라고 덮어 놓고 승인해 버리는 종교적 감정에서 진위를 가려낼 수 있는 귀중한 이성(理性)을 회복할 수가 있다.

둘째로, 이성이 회복된다고 하더라도 불관용적 독선에 흐를 염려는 없다. 왜 그러냐 하면 이렇게 회복된 이성은 그 목적이 자기 종교의 진리성을 주장하는 데 있는 것이 아니라, 항상 보다 올바른 이해를 위해서 자타(自他)에 구애되지 않는 종교적 노력 속에 있기 때문이다.

이러한 종교관에 입각한 관용을 우리는 G. 멘싱의 내용적 관용에 대해 '포용(包容)적 관용'이라고 부를 수가 있을 것이다. 전자가 모든 종교의 절대성을 승인한 결과 그 진리성에 더 이상 관여할 수가 없게 된 데에 대하여, 후자는 자타에 구애되지 않는 보다 포용적인 대화의 길을 열어 놓고 있기 때문이다.

3

이제 이러한 종교적 관용의 요청에 대해서 불교는 어

느 정도로 응할 수가 있는가를 살펴 본다.

석존은 '연기(緣起)의 법은 부처가 세상에 나오건 안 나오건 법계상주(法界常住)의 것으로서 부처는 그것을 깨달아 사람들에게 설할 뿐'[10]이라고 말하고 계신다. 불교에서 말하는 진리는 예언자적 종교에서 말하는 바와 같이 신이 인간에게 계시한 것이 아니라 인간에 의해서 각성된 것이라는 뜻이다. 그리고 그러한 깨달음의 능력[佛性]은 '일체중생(一切衆生)에게 실유(悉有)하다'[11]고 설하고 있다. 우선 그 진리의 개현성(開顯性)에 있어서 불교는 폐쇄적이거나 배타적인 점이 없음을 본다.

불교에는 여러 가지 법문이 많이 설해져 있다. 그 모든 교리는 어느 것이나 다 깨달음에 이르는 길이라고 주장되고 있다. 그러나 그러한 교설에 대한 절대성의 주장은 발견되지 않는다. 여래는 다만 길을 가리킬 뿐 모든 교설은 방편으로 시설(施設)된 것에 불과하다. 강을 건너간 뒤에는 버려야만 할 '뗏목'에 비유되고 있는 것이다.[12]

불교에 의하면 모든 인간은 진리를 깨달을 능력을 갖고 있다. 그러나 그 진리가 무엇인가를 구체적으로 언표하고 있지는 않다. 다만 그것을 '최상의 바른 깨달음'이라고 간접적으로 표현해 주고 있을 뿐이다. 깨달음을 얻

---

10) 雜阿含 卷 12.

11) 涅槃經.

12) 中阿含 卷 54 嗏帝經; 金剛般若經.

는 데에도 3아승지(阿僧祇)라는 장시(長時)에 걸쳐서 오십이위를 닦아야 할 것이 설해져 있다. 종교에서 주장하는 진리라는 것에 대해서 얼마나 신중한 태도를 취하고 있는가를 엿볼 수가 있다.

불교의 진리에 대한 태도는 이렇거니와, 이교(異教)에 대한 태도는 어떠한가. 이교의 절대성 주장에 대해서 불교는 덮어 놓고 승인하지는 않는다. 합리적인 입장에서 적극적인 관심을 표명하고 있다. 석존은 당시의 이교를 다음과 같이 3종으로 분류하고 있다.[13] 일체를 신의 창조로 보는 존우화작인설(尊祐化作因說), 숙명적인 것으로 보는 숙작인설(宿作因說), 그리고 우발적인 것으로 보는 무인무연설(無因無緣說)의 셋으로. 그리하여 일체를 그렇게 본다면 악(惡)을 지어도 죄는 성립되지 않을 것이며, 우리에게 자유의지와 같은 현상도 일어나지 않을 것이라는 이유를 들어 논박하고 계신다.

뿐만 아니라 이교를 될 수 있는 한 불교 속에 포용하려고 노력하고 있다. 이교도의 득도(得度)에 대한 문호가 활짝 개방되어 있음은 물론, 불교경전 속에는 인도의 재래 신들이 그대로 등장하고 있다. 중요한 교리적인 술어들도 대부분이 이교에서 사용하고 있던 것을 그대로 채택한 것이다. 더욱 흥미로운 사실은 선재동자가 구도(求道)

---

13) 中阿含 卷 3 度經.

의 편력에서 만난 53인의 선지식(善知識) 속에는 이교의 스승들도 포함되어 있어 종교간의 대립에 있어서 불교의 이교에 대한 관용성이 어떠했던가를 엿보게 해준다.

불교는 오랜 전도의 역사 속에서도 다른 세계종교에서는 예를 찾을 수가 없을 정도로 포용적 관용성을 발휘하고 있다. 육파 철학과의 대립이 극심했던 5세기경의 인도에서 불교는 새로운 논리학[新因明]을 발전시키고 있다. 이것은 그러한 대립을 합리적인 대화를 통해 타개하려는 것으로 해석할 수가 있다. 중국에 전해져서는 그 곳의 도교와 유교에 대해서 투쟁이 아닌 교섭 관계를 유지했으며 중국인의 사유방법에 맞는 새로운 불교사상을 발전시켰던 것이다.

불교는 교리에 있어서나 실제적인 전도 과정에 있어서 이렇게 놀라운 '포용적 관용성'을 보여주고 있다. 불교의 이러한 포용적 관용성은 이제 현대에서는 어떻게 전개되어야 할 것인가. 극히 비근한 몇 가지 점을 지적해 보고 싶다.

첫째로, 자신의 절대성 주장에 맹목적인 요소가 있다면 그것부터 우선 반성할 필요가 있다. 불교는 원래 '진리란 무엇인가?'의 입장에서 인간의 근본 문제를 밝히려는 지극히 인간적인 종교였다. 그러나 지금은 어떤가. 특히 중국적인 사유과정을 지나는 동안 대승불교는 본래의 합리성을 잃고 직관을 중시하는 경향을 나타내고 있다. 주술적인 색채도 지나칠 정도이다. 진리를 깨닫기 위해 심신을 바치는 열렬한 보살행(菩薩行)이 다시금 선양되어야 할 것이다.

둘째로, 다른 종교에 대한 올바른 이해에 솔선해야 한다. 서구 기독교인에 의한 불교 비판을 볼 때 너무나도 천박한 이해에 놀라지 않을 수가 없다. 그런 종류의 천박한 이해를 우리도 다른 종교에 대해서 하고 있지는 않을까. 남의 종교에 대한 정당한 평가에 힘쓰면서 되도록이면 그것을 받아들이는 것이 석존 이래 행해져 온 불교적 관용이기 때문이다.

셋째로, 오늘날 세계적으로 신교(信敎)의 자유를 위협하고 있는 전체주의적 정치사상에 대해서는 어떻게 해야 할 것인가. 말할 필요도 없이 그 위협을 제거하는 일에 최대의 노력과 대결을 해야 할 것이다. 신교의 자유를 빼앗음은 종교의 기본성격에서 볼 때 도저히 방치할 수 없는 일이기 때문이다.

불교의 관용정신이 이렇게 전개될 때 그것은 다시 현대의 종교운동에서 주도적 역할을 다할 수가 있을 것이다.

〈불교와 현대사회, 동국대학교 1977〉

23. 불교와 하느님 신앙

① 하느님 신앙의 발생

하느님 또는 하나님 하면 으레 기독교를 생각하기 쉽다. 기독교 신앙의 중심이 하나님이고, 엄청난 신학적 연구가 그를 중심으로 축적되어 있기 때문이다. 그러나 하나님 신앙은 기독교에 한한 것만은 아니다. 여러 민족의 고대사회에 하느님 신앙은 보편적으로 나타나는 종교 현상이다. 이집트·중동·인도·중국·극동에 걸친 모든 고대사회에 예외없이 하느님 신앙이 발견된다.

고대사회에 이렇게 하느님 신앙이 보편적으로 나타나는 까닭은 무엇일까? 20세기 초, 종교의 기원에 대한 연구는 그 문제 해명에 다각적인 검토를 행하고 있지만 그 요점을 정리하면 다음과 같이 말할 수 있다.

첫째로, 고대에 올라갈수록 인간은 자연의 지배를 많이 받는다. 토착생활의 경제적 기반이 되는 것은 농업과 목축인데, 그것이 당시에는 전적으로 자연조건에 좌우되고 있었기 때문이다. 이런 상황에서는 인간은 자연을 지배하는 것이 아니라 그 지배를 받는다는 위치에 있게 되고 인간과 자연 사이에는 주종(主從)관계가 성립된다.

자연과 인간 사이의 이런 주종관계는, 그것에 인간의 영육관(靈肉觀)이 반영되면 자연의 지배력에도 영혼이 있다는 관념이 발생하게 된다. 좀더 구체적으로 말하면 인간 존재는 정신과 육체의 두 부분으로 구성되어 있다는 것은 누구나 쉽게 수긍할 수 있는데, 그 중에서 육체를 지배하는 것은 정신이며 의지가 있는 곳도 정신이고 생명성 또한 정신에 있다고 생각될 것은 물론이다. 그렇게 되면 인간의 삶과 죽음은 정신과 육체의 결합과 분리라는 현상으로 보게 된다. 이런 영육 이원론적인 생각이 자연과 인간 사이의 주종관계에 반영되면 인간을 지배하는 자연에도 정신이 있다는 생각이 나게 된다는 것이다. 지배력이란 곧 의지[정신]의 작용을 의미하기 때문이다.

자연의 지배력에 이렇게 정신이 있다고 보게 되면 그러한 자연은 이제 단순한 자연물이 아니다. 정신적인 신성(神性)을 띠게 된다. 이것을 종교학에서는 자연현상의 신격화라고 부르고, 그렇게 신격화된 자연을 '자연신(自

然神)'이라고 한다. 인류의 원시 종교는 모두가 이런 자연신을 중심으로 삼고 있다. 천계(天界)의 일월성신(日月星辰), 공계(空界)의 풍운뇌우(風雲雷雨), 지계(地界)의 산하맹수(山河猛獸) 등이 신격화된 자연신이 원시사회에 보편적으로 나타나고 있는 것이다.

이런 자연신관에 다시 인간사회의 지배원리가 투영되면 어떻게 될까? 인간사회에는 반드시 사회를 이끌어갈 지배자가 있고 지배자는 사회의 안녕과 발전을 위해 율법에 따라 다스리게 된다. 법을 어긴 자는 벌하고 공을 세운 자에게는 상을 준다. 이런 지배원리가 자연신에 반영되면 어떻게 되겠느냐는 것이다. 그곳에도 위계가 설정될 것이고, 그럴 경우 최고신의 위치에 오를 것은 태양신(太陽神)일 것이다. 천(天)·공(空)·지(地) 삼계에서 최상위에 있는 것은 천계이고 다시 그곳의 천체 중에서 최강한 힘을 발휘하고 있는 것은 태양이기 때문이다. 고대사회에 태양신 숭배가 보편적으로 나타나는 것은 이 때문이다.

최고신의 위치에 오른 태양신은 이제 천·공·지 삼계를 다스리는 지배자요, 주[主, 임]라고 할 수 있다. 따라서 이 뜻을 나타낼 새로운 개념이 필요해진다. 고대 종교에 두루 나타나는 '하늘임'이라는 개념은 그런 요구를 충족시킨 것이라고 볼 수 있다. 중국의 천제(天帝), 인도의 인드라(Indra), 이스라엘 민족의 여호와(Jehovah) 등은 모두 '제천신(諸天神)의 주[主, 임]'라는 뜻을 나타내고 있다.

'하늘임' 또는 '하느님·하나님'이라는 개념은 대개 이 상과 같은 과정을 거쳐 형성된 것으로 생각되는데, 이러 한 신(神) 관념이 일단 성립하면 인간은 그를 우러러 열 렬한 신앙을 바치지 않을 수 없다. 인간의 힘으로는 어쩔 수 없는 모든 일은 궁극적으로는 오직 하느님만이 해결 할 수 있다고 생각될 것이기 때문이다. 풍작을 위해 파종 과 추수 때에 하늘에 제사하고, 전쟁의 승패를 하늘에 묻 고, 정치 또한 하늘의 뜻을 살펴 행했던 것은 모두가 그 런 신앙을 나타내고 있다. 인간사회의 모든 길흉이 하느 님의 상벌로 헤아려지게 되는 것이다.

하느님 또한 그가 다스리는 세계에서 특히 인간에게 깊은 관심을 갖는다고 보지 않을 수 없다. 어느 무엇보다 도 하느님을 우러러 따르는 것은 인간이기 때문이다. 하 늘의 인간에 대한 이러한 관심은 인간들이 갈 길을 못 찾 고 방황하거나 스스로 하늘의 뜻을 어겨 타락과 멸망의 길을 더듬을 때, 그것을 그냥 내버려 둘 수는 없을 것이 다. 어떻게라도 이끌고 구원해 주려고 하지 않을 수가 없 다. 이러한 생각에서 발생한 것이 소위 이스라엘 민족의 메시아(Messiah) 신앙이 아닐까 한다. 하느님이 직접 아들 을 내려보내 인간을 구원해 준다고 하기 때문이다.

그런데 이러한 메시아 사상도 이스라엘 민족에만 한한 것이 아니다. 우리 동이족(東夷族)에서도 찾아 볼 수 있다. 고구려를 개국한 주몽은 하늘의 정기[日精]가 하신(河神)

의 딸에 잉태하여 난생(卵生)하고 스스로 '태양의 아들[日子]', '하늘임의 아들[天帝子]'임을 자처하고 있다. 신라의 박혁거세 또한 '광명으로 세상을 다스리라[光明理世]'는 천명(天命)을 받고 인간 세상에 난생하였으며, 가락의 김수로도 '유신가방(維新家邦)'하라는 천명을 받고 난생한 것이다.

이러한 관념은 단군신화에서는 더욱 발달된 형태로 나타난다. 환인이 아들 환웅에게 '인간 세상을 크게 이롭게 하라[弘益人間]'는 명을 주니 환웅은 그것[天符印]을 받고 내려와 웅녀와 결혼하여 단군왕검을 낳았다는 것이다. 하느님[桓因]이 아들을 내려보내 인간을 이끌어 새로운 역사를 창조케 하고 있는 것이다. 따라서 주몽·박혁거세·김수로·단군 등은 모두 새로운 역사를 창조한 동이족의 메시아라고 불러도 좋다.

하느님 신앙은 이상과 같이 기독교에 한한 것이 아니라 고대 종교에 두루 나타나는 보편적인 종교 현상이다. 그리고 그와 관련된 메시아 사상도 적지 않게 찾아 볼 수 있는 것이다.

② 하느님 관념의 개혁

그러나 이러한 고대 종교의 하느님 신앙과 오늘의 기

독교 신앙이 전적으로 동일하다고는 볼 수 없다. 예수 크리스트는 이스라엘 민족의 전통적인 하느님 관념을 계승하여 그것에 새로운 의미를 부여하고 있기 때문이다. 그러한 의미 부여가 어떤 내용의 것인지는 신학 전공자가 아닌 필자로서는 자세히 헤아릴 수가 없다. 다만 필자의 상식적인 느낌을 말한다면, 구약성서에 나오는 여호와 신은 이스라엘 민족의 수호신이요, 인간의 죄를 가차 없이 징벌하는 냉혹한 율법의 신이라는 성격이 강하다.

그러나 신약성서에 비치는 하나님은 이스라엘 민족에 그치지 않고 전 인류의 죄악을 용서하고 구제하려는 사랑과 도덕의 신이요, 단체적인 종교 의례보다는 개인적인 기도 속에서 아들과 만나는 아버지와 같은 인상을 준다.

불교는 인도의 전통적인 종교 관념을 계승한 것이 아니라, 신 중심적인 신앙의 맹목성을 비판하고 새로운 인간 중심의 진리를 제시한 종교이다. 따라서 불교는 처음부터 기독교와는 전혀 다른 입장을 취하였다고 말할 수 있다. 불교는 이렇게 전통적인 종교 관념을 비판하는 데에서 출발하였지만, 그러나 종래의 하느님 관념을 전적으로 부정한 것은 아니었다. 새로운 입장에서 그것을 다시 폭넓게 수용하고 있는 것이다.

하느님 관념의 형성은 애초에 인간과 자연으로 구성된 세계에서 그들 사이에 주종관계가 있다는 관념에서 형성된 것임은 상술한 바와 같다. 그러나 그런 전제가 과연 정당성을 띤 것일까? 우리는 이제 이 점부터 분명히 할 필요가 있다. 왜 그러냐면 인간에게는 분명히 자유의지가 있어 업(業)을 일으키지만, 자연물은 의지가 없어 업의 작용을 받으면 단지 필연적인 반응을 보일 따름이다. 따라서 주종관계로 말한다면 인간이 오히려 자연을 지배하는 위치에 있다고 봐야 한다.

이런 견지에서 하느님을 되돌아 볼 때, 그가 만일 세계를 지배하는 의지를 갖고 있다면 그 또한 인간(중생)의 일종으로 봐야 할 것이다. 그리고 그가 그렇게 세계를 지배할 위치에 올랐다면 그것은 그가 그럴만한 업을 쌓았기 때문이라고 보지 않으면 안된다.

따라서 부처님은 인도 바라문교의 전통적인 하느님 곧 '인드라(Indra)' 신을 인간의 업에 따라 나타난 과보의 일종으로 설하고 계신다. 뿐만 아니라 그가 인간으로 있을 때 그 집안의 성은 '코시카[Kosika, 憍尸迦]'였고, 그가 닦은 업은 '하기 어려운 보시를 능히 하는 것[能施]'이었으므로 그의 현재 이름은 '사카[śakra, 能] 하늘임[devānām-indra]'이라 부른다고 설하고 계신다. 한자로 석제환인(釋提桓因) 또는 줄여서 제석(帝釋) 등으로 번역되고 있다. 당시의 바라문들이 부처님의 이 말씀에 저으기 당황하고 있음을 보면 그것은 그 이전에 없었던 새로운 설이었다는 것을 알 수 있다.

여기서 우리는 예수 크리스트가 이스라엘 민족의 전통

적인 하느님 관념을 '사랑의 신'으로 지양하였듯이, 고오타마 붓다 또한 인도 아리안족의 전통적인 인드라[하늘임]신을 '능히 베풀어 주는 신'으로 지양하고 있음을 엿볼 수 있다.

더욱 흥미로운 사실은, 인도의 바라문 신학은 인드라와 같은 지배신 관념에서 다시 세계를 창조하는 창조신의 개념으로 발전하여 그것을 '브라흐만[Brahman, 梵]'이라고 부르고 있는데, 고오타마 붓다는 그러한 브라흐만에 대해서도 새로운 의미를 부여하고 있는 것이다. 우파니샤드 철학에서 설하는 바와 같이 브라흐만 신이 욕심을 일으켜 세계를 발생하였다면 브라흐만도 인간[중생]의 일종으로 봐야 할 것이다. 그렇다면 그의 현 신분 또한 업보의 일종으로 봐야 하고 그런 업보를 가져온 전생의 업이 문제된다. 이에 대해 부처님은 당시의 바라문들을 향해 '브라흐만에 이르는 길은 자비희사(慈悲喜捨)의 네 가지 무량한 마음[四無量心]을 닦는 것'이라고 설하고 계신다.

고오타마 붓다의 이러한 선언은 당시의 전통적 바라문 신학에 커다란 도전이었다고 볼 수 있다. 왜 그러냐면 브라흐만 신은 바라문 계급의 수호신과 같은 성격을 띤 것이었고, 피비린내 나는 희생의 제물을 받는 신이었기 때문이다. 그렇게 편협한 브라흐만을 부처님은 사성(四姓)을 모두 평등하게 사랑하고 생명있는 모든 것을 사랑하는 무한한 사랑[慈悲喜捨]의 신으로 개혁하신 것이다.

이상과 같이 예수 크리스트가 전통적인 하느님 관념을 율법과 징벌의 신에서 사랑의 신으로 개혁하였듯이, 고오타마 붓다 또한 인도 아리안족의 하느님을 능히 베풀어 주는 신[인드라], 무한한 사랑의 신[브라흐만]으로 개혁하고 계신 것이다.

뿐만 아니라 고오타마 붓다는 여기에서 한 걸음 더 나아가 브라흐만과 인드라는 한결같이 불교의 홍통(弘通)과 수호를 약속하는 신으로 설하고 있다. 부처님이 처음 붓다가야 네란자라강가 보리수 아래서 성도하신 뒤, 깨달은 법이 너무나 미묘하여 세상에 나가 설할까 말까 망설이고 계셨을 때, 부처님께 전법을 권청한 것은 브라흐만 신이었다고 한다.〈增壹阿含經 勸請品 19〉

브라흐만 신이 하늘에서 자기가 살고 있는 곳은 절대불변의 영원한 곳이라고 생각하였을 때 부처님이 그를 찾아가 그 생각의 오류를 지적하자, 브라흐만은 그것을 기꺼이 받아들였다는 경전도 보인다.〈중아함 권17 梵天請佛經〉

불교 수호를 다짐한 신으로는 으레 인드라 신이 등장한다. 특히 대승반야경에서의 인드라 신은 그 비중이 대단하다. 반야경 중에서 가장 성립이 빠르다는 소품반야경을 예로 들면, 제1초품에서 대승반야의 기본 입장이 설해진 다음, 제2품에서 6품까지가 모두 석제환인[인드라]

을 중심으로 설해지고 있는 것이다. 이것은 세계를 지배하고 악신[아수라]과 싸워 이기는 정의와 승리의 신은 브라흐만이 아니라 인드라이기 때문일 것이다.

브라흐만과 인드라가 이렇게 불교경전에서 교법의 홍통과 수호를 다짐하는 것으로 설해지는 까닭은 무엇일까? 바라문교가 지배하는 당시의 사회에서 신흥 불교가 퍼져 나가기 위해 짐짓 그런 방편을 쓴 것일까? 이 문제는 여러 가지 측면에서 생각할 수 있다.

그러나 가장 근본적인 모티브는 브라흐만과 인드라와 같은 전통적인 신(神) 관념에 대한 정확한 성격 규정에서 필연적으로 나오는 것이 아닐까 느껴진다. 앞서 말한 바와 같이 브라흐만과 인드라가 인격적인 의지를 갖고 있다면 인간[중생]의 일종일 수밖에 없고, 인간의 일종이라면 생주이멸의 덧없음을 면할 수가 없다. 그리고 생주이멸의 덧없음을 면할 수가 없다면 생사로부터 진정한 해탈의 길을 제시하는 부처님의 가르침을 받지 않을 수 없을 것이다. 따라서 그들이 정법의 수호를 약속하는 것은 단순한 호교적인 방편에서가 아니라, 하느님 존재의 본질에 대한 정확한 인식에서 나온 논리적 필연성의 결과라 볼 수 있다는 것이다.

이렇게 볼 때 고오타마 붓다가 전통적 하느님 관념을 개혁한 내용은 실로 파격적이라 하지 않을 수가 없다. 바라문교의 받는[受施] 신에서 주는[能施] 신으로, 한정된 사랑의 신에서 무한한 사랑의 신으로, 다시 한 걸음 더 나아가 권위에 사로잡힌 신에서 진리를 희구하는 신으로 엄청난 개혁을 단행하고 계시기 때문이다.

③ 한국 고대 하느님 관념의 불교화

한국에 불교가 전해지는 것은 A.D. 4세기경, 부족연맹국가에서 고대국가로 발돋움한 고구려·백제·신라 삼국이 치열한 정복전쟁을 수행하고 있던 때에 해당된다. 이런 상황에서 무엇보다도 시급한 것은 강력한 왕권의 확립이라고 해야 한다. 전쟁 수행에 필요한 막대한 인력과 물자를 동원하기 위해서는 강력한 중앙집권적 리더쉽이 필요하기 때문이다.

그러나 당시의 삼국 정권은 어떠했던가? 무교(巫教)적 하느님 관념에 사상 기반을 둔 귀족세력에 의해 왕권은 심히 제약되고 있었던 것으로 생각된다. 앞서 논한 바와 같이 부족연맹국가의 초대 왕위에 오른 주몽·박혁거세·김수로 등은 모두 하늘임의 아들임을 자처한 천강성왕(天降聖王)들이었다. 따라서 그들과 그들의 신성한 혈통을 이은 직계 왕들의 종교적 권위는 절대적인 것인만큼 삼국의 초기 국가 형태는 그들을 중심으로 성장할 수 있었을 것이다.

그러나 불교가 전래할 무렵, 삼국의 왕실은 그런 천강성왕과는 계통이 다른 이계(異系) 왕족이 등장해 있었다는 점을 상기할 필요가 있다. 고구려 왕실은 해(解)씨에서 고(高)씨로, 백제는 해씨에서 부여(扶餘)씨로, 신라는 박(朴)씨에서 석(昔)씨로, 석씨에서 다시 김씨로 왕성이 모두 바뀌어 있는 것이다. 이러한 이계 왕족의 등장은 권력구조의 변천에 따른 것이겠지만, 어떻든 그들의 종교적 권위는 천강성왕과 그 직계 혈통에는 도저히 미칠 수 없는 것임에 틀림없다.

더구나 직계 왕족이 완전히 없어진 것이 아니라 왕실에서 물러나 귀족계급을 형성하고 있었다면 종교적 권위는 여전히 그들이 쥐고 있었다고 보지 않을 수 없다. 아닌게 아니라 제천(祭天)과 사직(社稷)은 여전히 본계 왕족이 관장하고 있으며, 새로운 왕의 추대와 중요한 국가정책은 귀족세력과의 타협 아래 이뤄지고 있다. 신라 화백(和白)제도는 그러한 정치적 타협을 시사하는 대표적인 예라고 할 것이다. 이것은 곧 정치권력의 분산을 의미한다.

따라서 당시 삼국의 왕권은 심히 제약되고 있었다고 보지 않을 수 없다. 그리고 그런 왕권의 제약은 무교적 하느님 신앙이 지배적 관념형태로 존속하고 있는 한 어쩔 수 없을 것이다. 무교적 하느님 신앙을 바탕으로 발달해 온 고대국가는 이제 전통적 관념의 구각(舊殼)에 싸여 그 발전이 정체되기에 이른 것이다.

이럴 때 삼국에 불교가 전래된 것이다. 그리고 그것은 왕실의 지지와 귀족측의 반대라는 날카로운 대립 속에서 행해진다. 신라 이차돈(異次頓)의 순교는 그런 대립의 대표적인 케이스라고 할 수 있다. 그렇다면 불교가 이렇게 왕실의 절대적인 지지를 받은 까닭은 무엇일까? 왕권 강화와 국가 발전에 장애적 요소로 작용하고 있던 귀족세력의 무교적 사상 기반을 무너뜨릴만한 사상 원리가 불교에서 발견된 것일까?

여기에서 우리는 초전기 불교의 교리 내용이 업설(業說)이었다는 점에 주목하지 않을 수가 없다. 업설은 인도에서 바라문 계급의 종성론(種姓論)을 부정한 불교의 대표적인 이론이다. 따라서 그것은 삼국에서도 귀족세력의 무교적 사상기반을 해소할 수 있는 새로운 사상으로 활용될 수 있는 것이다. 브라흐만의 혈통을 이었다는 바라문 계급의 종성과 하늘임 아들의 혈통을 이었다는 본계 왕족의 골품(骨品)은 동일한 성질의 것이기 때문이다.

뿐만 아니라 불교 업설에는 다시 무교적 천강성왕에 대응할만한 전륜성왕(轉輪聖王)이라는 것이 함께 설해지고 있다. 정법으로 선정(善政)을 베푸는 전륜성왕이 출현하면 전쟁 없이 천하가 통일되고, 미륵과 같은 부처님도 그런 왕이 다스리는 세계에 출현한다는 것이다. 따라서 업설은 당시의 무교적 하느님 신앙에 입각한 정치이념을 대치할만한 충분한 사상 원리를 갖고 있다고 볼 수 있다.

삼국의 왕실이 적극적으로 불교를 수입하고 홍통한 것은 이 때문이 아니었을까? 이는 단순한 추측에 그치는 것이 아니다. 현존 사료(史料) 또한 그런 사실을 뒷받침해 주고 있는 것이다. 삼국 중에서 비교적 많은 자료를 남기고 있는 것은 신라인데, 그 최초의 국영 가람인 흥륜사(興輪寺)에 봉안된 부처는 미륵이었으며, 진흥왕은 만년에 삭발염의하여 전륜성왕을 본받고 있다. 뿐만 아니라 두 아들에게도 동륜(銅輪)과 철륜(鐵輪)이라는 전륜왕적인 이름을 붙여주고 있는 것이다.

따라서 삼국의 불교 수입과 홍통은 왕권강화와 국가발전을 꾀했던 것이라고 말할 수가 있는데, 그러는 과정에서 전통적 무교의 종교관념과 의례는 점차로 불교적인 것으로 대치되어 간다. 이에 대한 자세한 고찰은 할애하지만, 특히 우리들이 관심할 바는 무교적 하느님 관념이 어떻게 불교적인 것으로 대치되느냐 하는 점일 것이다.

이런 점에서 현존 사료를 살펴 볼 때, 매우 흥미로운 사실을 발견하게 된다. 삼국유사 권1 천사옥대(天賜玉帶)조에, 제26대 진평왕은 하늘임[天皇]으로부터 옥대를 받았다는 내용을 전하고 있다. 그가 내제석궁(內帝釋宮)을 지었다는 데서 그 하늘임은 제석이라고 봐야 하는데, 그것은 곧 전통적 하느님이 불교의 제석으로 수용되고 있음을 의미한다.

그러나 왕이 제석으로부터 옥대와 같은 부명(符命)을 받는다는 관념을 불교에서는 찾아볼 수 없다. 그런 생각은 주(周)에 대항한 동이족의 서언왕(徐偃王)이 붉은 활과 화살을 얻고, 또 단군신화에서 환웅이 환인으로부터 천부인 3개를 받았다는 것과 같이 무교적 천명(天命)사상에서나 찾아볼 수 있는 것이다. 따라서 진평왕이 옥대를 받았다는 것도 불교적인 것이 아니라 무교적인 요소라 하겠고, 동시에 그것은 불교를 흥륭시킨 신라 김씨 왕실이 정통적 본계 왕족에 미칠 수 없었던 종교적 권위를 새로운 불교적 하느님 신앙에 결부시켜 이를 확립코자 함을 보여 준다고 할 것이다.

전통적 하느님을 제석에 수용하려는 이러한 작업은 진평왕을 이은 후계 왕들에 의해서도 줄기차게 추진되고 있다. 제 27대 선덕여왕은 제석이 있는 삼십삼천(欲界 제2천, 도리천)에 묻어 달라는 유촉에 따라 경주 낭산(狼山)의 남쪽에 장하게 되는데, 그 밑에 다시 명랑(明朗)에 의해 사천왕사(四天王寺)가 조영된다. 사천왕(欲界 제1천)은 삼십삼천의 바로 아래 위치하여 제석을 받들고 있는 천신이다.

그리고 제30대 문무왕은 사후 동해 호국용(護國龍)이 되겠다는 발원에 따라 동해 대왕암에 수장(水葬)된다. 용은 사천왕 아래 속한 부중이라는 것을 생각할 때, 제석→사천왕→용왕에 이르는 불교적 하느님 조직이 차례로 신라 김씨 왕실과 결부되면서 신라땅에 뿌리 내리는 것을 본다.

이런 과정에서 신라는 마침내 삼국을 통일하게 되는데, 그런 통일대업이 성취된 시기의 제31대 신문왕은 삼십삼천의 하나로 돌아간 김유신과 동해 호국용이 된 문무왕으로부터 검은 옥대와 만파식적(萬波息笛)을 만들 대를 받고 있다. 검은 옥대는 통일대업의 성취[黑色]를 의미하고, 피리는 새시대를 성음(聲音)으로 다스리라는 천명을 상징한 것으로 볼 수 있다.

이상과 같이 신라불교는 전통적 하느님 관념을 완벽한 제석천 체계로 불교화하고, 그로써 김씨 왕실의 종교적 권위를 확립하고 있다. 고구려와 백제 두 나라의 자료는 영세하여 자세한 것을 알 수 없지만 그곳에서도 비슷한 제석 신앙이 토착화되고 있었을 것이다.

따라서 불교 전래로 우리 고대의 하늘임은 불교의 제석천으로 수용되었다고 결론할 수 있는데, 이때 브라흐만보다 인드라가 선택된 것은 그것이 더 우리의 하늘임 관념에 가까웠기 때문일 것이다. 우리 고대의 무교적 하늘임은 창조신이라기 보다는 지배신이라는 성격이 강함을 상기할 필요가 있다.

신라 초전기(初傳期) 불교의 불교적 하느님 신앙은 신라 통일기의 화엄사상에 의해 더욱 민중 깊이 토착화되어 갔음에 틀림없다. 화엄경에는 무수한 천신이 등장하는데, 거기서도 반야경에서와 같이 큰 비중을 차지하고 있는 것은 제석인 것이다. 이것은 다시 고려 5백년의 불교를 통해 완전히 한국의 하느님 신앙으로 정착했다고 보아도 좋다. 고려대장경은 그런 불교적 하느님 신앙에 입각해 새겨진 것이다. 2차에 걸친 대장경 판각이 모두 거란과 몽고의 침입이라는 국난 속에서 국가수호를 천신께 발원한 것이기 때문이다.

삼국유사 기이(紀異)편 첫머리에 실린 단군신화는 그러한 불교적 하느님 신앙이 마침내 한민족의 정신사적 원천의 위치에 오른 것을 보여주고 있다. 환인은 석제환인을 줄인 말이고, 따라서 일연은 그것을 제석이라고 주석하고 있다. 뿐만 아니라 그 뒤에 나온 이승휴의 제왕운기(帝王韻記)에는 제석이라는 말이 그대로 사용되고 있다.

따라서 우리 민족의 고대 하늘임 신앙을 수용한 불교적 하느님[帝釋] 신앙은 한민족의 마음 깊이 토착화되었다고 단언해도 좋다. 그러나 그러한 한국적 하느님 관념은 순전히 불교적인 것만이 아니라, 새로운 역사 창조의 정신적 원천으로서의 신성한 천명(天命)사상은 그대로 계승하고 있음을 간과해서는 안될 것이다.

4 기독교와의 만남

19세기경 서세동점(西勢東漸)의 물결을 타고 우리나라

에는 다시 서양의 기독교가 전래하기 시작한다. 폐쇄적인 봉건사회는 이 새로운 서구 종교에 의해 근대화 작업을 촉진케 되는데, 기독교 신앙의 중심이 되는 것은 말할 것도 없이 여호와 신이다. 그런데 이 여호와 신을 '하나님'이라고 번역하므로써 무·불(巫佛) 습합의 전통적 하느님 관념은 다시 기독교적인 하나님과 부딪치게 된 것이다.

더구나 오늘날 한국 교회는 기독교의 토착화 작업을 서두르고 있다. 그런 토착화 작업이 어떤 방향으로 진행되고 있는지는 모르지만, 애써 다른 점을 찾는 것보다는 오히려 같은 점을 찾는 방향이 바람직할 것이다. 그럴 경우 기독교의 하나님은 무불습합의 전통적 하느님과 만나지 않을 수가 없다.

만일 이런 교섭이 이루어질 수만 있다면, 이것은 세계 종교사에서 획기적인 사건이 될 수 있을 것이다. 고오타마 붓다와 예수 크리스트라는 두 대표적인 성인에 의해 개혁된 하느님 사상이 역사상 처음으로 한국 땅에서 만나게 되기 때문이다.

불교적인 지혜와 기독교적인 신앙이 융화된 그런 한국적 하느님 사상은 종교간의 아집과 대립을 멀리 초월할 수 있을 것이다. 불교는 기독교의 열렬한 신앙적 자세를 받아들일 수 있고, 기독교는 불교의 구도(求道)적 자세를 존경할 수 있어, 한국적 하느님 신앙은 그 폭을 무한히 확대할 수가 있기 때문이다. 이런 하느님 신앙에서 새로운 민족사를 창조할 신성한 정신이 어찌 용솟음치지 않겠는가. 우리 민족을 지킬 애국가 속의 '하느님'은 바로 이러한 하느님을 뜻하는 것으로 보고 싶다.

〈불교사상, 1984. 3〉

부 록

1. 새로운 사상가들

"핵파괴의 무서운 방사능으로 이 지구상의 모든 생물을 살육해도 그것을 죄악이라고 할 수 없다. 기근과 질병으로부터 인류를 해방시키려는 캠페인도 그것을 선(善)이라고 할 근거가 없다."

'푸라나 카싸파'는 이렇게 자기의 의견을 소리 높이 외치고 있다. 그에 의하면 윤리도덕을 말하는 사람치고 위선자 아닌 사람이 한 사람도 없다.

"잘 살고 못 살고는 사주팔자에 달린 것이지 인간의 노력으로 되는 것이 아니다. 인간은 태어날 때 이미 그 운명이 딱 결정된 것이다."

이렇게 말하는 '막카리 고살라'에게는 많은 청중이 귀를 기울이고 있다. 그 속에는 이번 선거에 입후보했던 명사들도 끼어 있음이 눈에 띈다.

한편, '아지타 케사캄바린'은, "인간이라 하지만 결국은 몇 개의 원소로 분석되고 만다. 우주에 존재하고 있는 것은 1백 4종의 원소일 뿐, 천당이나 지옥과 같은 것은 부질없는 속임수에 불과하다"고 열띤 이론을 펴고 있다.

그는 자기의 이러한 학설이 철저한 과학정신에 입각한 것임을 거듭 강조한다.

이에 대해서 '파쿠다 캇차야나'는, "인간이 그렇게 물질적인 육체로만 이루어졌다고 보는 것은 잘못이다. 그 밖에 다시 영혼이라는 것이 있다는 것을 알아야 한다"고 아지타의 학설을 보완하면서 영혼의 존재를 추구한다. 그러나 이 영혼도 결국은 물질에 의해서 지배된다고 보이므로, 인류사회의 밑바탕을 이루고 있는 것은 경제라고 해야 한다는 것이다.

이 모든 사상가들은 저마다 대작의 논문을 발표하여 자기의 견해가 가장 올바른 것임을 주장하고 있다. 그들은 스스로 진리를 깨친 자임을 자처하면서 다른 사람 위에 군림하려 든다.

이에 대해 '산자야 벨라티풋타'는 참으로 겸손하다.

"인간의 능력은 신과 같은 존재를 인식할 수 없다. 신은 아마 존재할 것이다. 또는 존재하지 않을지도 모른다. 누가 그것을 안다고 하리오."

사리불과 목건련은 산자야의 이 겸손이 그렇게 마음에 들 수가 없다. 그들은 함께 그 밑에 들어가 제자의 예를 다했다. 그러나 언뜻 보기에 빈틈없는 듯한 이 불가지론(不可知論)적인 회의주의에는 중대한 오류가 깔려 있다.

'고타마 붓다'는 그것을 다음과 같이 지적한다.

"만일 그와 같이 모든 것이 의심스럽고 따라서 단정을

내릴수 없는 것이라면, 그렇게 의심스럽고 따라서 단정을 내릴 수 없다는 그 단정은 어떻게 내릴 수 있는가.”

부처님은 이어 “모든 법은 인연을 따라 생멸한다”고 설한다. 그 티 없는 음성에는 진리를 깨친 자로서의 자신과 힘이 넘쳐 있다. 사리불과 목건련은 처음으로 그들의 법을 보는 눈이 아침 이슬에 막 피어나는 연꽃처럼 깨끗해진다.

〈대한불교, 1971. 6. 25〉

2. 대승(大乘)의 참회

참으로 참회해야 할 사람이 있다면 죄를 지은 사람보다도 죄를 지었다고 생각하지 않는 사람이다.

죄를 지었다고 생각하는 사람은 참회할 필요가 없다. 이미 참회가 진행되고 있기 때문이다. 참회는 참회할 때 시작되는 것이 아니다. 죄를 지었다고 생각하는 순간 참회는 이미 스타트를 끊은 것이다. 죄를 지었다고 생각함은 죄를 의식한다는 말이고, 참회는 곧 죄의식(罪意識)이기 때문이다.

죄의식은 죄를 제거하려고 필사적인 노력을 한다. 가시가 아프게 살갗을 건드리듯이 죄의식은 계속해서 아픈 마음을 건드린다.

인간 속에서 참회보다도 더 인간적인 것은 없다. 죄 지은 마음보다도 더 뜨겁게 착한 인간을 갈망하는 마음은 없고, 더러운 죄악의 거름에서 그렇게나 순결한 정신의 꽃은 핀다.

이 세상에 죄가 없는 사람이 있을 수 있을까. 자기에게 죄가 없다고 생각하는 것보다도 더한 무지와 오만은 없다. 더구나 거기에는 참회의 씨앗마저 없다.

선과 악, 더러움과 깨끗함, 이러한 일체의 차별을 떠나는 대승불교는 그러한 무지와 오만을 일깨우려는 캠페인이다.

사람의 목숨을 빼앗는 것보다도 더 큰 죄악은 없지만, 사람의 목숨을 살려주는 선일지라도 그것을 선이라고 집착하고 있는 한은 사람의 목숨을 빼앗는 일보다도 더 큰 죄악이다. 죄의식에는 죄를 여의려는 노력이 있지만 선이라는 생각에는 선을 여의려는 생각이 없기 때문이다.

그러기에 대승불교는 남에게 무엇을 줄 때도 준다는 생각에 머물지 말라고 한다(無住相布施). 준다는 생각이 있으면 간탐(慳貪, 인색하고 욕심이 많은 것)보다도 더한 간탐이다.

누가 감히 남의 허물을 이야기할 수 있으며, 또 허물을 지적 받고도 자기에겐 아무런 허물이 없다고 생각할 수 있을까. 대승불교가 행해지는 불교계에서 대승의 참회 소리가 들리지 않음은 웬일일까.

〈대한불교, 1971. 7. 25〉

3. 과학의 아만(我慢)

　미국의 어느 대학에서 비교종교학을 강의하고 있다는 한 미국인 교수와 불교와 기독교에 관해서 장시간 이야기를 나눈 일이 있다. 목사 출신인 그는 불교에 대해서도 상당한 소양을 쌓고 있어 우리들의 화제는 다양하였다. 그 중에 한 가지 -.

　과학은 머지 않은 장래에 시험관에서 생명체를 만들어 낼 것인데 이것은 기독교에 치명적인 타격을 주리라는 것. 왜 그러냐면 기독교에 의하면 인간은 신이 창조하였다고 말하기 때문이다. 반면에 그것은 불교에겐 유리한 입장을 제공할 것이니, 불교에서는 모든 것은 자기가 지은 것이라고 말하고 있기 때문이라는 것이다.

　이런 점에서도 불교는 과학에 가깝다는 것이 그의 의견이었는데 이 말을 들으면서 섬짓 놀라지 않을 수 없었다. 기독교 신학자로서 불교에 호감을 보이고 또 비교종교학자로서 어지간히 공정한 입장을 취하고 있다고 할지 모르지만, 그에게는 중대한 기독교적인 편견이 있어서 그것을 못 벗어나고 있음이 느껴졌기 때문이다.

　그는 모든 것을 '만들었다'고 보고 있다. 그리하여 불교의 인과(因果)나 연기(緣起)의 교설도 그런 견지에서 해석하고 있다. 이것은 기독교에서 모든 것은 하나님이 '창조하였다'는 입장을 견지하고 있는 것으로, 그 이면에는 창조자와 피조물은 각기 자기의 실체[自性]를 갖고 있다는 뜻을 내포하고 있다.

그러나 불교의 인과나 연기는 전혀 그런 뜻이 아니다. 그것은 이 세상의 모든 것은 반드시 어떤 원인이 있어서 생하거나 또는 어떤 잘못된 생각에 의하여 일어난다는 것이며, 따라서 그러한 것은 속[自性]이 비었으며 속이 비었기 때문에 있다고도 없다고도 할 수 없다는 뜻[中道]이다. 기독교적인 창조의 개념에 대하여 말한다면,

"자작(自作)도 아니고 타작(他作)도 아니다."

시험관에서 생명이 발생하였다면 그것은 다만 그럴 조건을 만족시켜 준 것에 불과하다. 생명이 절대로 창조된 것은 아니다. 그러건만 만일 이것을 인간이 생명을 창조한 것이라고 본다면 이러한 과학의 아만을 깨우칠 수 있는 길은 앞으로 오직 불교철학에 기대할 수밖에 없을 것 같다.

〈대한불교, 1972. 1. 23〉

4. 부드러운 인상(印象)

두 그루의 사라 나무가 짝지어 서 있는 사이에 부처님은 자리를 펴게 하셨다. 그 곳에서 조용히 열반에 드시려는 것이다. 부처님의 상수시자(常隨侍者)로 뽑힌 뒤 줄곧

가까이 모시면서 스승의 전법을 도운 아난(阿難)은 "생한 자는 반드시 멸한다"는 가르침을 스승으로부터 수 없이 들어온 터였다. 그러나 부처님께서 막상 열반을 보이시려고 함을 대하자 복받치는 슬픔을 감당할 길이 없었다. 그는 으슥한 곳을 찾아가 땅을 치면서 크게 소리쳐 울다가 다시 부처님 곁에 돌아와 흐느낌을 억누르고 있었다. 부처님은 그러한 아난의 슬픔을 잘 알고 계셨다.

"아난아, 너는 참으로 희유(希有)한 미덕을 갖고 있음을 아느냐. 네가 사람들 속에 있으면 무언지 모르게 부드러운 분위기가 그곳에 감돌고, 사람들은 모두 너의 이야기를 듣고 싶어 한다. 너는 참으로 희유한 미덕을 지니고 있느니라."

우리는 학교에서 또는 직장에서 많은 사람들을 대하게 된다. 그러한 사람들 속에는 가끔 이렇게 아난과 같이 부드러운 인상을 주는 이가 있다. 남보다 앞서 나가지는 못하지만, 그러나 자기 분수를 알고 그것에 순박한 정열을 쏟고 있다. 그러한 사람을 만나면 차라도 한잔 나누고 싶은 정이 든다.

그러나 그와 반대로, 대하기만 해도 압박감을 주는 강인한 인상들도 있다. 대개의 경우 그러한 사람들은 무서울 정도로 현실적이고 출세의 선두를 달리고 있다. 실리를 위해서는 접근에 실패하는 일이 없고, 별볼일 없다고 판단되는 사람이라면 거들떠 보려고도 않는다.

이러한 사람들을 대하게 되면 우리는 우선 자신의 심리부터 반성해 본다. '어떤 편견이나 열등의식 또는 피해망상증을 갖고 사람들을 대하고 있는 것이 아닐까.' 그러나 그러한 사람들이 주는 그 매서운 인상은 아무래도 부드럽게 받아 들여지질 않는게 사실이다.

우리는 이렇게 부드러운 인상을 주는 사람과 그렇지 못한 사람과의 두 부류의 사람을 흔히 만나게 된다. 그럴 때 우리는 각자 마음 속으로 생각해 보아야 할 일이다. 이 중에서 자기 자신은 과연 어떤 쪽의 인상을 남에게 주고 있을까. 혹시 후자와 같은 인상을 주고 있지는 않나 하고.

〈동대신문, 1977. 3. 22〉

5. 목 련

한 평짜리 정원이라도 좋다. 목련을 한 그루 고이 가꾸고 싶은 것은 뚝뚝 벌어지는 그 꽃이 하얀 연꽃을 생각키우기 때문이다.

목련은 물에 나는 연과는 다르다. 연이 진흙 속에 자라는 데에 대해서 목련은 산이나 들에서 자란다. 연이 초근류(草根類)에 속하는 데에 대해서 목련은 관목수(灌木樹)에 속한다. 그러면서도 목련은 왜 꽃만은 찬란한 연꽃에 닮은 것을 피우는가.

부처님은 뭇 꽃 중에서도 특히 연꽃을 사랑하셨고, 연꽃 중에서도 하얀 연꽃을 귀히 여기셨다. 부처가 세상에 출현함은 바른 법을 설하기 위함이라고 설하시고 그것을 '하얀 연꽃'에 비유하고 계시는 것이다

부처님이 이렇게 연꽃을 사랑하심은 연꽃이 더러운 진흙 속에 피면서도 그것에 더럽혀지지 않음이 마치 번뇌 속에 있으면서도 그것에 더럽혀지지 않는 보살의 마음과 비슷하기 때문이다.

부처님은 한 설화를 통해 "원한은 원한에 의해 종식되지 않는다"는 것을 간절히 설유하고 계시는 것이다.

사나운 노염으로 가해하는 자에 대해서도 끝없이 참을 것과 심지어는 그들을 부처님이 되실 분으로 여기고 상불경(常不輕)할 것을 권하고 계신다. 그러나 이러한 보살의 마음을 우리들이 과연 닮을 수가 있을까. 간지(奸智)와 악의와 위선이 걷잡을 수 없이 행해지는 더러운 세상에서 홀로 깨끗함을 지닐 수가 있을까. 악에는 악으로 선에는 선으로 대하지 않을 수 없는 것이 우리의 생리다. 그런데도 모든 경멸과 조소를 자기 홀로 감수하고 고요히 한송이 꽃처럼 피어오르라는 말인가.

보살이나 부처님처럼 본래 심성이 굳은 종성으로 태어난 사람이라면 모른다. 그러나 한낱 범부로 태어나서 그런 마음을 지닌다는 것이 어떻게 가능할 것인가. 번뇌 속

에 있으면서 번뇌에 더럽혀지지 않는다는 것은 중생으로선 바라볼 수 없는 꿈이 아닐는지 모르겠다.

양옥집 담장 위로 화사하게 솟아오른 하얀 목련송이들이 그 밑으로 지나가는 내 눈길을 끈다. 바람은 아직도 쌀쌀한데, 목련에게는 연꽃보다도 더 짙은 슬픔을 이긴 괴로움의 승화가 있는 것일까. 모든 번뇌를 말끔히 씻어 버리고, 이 봄, 나도 한송이 목련처럼 피어 오르고 싶다.

〈동대신문, 1977. 4. 12〉

6. 스승과 제자[師弟]의 길

부모가 육신을 낳아준 분이라면 스승은 정신을 낳아준 분이다. 부모에 대한 효가 있다면 스승에 대한 도리도 있어야 할 것이다.

그러기에 부처님은 '선생(善生)'이라는 젊은이에게 부모와 자식 사이에 행해져야 할 다섯 가지 일을 설해준 다음, 스승과 제자 사이에도 행해져야 할 다섯 가지 일이 있음을 설하고 계신다.

"선생자(善生子)야, 제자는 다섯 가지 일로써 스승을 섬겨야 하나니 어떤 것이 다섯 가지 일인가. 필요한 것을 마련해 드리고, 예절을 바로하고, 존경하고 가르침을 받들어, 잊지 않는 것이니라.

스승 또한 다섯 가지 일로써 제자를 가르쳐야 하나니 어떤 것이 다섯 가지 일인가. 바르게 지도하고, 새로운 것을 가르쳐 주고, 묻는 것을 잘 답해 주고, 착한 친구를 사귀게 하고, 아낌없이 전해 주는 것이니라."〈長阿含 卷11〉

　　고려 문종의 넷째 아들로 태어나 출가하여 불교로써 크게 국가에 이바지한 대각국사 의천의 지극한 효심은 널리 알려진 바이지만, 그의 사제간의 길에 대한 진지함도 남다른 바가 있다. 문하에 '덕칭(德稱)'이라는 새로운 제자가 들어 왔을 때 그는 다음과 같은 말을 하고 있다.

　　"스승과 제자의 길은 결코 쉬운 것이 아니니 너는 그것을 아느냐. 한번 말로 해 보자면, 스승된 자는 학문의 길을 얻어 그곳에 입각해 있을 때 비로소 진실하여 거짓이 아니니라. 만일 학문의 길을 잃고 이름만 훔치고 있다면 거짓이요 진실하지 않나니라. 제자된 자는 스승의 가르침을 받아 그 일을 실행할 때 비로소 옳음이요 아첨이 아니니라. 가르침만을 빼앗고 그 은혜를 저버린다면 그것은 아첨이요 옳음이 아니니라. 거짓과 아첨은 다같이 군자가 부끄러워해야 할 바이니 내가 만일 너를 거짓으로 이끈다면 내 너를 속임이요, 너 만일 아첨으로 나를 구한다면 너는 나를 속임이니라. 세상 사람들은 스승과 제자라는 이름은 알고 있지만 그 참다움을 모르는 경우가 왕왕 있음을 보나니 너는 부디 이것을 명심해야 하느니라."〈大覺國師文集 卷16〉

핵가족제로 흐르고 있는 우리 사회에 요즘 효(孝)에 대한 캠페인이 활발히 전개되고 있음은 반가운 일이다. 그렇다면 정신을 낳고 길러주는 스승과 제자 사이의 관계에도 그에 못지 않는 관심을 가져야 할 것이다. 특히 최고 학문을 전수하는 대학에서의 교수와 학생간의 관계는 거짓과 아첨이 아닌 진지한 정신적인 관계로 이루어져야 할 것이다.

〈동대신문, 1977. 6. 14〉

7. 전쟁과 자비(慈悲)

전쟁이 벌어지려는 삼엄한 싸움터에서 왕자 '아르주나'는 양진영이 모두 동족임을 발견하고 심한 번민에 빠진다.

"무엇 때문에 동족을 죽여야 하는가. 승리도 왕국도 쾌락도 나는 바라고 싶지 않다. 저들에게 내가 죽을지언정 나는 저들을 죽일 수가 없다. 동족끼리 죽인다는 것은 어떤 이유로도 합리화될 수가 없다."

아르주나는 마침내 칼을 집어 던지고 주저앉고 만다. 그의 몸은 번민에 싸여 부들부들 떨고 있다. 이때 마부로 종군하고 있는 스승 '크리슈나'는 그를 다음과 같이 깨우치고 있다.

"무사족(武士族)으로 태어난 왕자에게 나약한 자비는 어울리지 않습니다. 더구나 인간의 아트만[我]은 불멸이기에 죽음을 당하는 것은 아무 것도 없습니다. 또 만일 죽는 것이 있다고 하면 언젠가는 죽어야 할 존재들이 아니겠습니까? 그러나 무엇보다도 중요한 것은 무사족으로 태어난 그 의무입니다. 의무를 다하는 것보다도 더 신성한 것은 없을 것입니다."

인도의 세계적인 고전문학 '바가바드 기타'에 나오는 장면이다. 후삼국을 통일하여 고려조를 연 왕건 태조도 동족상잔의 과정에 아르주나와 비슷한 정신적 갈등을 겪고 있다. 중국에서 이엄(利嚴) 선사가 새로운 선풍(禪風)을 전해 왔을 때 그는 다음과 같이 묻고 있다.

"이웃 적들이 번갈아 쳐들어와 초·한(楚漢)이 맞서 싸우던 때와 같소. 아무리 생명을 아끼려고 해도 점점 서로 죽이기를 심하게 할 뿐. 과인은 일찍이 부처님의 가르침을 받아 속으로 자심(慈心)을 내고 있지만 그것이 오히려 적에게 무력해져 자신의 위험을 초래할 원인이 될까 두렵소. 대사는 부디 이에 대한 답을 해 주십시오."

불교의 자비와 살생과의 어쩔 수 없는 갈등을 묻고 있는 것이다. 이에 대해 이엄 선사는 어떤 답을 하고 있을까.

"제왕은 필부(匹夫)와 닦는 바가 서로 다르오니 군려(軍旅)의 때에도 항상 백성을 불쌍히 여기셔야 합니다. 왜 그러냐면 왕자는 사해(四海)로써 집을 삼고 만민(萬民)으로써 자식을 삼아 죄 없는 무리를 죽이지 않사오니, 이에 죄 있는 무리를 벌하는 것이옵니다."

놀라운 가르침이라고 하겠다. 죄 없는 무리를 죽이지 않기에 죄 있는 무리를 벌한다는 것은 '바가바드 기타'의 자비보다도 한층 더 높은 정신적 차원을 보여주고 있다. 후삼국을 통일한 정신적 바탕은 바로 이러한 대승불교적 자비였던가. 남북대결 속에 있는 우리들이 깊이 음미해 볼만한 말이다.

〈동대신문, 1977. 7. 5〉

8. 소 신(所信)

학문하는 사람에게 무엇보다도 필요한 마음가짐은 자기 연구에 대한 소신이다. 소신이 없을 때 기존 학설에 대한 비판이나 새로운 창의는 발휘할 수가 없을 것이다.

고려말의 보환(普幻)은 그다지 알려지지 않은 스님이다. 그러나 그의 능엄경에 대한 연구는 대단했던 모양으로 '능엄경환해산보기(楞嚴經環解刪補記)'라는 저술이 현존하고 있다. 송의 고승 계환(戒環)이 지은 능엄경요해(楞嚴經要解)에 대해서 그의 잘못을 바로 잡고 자기의 독자적인 견해를 보태 산보(刪補)한 책이다.

계환의 주석이라면 여말선초에 있어서 아무도 감히 넘

볼 수 없는 권위였다. 그의 능엄경에 대한 '요해'는 말할 필요도 없지만, 법화경에 대한 주석도 당시의 고려에 크게 유통되고 있었다. 뿐만 아니라 이 두 주석서는 조선조에 들어와서는 정음(正音)으로 번역되어 간경도감에서 간행되고 있을 정도이다. 그러한 계환의 능엄경에 대해서 한낱 무명의 납자였던 보환은 감히 도전하고 있는 것이다.

보환의 이러한 능엄경환해산보기(楞嚴經環解刪補記)에서 특히 주목되는 점은 권말에 실려 있는 그의 발원문과 발문(跋文)이다. 그는 먼저 발원문에서 다음과 같은 뜻을 표명하고 있다.

"삼보자존(三寶慈尊)은 굽어살펴 주옵소서. 제자 보환은 성심으로 참회하여 서원하옵나니, 후세에도 다시 출가하여 불법을 닦아 이 능엄경을 연구하겠나이다. 그리하여 제가 깨친 깊은 뜻으로 그 경을 주석하여 서명을 능엄정의(楞嚴正義)라고 하고 다른 주석가들의 풀이에 의하지 않고 순일무잡하게 정법(正法)을 유통하겠나이다."

그리고 발문에는 다음과 같은 말을 적어 넣고 있다.

"후세에 내가 다시 원력(願力)을 타고 태어나서 이 글[自著]을 만나 보게 될 것을 생각하여 책으로 엮어 이름을 '산보기'라 하고 발원문을 함께 권말에 붙여 두나니라."

그의 소신이 어떠했던가를 엿볼 수가 있다.

지나친 소신은 완고한 학문적 고집이 될 우려가 없는

것은 아니다. 그러나 학문에 확고한 소신이 없을 때 그것은 김 빠진 맥주처럼 아무런 힘도 내지 못할 것이다.

〈동대신문, 1976. 9. 21〉

9. 어떤 보람을

가을은 불교적 계절인가. 찬란한 단풍은 산사를 더욱 그림처럼 만든다. 그러나 우수수 떨어지는 나뭇잎 ……. 생의 무상을 느끼지 않을 사람은 없다.

모든 것은 떨어진다. 해도 달도 별도 모든 것은 끝내 떨어진다. 그 떨어지는 것들을 받드는 '어떤 손'이 있다고 릴케는 노래하였지만 그런 손이 과연 있는 것일까? 예수도 석가도 이 세상에 나타난 모든 존재는 떨어지지 않을 수가 없는 것이다.

이 너무나도 명백한 우주의 실상. 그것을 왜 우리는 평소에 잊고 있는 것일까. 억만금 재산을 갖고도 선심 한번 제대로 써보지 못한 채 그칠 줄 모르는 욕심의 불길에 괴로워하는 사람들. 그들이 믿고 있는 만큼 재산은 과연 그렇게 영원성이 있는 것일까. 가을 바람에 나부끼는 나뭇잎을 보며 자신을 한번 되돌아 볼 필요가 있다.

그렇다고 무상의 감상에 젖어 모든 것을 슬프게만 본다면 이것 또한 경계해야 할 어리석음이다. 모든 것에 영원한 생명이 없다고 하더라도 주어진 목숨을 스스로 재촉할 필요는 없다. 덧없이 흩날리는 나뭇잎도 싱싱한 푸르름으로 살다가 때를 기다려 찬란하게 지지 않는가.

우리들이 배워야 할 진정한 의미는 그렇게 덧없는 군상(群像) 속에서 전개될 생명에 약동하는 인간의 활동이다. 보다 평화롭고 행복한 내일을 가져오기 위한 창조적인 활동보다도 더 보람찬 일을 생각할 수가 있을까.

불교는 다른 종교에 비해서 생의 덧없음을 지나칠 정도로 강조한다. 그러나 무상의 가르침만을 불교의 전체로 알고 있다면 그것은 마치 삼단논법 중에서 대전제만을 알고 있는 것에 불과하다. 불교는 모든 것이 덧없다는 전제 위에서 다시 '업(業)'의 중요성을 대폭 강조하고 있는 것이다. 우주를 움직이는 힘의 원천은 중생의 업력이다.

맑은 가을 바람에 스산히 나뭇잎이 진다. 생각해 보자. 이 가을에 우리는 어떤 보람을 찾을 것인가.

〈동대신문, 1976. 10. 19〉

10. 냉돌의 각훈(覺訓)

추운 하늬바람이 세차게 창문을 두드릴 때 온돌의 맛은 천하 제일이다. 따뜻한 아랫목에 발을 묻고 허리를 누이면 한없는 게으름 ……. 한국 사람이 활동적이 못 됨은 온돌 때문이라는 말도 있다.

이럴 때면 생각나는 스님이 한분 있다. 해동고승전을 지은 고려 고종대의 각훈(覺訓 또는 覺月)이라는 스님이다. 해동고승전은 현재 권1·권2만이 남아 있지만 원래는 거질(巨秩)의 대작이었다. 그는 또 시문(詩文)도 잘하여 그의 시평[失]이 사림(士林)에 전할 정도였다.

그렇게 학덕이 높은 각훈이 귀정사(歸正寺)에 머물고 있을 때였다. 사람들은 아무도 그가 누구인지를 알 길이 없었다. 이름을 물어도 답이 없고 온 곳을 물어도 말이 없다. 종일 말없이 앉아 선정(禪定)을 행하고 있을 뿐이다 하여 사람들은 그를 묵행자(黙行者)라고 불렀다. 그러나 후학들이 책을 들고 찾아가 질문하면 그렇게 자상할 수가 없었다.

추운 겨울에도 각훈은 방석 한 장, 옷 한 벌로 냉돌 위에 앉아 있었다. 어느 몹시 추운 날 사람들은 그가 얼어 죽을까봐, 밖에 나간 틈을 타서 방에 불을 지펴 준 일이 있다.

밖에서 돌아온 각훈은 이것을 보고 기쁜 빛도 싫은 빛도 안 했다. 말 없이 밖에 나가 돌과 자갈을 주워 오더니 아궁이를 아예 봉해 버리고는 다시 처음과 같이 앉는 것이었다.

추운 겨울에 따뜻한 온돌을 싫어할 사람은 없다. 아무리 수행인이라고 해도 추위의 괴로움을 못 느낄 까닭은 없다. 얼음장 같은 냉돌 위에 각훈은 왜 그렇게 앉아 있었을까.

그는 한 행자에게 다음과 같은 말을 하고 있다. "수행하는 자는 추위 때문에 뜻을 해이해서는 안된다. 오늘날 수행한다는 자들이 호사(豪奢)를 극하고 권문에 드나들면서 절이나 짓게 하니, 이 어찌 수행이라고 하겠느냐? 깊이 명심해야 하느니라."

그가 냉돌에서 일부러 고행하던 뜻을 이해할 수가 있을 것 같다. 당시 승려들의 게으름과 타락상에 대한 그의 통탄은 그러지 않고는 배겨낼 수가 없었던가.

추운 겨울 밤, 온돌의 고마움이 느껴지고 게으름이 저절로 피워질 때마다 나는 문득 느껴지곤 한다. 얼음장 같은 냉돌방에서 추위를 견디던 각훈의 그 아픔이.

〈동대신문, 1976. 11. 23〉

11. 가장 무서운 짐승

알렉산더 대왕이라면 그리스가 낳은 세계적인 영웅을 생각하게 된다. 그의 아시아 원정은 희랍문화의 세계적 전파라는 문화사적 의의를 갖고 있다. 불자로서의 우리는 또 인도의 동북 지역에 발생시킨 아름다운 간다라 불교 미술을 연상하게 된다. 그러나 무서운 싸움터에서 알렉산더 대왕과 목숨을 함께 하면서 그에게 승리와 영광을 실어 나른 그의 애마를 또한 잊어서는 안될 것이다.

알렉산더 대왕이 말 위에 오르려면 그는 무릎을 꿇고 대왕을 태웠으며, 싸움할 땐 비호처럼 갈기를 쳐들고 돌진하였다. 그러나 그 말이 처음부터 그렇게 훌륭한 말은 아니었다. 아무도 길들일 수가 없을 정도로 사나운 야생마였다. 그러나 당시 왕자로 있던 알렉산더는 그렇게 사나운 말을 천하의 양마로 길들였던 것이다.

부처님의 출가는 보통 사람의 눈으로 볼 때는 도저히 이해하기 어려운 점이 있다. 그의 생활조건은 출가를 생각하기에는 너무나도 유복한 것이었다. 왕위를 계승할 몸이요, 아름다운 아내에 첫 아들을 낳은 기쁨이 곁들여 있었던 것이다. 그러기에 학자들은 그의 출가 동기를 정치적인 배경에서 찾으려고 할 정도이다. 당시의 정세로 봐서 카비라국은 마가다나 코사라와 같은 대국(大國)에 흡수될 사정에 있었기 때문이 아니었을까라고.

어떻게 보면 부처님의 출가는 지극히 결행하기 어려운 것이었다. 그가 아들을 라훌라(障碍라는 뜻)라고 이름한 데서도 우리는 자식에 대한 부정(父情)이 얼마나 끊기 어려운 장애가 되었던가를 엿볼 수가 있다.

그러나 부처님은 그 모든 애착을 물리치고 홀연히 출가를 단행하시게 되는데, 이때 부처님을 실어 나른 것도 '칸다카' 라는 그의 애마였다. 부처님의 위대한 깨달음은 이 과감한 출가가 있음으로 해서 이루어진 것임을 생각할 때, 칸다카는 실로 전 인류에게 인간 의지의 승리와 광명을 실어 나른 것이라고 말해도 좋을 것이다.

인간은 이렇게 말을 길들여 유용하게 부리지만 말보다도 더 사납고 무서운 짐승도 길들이고 있다. 코끼리를 길들여 전쟁에 사용했을 뿐만 아니라, 남방 여러 나라에서는 아직도 재목 운반에 부리고 있다. 범이나 사자와 같은 맹수를 길들여 강아지처럼 데리고 있는 모습을 가끔 볼 수가 있으며 심지어는 코브라와 같은 사나운 뱀을 길들여 피리소리에 맞춰 춤을 추게 하고 있다.

원숭이가 피아노를 치고 있는 뉴스를 본 일이 있으며, 돌고래를 길들여 바닷속의 짐승과 인간이 친해질 수 있는 실례까지 보여 주고 있다. 조금이라도 지각이 있는 짐승이라면 어떤 것이든 인간은 길들일 수가 있다고 말할 수가 있다.

그렇다면 우리 한번 생각해 보자. 이 여러 짐승 중에서 어떤 것을 길들이는 것이 가장 나을까? 그 중에서 아무 것이라도 골라서 길들이라고 한다면 당신은 어떤 것을 선택하겠느냐는 것이다. 말이든 코끼리든 범이든 사자든 뱀이든 원숭이든 돌고래든, 그 밖에도 우리 주변에서 흔히 볼 수 있는 개나 고양이·매·새·노루·늑대 등 많은 짐승을 선택의 대상에 넣을 수가 있다. 그 중에서 어떤 것을 고르겠느냐는 것이다.

훌륭한 말을 기르겠다는 이도 있을 것이고, 집 잘 지키는 개를 기르겠다는 이도 있을 것이다. 취향에 따라 또는 기를 수 있는 조건의 구비 여하에 따라 제가끔 대답이 달라질 것이다. 그러나 이 문제를 한번 부처님께 들고 가서 물어 본다면 어떨까? 아니, 실제로 그런 문제를 물어 본 사람이 있었다. 이때 부처님의 대답은 간단명료했다. "'나'를 길들여라." 우다나(憂陀那)에 다음과 같은 게송이 있는 것이다.

타고난 '신두'말 같은
좋은 말을 길들임보다
코끼리나 큰 뱀보다
'나'를 길들임이 더 낫다. 〈Udāna 14. 7〉

인간은 짐승 중에서도 가장 사납고 무서운 짐승이다. 부처님 당시 '앙굴마라'는 무수한 사람을 죽여 그로부터 손가락을 잘라내어 제석천에 바칠 멍석을 짜려고 하였다. '푸라나'와 같은 외도(外道)는 날카로운 칼로 지상의 뭇 생류를 고깃덩이처럼 살육한다고 해도 악이 아니며, 그에 대한 과보도 없다고 주장하였다. 우리는 지난 2차 세계대전과 6·25사변 때 얼마나 잔인한 학살이 감행되었던가를 기억한다. 근래만 해도 17인의 목숨을 연속 빼앗은 살인마가 우리 사회에서 출연했었다. 더구나 인간이라는 짐승에게는 우리나 철책도 마련되어 있지 않다. 언제 어디서 어떠한 사나움이 터질지 헤아릴 수가 없다.

그러나 잘만 길들이면 인간처럼 개인과 사회에 훌륭한 공헌을 하는 동물도 또한 없다고 할 것이다. 인류사에 찬란히 빛나는 훌륭한 사람들은 말할 필요도 없지만 우리 주변에도 얼마나 선량한 사람들이 많이 있는가. 부처님이 '나'를 길들이라고 말씀하신 뜻은 깊이 음미해 볼 맛이 있다.

그렇다면 이제 그러한 '나'를 길들일 방법은 무엇일까. 말은 마사(馬師)가 길들이고, 코끼리는 상사(象師)가 길들인다. 범이나 사자 같은 맹수는 그 방면에 전문가가 아니면 길들일 수 없다. 매는 사냥꾼이 길들이고, 뱀은 땅꾼이 길들인다. 이와 같이 사나운 짐승을 길들임에는 각각 전문가가 있는데, 사나운 '나'를 길들일 자는 누구이겠느냐는 것이다.

부처님의 열 가지 이름에는 조어장부(調御丈夫)라는 것이 끼여 있다. 중생을 길들이는 자임을 뜻하고 있다. 사실 부처님은 마사나 상사와 더불어 말이나 코끼리를 길들이는 방법에 대해서 이야기를 나누시는 일이 많았다.

일례를 들면(雜阿含 卷32) 어느 때 부처님이 조마취락주에게 "말을 길들임에는 몇 가지 법이 있는가?'"라고 물으셨다.

"세 가지 법이 있습니다."

"무엇 무엇인가?"

"첫째는 유연(柔軟)이요, 둘째는 강강(剛强)이요, 셋째는 유연과 강강입니다."

"만일 그 세 가지 법으로도 길들이지 못할 때는 어떻게 하는가?"

"죽여 버립니다. 그런데 조어장부께서는 몇 가지 방법으로 길들입니까?"

"나 또한 세 가지 방법으로 길들이나니, 유연과 강강 그리고 유연·강강이니라."

"만일 그 세 가지 법으로도 길들이지 못한다면?"

"죽여 버리니라."

조마취락주는 뜻밖이란 듯이 다시 묻는다.

"부처님의 법 중에서 살생이란 부정(不淨)한 것이온데 죽여 버린다는 것은 웬 말입니까?"

부처님은 대답하신다.

"살생은 부정한 것이니라. 그러나 세 가지 법으로도 말을 듣지 않을 땐, 나는 다시는 말을 하지 않고 다시는 가르침을 주지 않나니라."

부처님의 길들임은 참으로 엄한 바가 있다. 그러한 마음가짐으로 사나운 중생들을 길들이고 계셨던 것을 엿볼 수가 있다.

그렇다면 말을 마사가 길들이고 코끼리는 상사가 길들이듯이 '나'를 길들일 자는 부처님이라고 말할 수가 있을 것 같다. 그러나 과연 그럴까? 우다나는 곧 이어 다음과 같이 노래하고 있다.

제 몸을 길들이라.
좋은 말을 마사가 길들임 같이
제 몸은 자기가 길들임을
또한 잊지 말아라. 〈Udāna xi. 12〉

'나'를 길들일 사람은 부처님이나 또는 다른 어떤 사람이 아니라 바로 자기 자신이라는 것이다.

이것은 너무나 당연한 일이라고 말할는지 모른다. 그러나 그렇게 당연한 일을 우리는 모르고 있다는 데에 문제가 있다. 빛을 행하는 길은 먼 곳에 있는 것이 아니다. 이렇게 가까운 사실을 깨달아 그것을 용감하게 실천에 옮기는 데에 있는 것이다.

〈불광, 1976. 3〉

12. 음욕(婬欲)의 종교적 순화(醇化)

'빛을 행하는 길'이라는 주제로 대승 경전의 여러 가지 보살행이 소개되어 왔다. 오늘은 그러한 대승경전보다도 더 원초적인 아함경을 배경으로 부각된 어느 남녀 수도승의 청순한 사랑의 이야기를 들어보자.

아함에는 부처님과 그의 제자들을 비롯한 많은 인물이 등장한다. 그러나 그들은 한결같이 인간적이라는 점에 말할 수 없는 친밀감을 느낄 수가 있다. 대승 경전의 부처님은 일체의 차별 망상을 초월한 절대적인 진리의 몸으로 등장하고 제자들 또한 빈틈없는 보살마하살이 주가 되고 있다. 그러나 아함의 부처님은 따뜻한 인간의 스승이며, 그의 제자들 또한 스승의 가르침을 따르려는 번뇌로운 수도승의 모습으로 나타나고 있다. 때로는 가르침을 의심하고 때로는 애욕에 번민하는 모양이 우리들 범부와 통하는 바가 없지 않은 것이다.

그러한 아함의 인물 중에서 남달리 인정이 많은 이는 아난(阿難)이다. 부처님의 상수시자(常隨侍者)로 뽑혔을 때 그는 세 가지 요구조건을 내걸었다. 부처님께서 법복(法服)을 그에게 빨게 하시지 말 것, 공양 받으신 음식물을 베풀어 주시지 말 것, 그리고 향실(香室)에 함께 있도록 하시지 말 것. 이것은 자기 혼자만이 너무나도 많은 은총을 입게 될까 저어하는 마음에서였던 것이다.

부처님을 양육해 준 마하파자파티[大愛道夫人]가 출가를 바랬을 때 부처님은 여인의 출가를 극력 말리셨다. 여인이 출가하면 불법의 수명이 500년은 감하리라는 것이다. 그러나 먼 길을 맨발로 따르면서 출가를 구하는 그녀의 애틋한 심정을 보다 못해 부처님께 청하여 마침내 출가를 허락받게 한 것도 아난이었다.

그는 부처님의 교설을 전부 기억하여 후세에 전해준 분이기도 하다. 그런 뜻에서 그를 '다문(多聞) 제일'이라고 한다. 그러나 부처님이 열반에 드실 때까지도 아라한(阿羅漢)도 되지 못할 정도로 도(道)에는 약한 분이었다. 이것은 이따금 교학의 약점을 드러내는 예로 지적되고 있지만 그만큼 그는 인정이 많았던 것을 알아야 할 것이다. 그는 실로 '인정 제일'이라고 할만하다.

그러한 사람이 오늘날 우리 주변에 있다면 만사를 제쳐 놓고 그를 따르고 싶은 충동이 인다. 그가 사업을 하면 함께 사업을 하고 그가 출가하면 함께 출가하고 싶을 정도로. 그이라면 내 모든 괴로움도 털어 놓을 수가 있을 것 같고 또 그것을 이해해 줄 수가 있을 것 같다. 아난의 따뜻한 인간미를 이곳 저곳에서 맛볼 수 있는 것이 아함을 읽는 커다란 즐거움의 하나이다.

부처님도 열반에 임하셨을 때, 멀리 숨어서 통곡하고 있는 아난을 불러 이렇게 말씀하고 계신다. "내가 조금만 눈을 들어도 아난은 곧 그것을 살펴 내가 생각하는 것을 가져다 주었다. 전륜성왕(轉輪聖王)에게 네 가지 부사의(不思議)가 있듯이 아난에게도 네 가지 부사의가 있다. 그가 말없이 비구 속에 들어가면 모두가 그의 존재를 기뻐하고, 그가 설법하면 다시 기뻐하고, 그의 모습을 보거나 설법을 듣는 것에 싫증을 내지 않는다. 그가 비구니·

우바새·우바이 속에 있을 때도 또한 그러하나니 이것이 아난이 갖는 네 가지 부사의이니라."

2천 5백년이 넘은 오늘에도 아난에 대한 생각은 이렇게 연연하다. 하물며 그 당시에는 어떠했을까. 아무리 출가한 몸이라고 해도 번뇌를 다하지 못한 이성의 눈에 그는 어떻게 비치고 있었을까. 아난에 대한 연정으로 병이 난 한 니승이 아함에 그려져 있다.

대승경전의 능엄경에서는 아난은 마등가(摩登伽)라는 한 음녀(婬女)의 주술에 빠져 하마터면 계체(戒體)를 헐 뻔한다. 그와 마등가녀가 제도되는 것은 부처님의 칙명을 받든 문수 보살의 주력(呪力)에 의해서다. 그러나 우리들이 지금 살펴보는 아함, 좀더 구체적으로 말하면 잡아함 권 21(高麗大藏經 18·913)에서는 그녀의 이름은 밝혀져 있지 않다. '한 비구니[異比丘尼]'라고만 기술되어 있을 뿐이다.

그녀는 아난에 대한 열렬한 사랑이 온 몸을 불사르고 있었다. 그 뜨거운 사랑의 불길을 이제는 더 이상 억누를 수가 없었다. 그렇다고 아난에게 사랑의 고백도 할 수 없는 딱한 처지임은 물론이다. 가련한 그녀는 그만 자리에 눕고 말았다. 끝으로 한가지 소원은 아난더러 자기의 병고를 한번 와서 보아 달라는 것이었다. 다정한 아난이 그것을 거절할 리가 없다.

그러나 아난이 그녀의 처소에 이르렀을 때 그녀는 어떠한 상태로 있었을까. 그녀는 발가벗은 몸으로 와상(臥

床)에 누워 있었던 것이다. 이것이 사실인지는 몰라도, 적어도 우리들의 경전은 당시의 그녀의 상태를 이런 모습으로 기술해 주고 있다.

이러한 경우를 당한 아난은 어떠한 행동을 하였을까. 그 수수께끼를 경전에서 읽어버리기 전에 우리는 잠시 그런 처지에 우리 스스로가 놓였을 때 어떻게 하였을까 하는 측면에서 생각해 볼 필요가 있다. 그럴 경우 여러 가지 길을 생각해 볼 수가 있다. 첫째는 그냥 돌아서서 와 버리는 길이요, 둘째는 그녀를 호되게 나무라는 길일 것이다. 셋째는 그녀의 유혹에 빠지는 경우이다. 아닌게 아니라 대승 능엄경에서 아난은 마등가의 주술에 빠지고 만다. 더구나 '발가벗은 몸으로 누워 있었다'는 경전의 표현을 '애틋한 사랑의 하소연'에 대한 경전적 기술이라고 해석한다면 어떨까. 그럴 경우 인정 많은 사람일수록 유혹에 빠질 가능성은 매우 높다고 할 것이다.

이 세 가지 가능성 속에서 만일 첫째 방법이나 둘째 방법을 택한다면 그 결과는 어떻게 될까. 말할 필요도 없이 가련한 그녀는 걷잡을 수 없는 부끄럼과 원망 때문에 영영 건질 수 없는 타락의 길에 빠지거나, 아니면 자신을 파멸시키고 말 것이다.

그렇다고 셋째 길을 택할 수도 없다. 만일 그 길을 택한다면 두 사람은 다같이 종교적 타락자가 되어 양심의 가책을 영원히 씻을 길이 없을 것이다. 그렇다면 과연 어떻게 해야 할 것인가. '빛을 행하는 길'은 이럴 때 어떻게 행하는 것일까. 두 사람이 다같이 광명으로 인도되는 길은 무엇일까. 우리는 다시 경전에 되돌아가 우리의 아난은 그때 어떻게 행동하였는가를 보자. 그는 모든 감관을 수습한 다음, 그녀에게 등을 향한 채 말없이 서 있었다 한다. 그러자 그녀는 비로소 옷을 입고 그를 맞이하여 설법을 청했다고 경전은 설해 주고 있다.

알고 보니 별 것 아니라고 말할런지 모른다. 그러나 그 '별것 아닌 일'로 해서 두 사람은 아슬아슬한 순간에서 함께 소생하고 있는 것이다. 모든 감관을 수습했다는 아난의 말에서 그의 심적 갈등이 어떠했던가를 짐작할 수가 있고 말없이 서서 기다린 그의 행동에서 그의 인간애가 어떠했던가를 엿볼 수가 있다. 위대한 종교적 슬기와 사랑이 아니고는 불가능한 '조그마한 일'이라고 해야 할 것이다. 불교가 종교로서 지니는 진정한 의의는 딴 곳에 있는 것이 아니다. 이렇게 '조그마한 일'을 우리들의 일상생활 속에서 실현하게끔 해 주는 곳에 있는 것이다.

〈불광, 1976. 2〉

13. 무지(無知)를 깨쳐야 할 때

예측할 수 없는 심상치 않은 움직임이 일고 있다. 그렇게나 호전적인 중공이 무력이 아니라 회의를 통하여 국제 문제를 해결한다는 유엔(UN)에 들어앉고, 거대한 자원과 생산기술을 통해 전 세계의 짐을 한 몸에 질 것 같던 미국이 이제 짐을 덜겠다 한다. 약삭빠른 일본의 동향. 이제 세계는 어떻게 될 것인가.

알 수 없는 상황 속에서 우리는 불안하다. 이 땅은 또 강대국이라는 이름을 가진 몇몇 나라의 정치적 흥정의 희생물이 되지 않을런지. 천신만고로 이룩해 놓은 건설은 무참한 폐허가 되고, 카키색 군복을 염색하여 양복을 짓고, 워커를 고쳐 구두를 짓게 될 날이 없으리라는 보장은 아무데도 없다.

흉노·몽고·여진·왜와 같은 변방의 민족은 한번쯤은 모두 중원을 휩쓴 역사를 갖고 있다. 그러나 우리 민족은 지략이야 그에 못지 않으련만 한번도 남의 땅을 짓밟아 본 일이 없다. 문화를 수입해서는 그에 기여하고 또 남에게 전해주기만 했지 감히 한번도 그것을 왜곡하거나 파괴한 일이 없고, 악착같이 상품을 만들어 남의 나라에 팔아먹은 일도 없이 항상 사들이기만 하는 지극히 순한 민족이다.

그러면서도 동족끼리는 왜 그렇게 비정하게 총칼을 맞대고 피를 흘려 강산을 질펀하게 하였는지. 엄마를 찾는 전쟁고아의 울음 소리가 아직도 우리의 귓가에 생생하고, 살기 띤 총끝은 아직도 남북을 겨누고 있다.

아무리 생각해도 동족끼리 피를 흘릴 필요와 국토를 분단할 이유가 없다. 동족끼리 피를 흘리고 국토를 분단하고 있다면 그것은 이 민족의 의사가 아니요 이 민족의 이익을 위한 것이 아니다. 우리의 고귀한 피가 남의 이익이 되고 재물이 되고 있다는 것은 슬픈 일이다.

이제 남과 북에 갈린 우리 민족이 다같이 동시에 이 사실을 의식하여 정신을 차려야 하겠다. 평화를 사랑하는 부처님의 뜻이 한번도 남의 땅을 짓밟아 본 일이 없는 이 민족의 마음 속에 간직되고, 지혜로운 부처님의 가르침이 맑은 하늘아래 슬기를 기른 이 민족의 언어에 의해 전해지기 위해서다.

〈대한불교, 1971. 11. 14〉

14. 지족(知足)·출발(出發)

무엇을 하려고 해도 가진 것이 없어서 못하겠다는 사람들을 흔히 본다. 공부를 하려고 해도 시간적 여유가 없고, 돈을 벌려고 해도 자본이 없다는 것이다. 또는 이제 새삼스럽게 시작하려고 하니 너무나 늦은 감이 있고, 좋은 일을 하고 싶어도 워낙 줄 것이 없다고도 한다.

그리하여 아무것도 착수하지 못한 채 초조하게 시간만 보내고 있다. 부모를 탓하고 사회를 탓하고 시대를 탓해 본다. 그렇다고 뾰족한 수가 있는 것도 아니다. 결국은 술이나 타락으로 외로움을 달래게 되지만 그렇다고 허전한 마음이 뿌듯해질 리가 없는 것이다.

이러한 상황에 처해 괴로워하는 사람이 있다면 나는 불교의 '지족(知足)'이라는 말을 음미해 보라고 권하고 싶다. 그게 무슨 대단한 말이냐고 할지 모르지만 매우 미묘한 뜻을 갖고 있기 때문이다.

지족이라는 말은 글자 그대로 자기의 현실에 만족한다는 뜻이다. 다분히 소극적인 인생관에 직결된 듯한 인상을 준다. 있으면 있는 그대로, 없으면 없는 그대로 자기 현실에 만족해서 살아가라는 뜻으로 나타나기 때문이다. 그러나 지족이라는 말이 뜻하는 진정한 의미는 결코 그렇게 소극적인 것이 아니다.

생업에 쫓기다 보면 정말이지 공부할 시간을 가질 여유가 없는 게 사실이다. 그러나 하루에 단 30분이라도 책을 대할 시간을 가질 수 없을 만큼 그렇게 바쁜 사람은 없을 것이다. 아무리 자본이 없다고 하더라도 하다못해 포장마차를 경영할 만큼의 밑천이 없는 사람은 없을 것이다. 그것마저도 여의치 못하다면 품팔이 노동이라도 할 수가 있을 것이다. 젊음과 건강은 인생 최대의 자본이다. 그러나 그것마저도 잃었다면 그런 처지에서 할 수 있는 또 어떤 '조그마한 보람' 쯤은 찾을 수가 있을 것이다.

이와 같이 만일 우리에게 용기와 열의만 있다면 아무

것도 '컴맨스먼트(commencement)' 할 수 없다고 할 만큼
그렇게 무엇이 없는 것은 아니다. 우리 모두에게 갖추어
져 있는 이 자연적인 요건, 그것을 불교는 '지족'이라는
말로 부르고 있다. 지족은 단순한 현실 만족으로 그치는
것이 아니라 과감한 결단과 새로운 출발을 전제로 한 자
기 현 위치에 대한 뚜렷한 자각임을 음미할 일이다.

〈동대신문, 1977. 3. 1〉

[부록 II]

범본 반야심경 해제

1. 범본 심경의 광략본

당(唐) 현장(玄奘 602~664)은 당시의 한역 경전에 오역이 많음을 느끼고 이를 바로잡고 싶은 일념에 불타고 있었다. 서기 629년 드디어 그는 천축국을 향해 구법의 길에 올랐다. 익주(益州) 공혜사(空惠寺)에 이르러 병든 노승을 한분 만났는데 그는 천축에 가는 길의 험난함을 알려 준다. 그리고는 자기에겐 '삼세제불(三世諸佛)의 심요법문(心要法門)이 있으니 이것을 수지(受持)하면 다녀올 수 있으리라'고 한다. 노승이 현장에게 구수(口授)한 경은 산스크리트말[梵語]로 된 반야심경이었다.

길을 모르거나 장애가 있을 때마다 현장은 노승이 전해 준 범본 심경을 49번씩 외웠다. 길을 가리켜 주는 사람이 나타나고 장애가 저절로 열렸다. 그리하여 무사히 천축 마가다(磨竭陀)국 나란타사(那蘭陀寺)에 이를 수가 있었다. 그런데 뜻밖에도 그곳 경장(經藏)에서 일찍이 공혜사에서 범본 심경을 구수해 주고는 이튿날 온데 간데 없

었던 그 노승을 발견하였다. 현장의 기쁨은 이루 말할 수
없었다. 노승도 흔연히 반기면서 "이곳에 무사히 도착한
것은 네가 수지한 삼세제불의 심요법문 때문이야. 내가
바로 관음보살이니라"는 말을 한다. 그리고는 하늘 높이
소소히 사라지는 것이다. 19세기 초 서역 돈황(燉煌)에서
많은 옛 문헌이 발견되어 현재 대영(大英) 박물관에 소장
중이다. 그 속에는 산스크리트말로 된 반야심경을 한자
로 음역하고 매 낱말 아래 뜻을 각주해 놓은 문헌이 포함
되어 있다. 그런데 이 음역본에는 다음과 같은 부제가 붙
어 있다. '관자재보살이 현장에게 친히 교수하신 범본으
로서 윤색하지 않았노라.'

  현장이 노승에게 전수한 범본심경과 신수대장경 권8
에 '범본 반야바라밀다심경(梵本般若波羅密多心經)'이라
는 이름으로 수록된 이 돈황본이 동일한 것인가는 확인
할 수 없다. 그러나 현장이 번역한 한역 심경과 대조해
볼 때, 중복된 부분[誤植인 듯]을 제외하고는 거의 일치하
고 있다. 피차에 약간의 자구(字句) 출입이 없는 것은 물
론 아니다. 이에 대해서는 뒤에 언급코자 한다.

  심경의 산스크리트 텍스트로는 이 음역본 외에 일본
법륭사(法隆寺)에서 발견된 것이 있다. 이것은 종려나뭇
잎에 실담자(悉曇字)로 서사한 소위 패엽경(貝葉經)으로
서 서기 609년에 중국에서 전래된 것이라고 한다. 지상
에 보존된 세계 최고(最古)의 고대 인도사본(印度寫本)이라

는 평을 듣고 있다. 이 법륭사본은 그 뒤에 가끔 서사되어 현재 6종의 사본이 전해지고 있으며, 그 중에서 일본의 자운(慈雲)존자가 서기 1783년에 목판에 새긴 것은 유명하다.

일본에는 이 법륭사본 계통 외에 다시 징인본(澄仁本)이라는 범본이 전해지고 있다. 이것은 최징(最澄)과 원인(圓仁)이 중국에서 전래했다고 해서 그런 이름이 붙여진 것이다. 이 징인본 또한 여러 번 전사(轉寫)되어 현재 약 9종의 사본이 헤아려진다.

반야심경의 범본은 대개 이상 소개한 음역본·법륭사본·징인본을 가리키는데 이들을 상호 대조해 보면 대체로 일치한다. 그러나 세부에 들어가서는 피차에 자구 출입이 심하다. 따라서 여러 사본을 종합해서 표준적인 텍스트를 마련할 필요가 생긴다. 현대 학자들이 제 나름대로 교정본(校訂本)을 내놓고 있음은 이 때문이다. 그런 교정본 중에서 요즘 우리들이 쉽게 접할 수 있는 것으로는 일본의 나가무라 하지매[中村元] 박사가 낸 것과[岩波文庫] 영국의 에드워드 콘즈 박사가 출판한 것(Wisdom Book)을 들 수가 있을 것이다.

경에는 '여시아문(如是我聞)'으로 시작되는 서분(序分)과 '환희봉행(歡喜奉行)'으로 끝나는 유통분(流通分)이 갖추어져 있음이 보통이다. 그런데 지금까지 살펴온 심경에는 그런 서분과 유통분이 없고 소위 정종분(正宗分)만이 있다. 그렇다고 해서 심경의 현존 범본이 다 그런 것은 아니다. 어떤 것에는 서분과 유통분을 정연하게 갖춘 것도 있다. 그래서 이런 범본을 정종분만 있는 것과 구별해서 광본(廣本) 또는 대본(大本) 텍스트라고 말하고 후자를 약본(略本) 또는 소본(小本)이라고 부른다.

이러한 광본 심경의 범어 원전은 현재 두 종류가 전해지고 있다. 하나는 일본의 대화(大和) 장곡사(長谷寺)에 전해진 것으로서, 일본 홍법(弘法)대사의 제자 혜운(慧運)이 서기 838년에 입당(入唐)하여 갖고 온 것이라고 한다. 다른 하나는 중국에서 발견된 사본인데 많은 오류를 포함하고 있지만 중요한 참고 거리를 제공해 주는 자료이다.

범본에 이렇게 광략 2본이 있는 것처럼 한역본에도 광략 2본이 있다. 신수대장경 권 8에 수록되어 있는 8종의 심경 중에서 나즙역(羅什譯 402~413년경 역)·현장역(玄奘譯 649)·음역본(音譯本)은 소본에 해당되고, 반야역(般若譯 734 ~810)·법월역(法月譯 738)·지혜륜역(智慧輪譯)·법장역(法藏 譯)·시호역(施護譯)은 광본에 해당된다. 우리들이 지송하는 심경은 이 중에서 현장역의 소본임은 다시 말할 필요가 없다.

소본 심경에 의하면, 석존이 관자재보살을 예로 들어 사리불에게 반야사상을 설하는 것으로 나타난다. 그러나 대본에 의하면, 석존은 왕사성(王舍城) 영취산(靈鷲山)에서 '심오한 깨달아 듦(gambhīra-avsaṁbodha)'이라는 삼매에 들고, 그러한 삼매 속에 관자재보살이 옛날 반야바라밀다에 행할 때의 모습이 나타난다. 이때 사리자가 부처님의 힘을 빌어 관자재보살께 보살이 행할 바를 묻고 이 물음에 대해 관자재보살이 소본 심경과 같은 내용의 답변을 해 주고 있다. 다시 말하면 설법주는 석존의 삼매를 통한 관자재보살이라는 말이다. 따라서 심경은 일종의 관음 계통의 경전이라고 말할 수가 있다.

2. 범본 심경의 명확성

반야심경의 심(心)자는 '마음' 심자로 생각될지 모르지만 범본에는 분명히 '흐리다야(hṛidaya)'로 되어 있다. 염통(心臟)을 가리키는 말이다. 그러므로 서양 사람들은 심경을 'Heart Sūtra'라고 번역한다. 방대한 반야계통 경전에서 가장 핵심적인 부분만을 촬요했음을 뜻한다. 소품(小品)반야 10권·대품(大品)반야 30권·대(大)반야 600권은 반야교설의 주축을 이루는 경전군(經典群)이다. 그런데 이 세 경전은 체제와 내용이 거의 비슷하다. 이것은 원시적인 소품반야에서 대반야로 증광된 것으로 해석할 수가 있다. 반야심경은 반야교설의 이런 증광 과정 속에서 발생한 촬요(撮要) 현상으로 볼 수가 있다. 아닌게아니라 심경의 전반부의 공(空)사상은 대품반야 권1 습응

품(習應品)에 비슷한 문장이 발견된다. 그리고 소본심경은 다시 대본심경에서 촬요된 것이라고 볼 수가 있을 것이다.

그렇다고 해서 반야심경을 단순한 촬요서라고 단정해서는 안된다. 심경은 그 나름대로 전 반야사상의 체계적 서술을 시도한 놀라운 짜임새를 보여 주고 있는 것이다. 범본[大本]으로 25송(頌), 한역본[小本]으로 270자 밖에 안되는 분량 속에 그러한 시도를 성공적으로 수행하고 있다는 것은 동서고금에 예를 찾을 수가 없을 정도이다. 따라서 심경을 수지함에 있어서는 1자 1구라도 소홀히 해서는 안된다. 세심한 주의를 기울여 공(空)의 변증과 바라밀의 경지와 진언의 내용을 연찬해야 한다.

범본심경은 심경을 이렇게 정확하게 연찬하려고 할 경우에 한역본은 따라 갈 수 없을 정도로 우수한 장점을 지니고 있다. 한역본이 2차적 번역본인 데에 대해서 범본은 오리지널 텍스트라는 점은 다시 말할 필요가 없다. 그러나 이에 못지 않게 중요한 것은 산스크리트라는 언어가 갖는 그 순수성과 정확성이다. 한문은 토를 어떻게 다느냐에 따라서 뜻이 달라지는 애매성을 갖고 있다. 그러나 산스크리트어는 우리말의 토나 어미보다도 훨씬 더 세밀하고 정교한 문법적 어소(語素)들을 부리는 곡절어(曲折語)이다. 따라서 까다로운 만큼이나 정확하여 심경 본유의 논리적 체계성을 밝히는 데에 커다란 도움이 된

다는 말이다

이런 견지에서 한역 심경의 모호한 곳을 몇 군데 골라 그곳을 범본과 대조해 볼까 한다.

① '관자재보살(觀自在菩薩)이 심반야바라밀다(深般若波羅密多)를 행(行)할 시(時)에'라고 흔히 새기는 것을 본다. 이에 의하면 반야바라밀다는 행한다는 타동사의 목적어 다시 말하면 보살이 실천할 덕목이 된다. 그러나 범본은 '반야바라밀다'라는 낱말에 처소격어미 '에'를 결합하고 있다. '행하여 간다'는 동사의 행선지를 의미하고 있는 것이다. '를'과 '에'라는 토가 지닌 미묘한 의미차를 음미할 필요가 있다.

② '오온(五蘊)이 개(皆) 공(空)함을 조견(照見)한다'로 읽는 이도 있고 '개(皆) 공(空)임을 조견한다'로 읽는 이도 있다. 범본은 그 대목을 '관찰하시니 오온이 있는데 그들은 자성(自性)이 비어 있음을 보셨느니라'로 되어 있다. 전자의 새김을 범본은 뒷받침하고 있는 셈이다. 동시에 범본의 정확한 표현법을 살필 필요가 있다. 오온이 있다는 것은 연기론적인 측면에서, 자성(自性)이 비었다는 것은 실상론적인 측면에서 말하고 있는 것이다.

③ 한역본은 '도일체고액(度一切苦厄)'에 이어서 대뜸 '사리자 색불이공 공불이색 색즉시공 공즉시색(舍利子 色不異空 空不異色 色卽是空 空卽是色)'으로 이어진다. 그러나 범본에는 '도일체고액'이라는 말이 없는 대신 '여기에

서 사리자여 색(色)은 빈 것이요, 빈 것은 곧 색이니'라는 글이 삽입되어 있다. '여기에서'라는 말은 학자에 따라 해석이 구구하지만 그 이전의 문장을 지시한다고 보는 것이 온당할 것이다. 그럴 경우 범본의 이 문장은 전문의 뜻을 받아 후문의 판단에 이끌어 가는 논리적 접속구의 구실을 한다고 볼 수가 있다. 한역본의 논리 전개가 비약적인 감을 주는 데에 대해서 범본은 매우 치밀하다고 할 것이다.

④ '사리자 시제법공상 불생불멸 운운(舍利子 是諸法空相 不生不滅 云云)'은 새기는 방법이 가장 다양한 부분이다. '시제법(是諸法)은 공상(空相)이오'라고 새기는 것과 '시제법의 공상은'이라고 새기는 두 가지로 우선 크게 가를 수가 있다. 그리고 그 중의 '공상'에 대해서 다시 '공한 상'과 '공의 상'으로 새김을 달리하는 것을 본다. 범본에는 이 대목이 '여기에서 사리자여 모든 법은 빈 것임을 나타내나니 생한 일도 없었고, 멸한 일도 없었다'로 되어 있다. '여기에서'라는 말은 이 경우에도 그 위의 문장 〔上記한 ③에 의해 도출된 단안〕을 지시하는 것으로 봐야 할 것이다. 그럴 경우 이 대목은 위의 문장에 표현된 '색은 곧 공이오, 공은 곧 색이라'는 판단을 받아 '불생불멸 운운(不生不滅 云云)'이라는 새로운 판단에 이끌어 가는 역할을 하고 있는 것이다.

⑤ '이무소득고(以無所得故)'는 윗 문단에 붙여 읽는 이

도 있고 아래 문단에 붙여 읽는 이도 있다. 범본은 아래 문단에 붙여 읽을 것을 지지한다.

⑥ '구경열반(究竟涅槃)'에 대해서 어떤 사람은 '열반을 구경(究竟)한다'로 새기고, 어떤 사람은 '구경열반이니라'고 새기는 것을 본다. 범본은 '궁극적인 열반을 얻었다'는 뜻을 나타낸다.

⑦ '고(故)로 지(知)하라. 반야바라밀다(般若波羅密多) 시(是)는 대신주(大神呪)요 … 일체고(一切苦)를 능제(能除)하나니라'로 새기는 것이 한문투에 맞을 상 싶다. 그러나 범본은 '그러므로 알라. 마하반야바라밀다 큰 진언은 ……'으로 되어 있다. 반야바라밀다 그 자체가 진언이 될 수 없으므로 범본을 따라야 할 것이다.

⑧ '고설반야바라밀다주(故說般若波羅密多呪)'라는 부분이 범본에서는 '진실로 반야바라밀다에서 설한 진언이니라'로 되어 있다. 반야실천이 완성된 피안에 이르러 비로소 체험된 내용을 담은 진실어(眞實語)라는 뜻을 표현하는 것이다.

⑨ 한역본은 진언을 모두 음역하고 있다. 진언의 신비성을 살리기 위함일 것이다. 그러나 주석가들은 거의 모두 그 뜻을 풀이하고 있으며, 그 해석이 천차만별이다. 그럴바에야 차라리 범본의 뜻을 그대로 옮김이 좋을 것이다.

범본은 다음과 같이 해석되는 명확한 문장으로 되어

있다.

"가니 가니 건너 가니 건너편에 닿으니 깨달음이 있네 스바하.

(gate gate pāragate pārasaṃgate bodhi svāhā)."

〈불광, 1979. 4〉

◼ 범본 한글역

마하반야바라밀다심경

모든 것을 아는 부처님께 절하옵니다.

거룩한 관자재보살이 한없이 깊은 반야바라밀다(알아냄이 건너편에 이르는 것)에 행하실 때, 살펴보시니 다섯 가지 근간(온)이 있는데 그들은 자기 성품이 모두 비었음을 보셨느니라.

여기에서 사리불아 색은 빈 것(공)이요 빈 것은 또한 색이니, 색을 떠나 빈 것이 없고 빈 것을 떠나 색이 없어, 색이 바로 빈 것이요 빈 것이 바로 색이다. 느낌과 생각과 결합(작용)과 식별 또한 이와 같다.

여기에서 사리불아 모든 법은 빈 것을 나타내나니 생

하거나 멸한 일이 없었고, 더럽거나 깨끗한 일이 없었고, 모자라거나 가득찬 일이 없었다.

그러므로 사리불아 빈 것에는 색이 없고 느낌·생각·결합(작용)·식별이 없다. 눈·귀·코·혀·몸·의지가 없고 색·소리·냄새·맛·촉감·법이 없다. 눈의 계층이 없고 이어 의지식별의 계층에 이르기까지 없다.

밝힘과 밝힘 아닌 것이 없고 밝힘의 멸진과 밝힘 아닌 것의 멸진이 없으며, 이어 늙고 죽음에 이르기까지 없고 늙고 죽음의 멸진에 이르기까지 없다. 괴로움·집기·멸함·길이 없다. 알음이 없고 얻음과 얻음 아닌 것도 없다.

따라서 얻음이 없는 까닭에 보살에게는 반야바라밀다에 의지하여 머무나니 마음에 가림이 없다. 마음에 가림이 없으므로 두려움이 없고 뒤바뀐 생각을 넘었고 열반을 다하였다.

삼세의 모든 부처는 반야바라밀다에 의지하여 다시없는 바르고 원만한 깨달음을 이루셨다. 그러므로 마땅히 알라. 반야바라밀다의 큰 진언, 큰 밝힘의 진언, 다시없는 진언, 동등함이 없는 진언은 모든 괴로움을 없애주는, 진실로 반야바라밀다에서 설한 진언이니 그것은 다음과 같다.

가테가테 파라가테 파라상가테 보디스바하
(가니가니 건너가니 건너편에 닿으니 깨달음이 있네 스바하.)

발원문

　부처님

　당신의 가르침에 경건히 머리 숙이옵나니 당신은 사람이 잘 살고 못 살고는 신의 뜻이나 운명에 의한 것이 아니라 각자가 짓는 업의 과보임을 설하시어 스스로의 의지로 자기 인생을 힘차게 열어 나가게 하옵니다.

　끝없이 되풀이되는 생사의 괴로움을 두려워하는 사람에겐 그러한 괴로움도 근본 원인은 각자의 마음 속에 깃들어 있는 물질적인 욕심, 진리에 대한 무지, 대립적인 식별에 있음을 설하시어 올바른 이해와 실천으로 그들을 차례로 멸하여 생사의 바다 건너 열반(벗어남)에 고요히 머물게 하옵니다.

　그러나 열반에 머물게 하는 이러한 여러 가지 가르침은 머나먼 수행의 길에서 한때의 휴식을 주기 위함일 뿐 모든 부처님의 진정한 뜻은 뭇 중생에게 궁극적으로는 부처님과 같은 깨달음에 이르게 하는 데에 있노라고 당신은 설하시옵니다.

　룸비니에서 태어나 쿠시나가라에서 열반에 드신다는 것도 중생을 가르치기 위해 짐짓 그렇게 설하실 뿐 실은 아득한 옛 겁에 이미 깨달음을 이루시고 중생과 더불어 항상 이 세상에 머무시며 더럽고 악한 이 땅에 부처 나라를 세우시노라고 당신은 설하시옵니다.

　당신을 보필하는 여러 큰 보살님들도 깨끗한 땅을 버리고 중생 속에 뛰어들어 그들의 괴로움을 덜어줌을 보옵니다. 불교의 진정한 뜻을 더러운 땅에 피는 하얀 연꽃에 비기시는 까닭을 짐작하겠사옵니다.

저희들 어린 무리는 지금까지 숱한 종교와 사상의 어지러움 속에서 갈 길을 못 잡고 방황하더니 이제 당신의 가르침을 만나 진리를 깨닫고 괴로움을 해결하고 인류에게 봉사할 참다운 길을 발견하옵니다. 덧없는 목숨에 고귀한 삶의 가치를 주게 된 이 환희 이 기쁨을 무엇에다 견주리까. 부모님 슬하 같은 당신의 영원한 사랑 속에서 저희들은 이제 외롭지 않사오며 믿고 의지하고 기도하고 참회할 확실한 의지처를 찾았나이다.

소망이 있을 때마다 당신을 부르리니 그때마다 저희들의 착한 의지를 북돋아 주시고, 괴로움이 있을 때마다 당신을 부르리니 그때마다 저희들의 마음에서 번뇌를 여의어 주시고, 편안함에 빠질 때마다 당신을 부르리니 그때마다 지금 이 역사 속에 부처 나라를 실현할 저희들 불교인의 사명을 일깨워 주옵소서.

당신의 한결같은 보살핌을 힘입어 저희들 어린 무리는 깨달음을 구하면서 성실하게 일하고 가정에 충실하고 사회에 봉사하고 법회를 봉행하는 생활인의 불교를 닦아 나가고저 하옵니다.

그릇된 믿음이 어지럽게 행해지고 불교의 참다운 정신도 찾아볼 수 없는 오늘날 부디 저희들의 이 조그마한 뜻을 가꾸어 당신의 바른 법이 다시 이 땅에서 한 떨기 하얀 연꽃처럼 피어나게 하옵소서.

나무 석가모니불
나무 석가모니불
나무 시아본사 석가모니불

참회문

부처님

당신은 저희들께 착한 일에는 행복이 따르고 악한 일에는 불행이 따르는 필연성을 밝혀 깨우쳐 주시고, 살생·도둑질·사음·거짓말·음주의 다섯 가지는 특히 멀리 해야 할 가장 나쁜 일이라고 경계하여 주셨사옵니다.

그러나 당신의 가르침을 받아들여 깨달음을 구하는 성실한 생활을 다짐한 저희들이옵니다만, 오래 익혀온 나쁜 버릇은 쉽사리 버려지지 않고 아는 새 모르는 새 자꾸만 범하게 되는 것을 어쩌지 못하겠사옵니다.

모든 사람이 다같이 평화롭게 살 길을 찾아야 함에도 불구하고, 우선 나만 잘 살면 그만이라는 생각이 항상 앞지르고, 이 뜻에 어긋날 때는 성을 내고, 심지어는 어리석은 생각으로 남의 목숨을 짓밟거나 죽여 버리는 일까지 범하게 되옵니다.

생활에 필요한 물자는 함께 협력하여 생산하고 고루 나눠 가져야 함에도 불구하고, 남보다 많이 가지려는 욕심을 일으키고, 이 욕심이 만족되지 않을 때는 성을 내고, 심지어는 어리석은 생각으로 남의 물건을 몰래 훔치거나 강제로 빼앗는 일까지 저지르게 되옵니다.

순결한 애정과 이성의 결합은 인류의 행복과 번영을 위해 부정되어서는 안될 다시 없는 아름다움임에도 불구하고, 한갖 색정의 쾌락에 탐닉하고, 이 욕구에 응해 주지 않을 때는 성을 내고, 심지어는 어리석은 생각으로 삿된 사랑에 빠지거나 남의 순결을 짓밟는 일까지 범하게 되옵니다.

인간은 말을 통해 의사를 전달하고 행동을 일으키게 되므로 한결같이 그것은 진실하고 똑똑해야 함에도 불구하고, 말이 지닌 이용가치에 탐착하고, 이 뜻이 이뤄지지 않을 때는 성을 내고, 심지어는 어리석은 생각으로 사실을 왜곡하거나 거짓말을 하게까지 되옵니다.

좌절과 고독 등의 마음의 번뇌는 진실한 깨달음의 실현에 의해서만 극복되는 것임에도 불구하고, 망각과 도피로 손쉽게 해결코자 하고, 이것이 여의치 않을 때는 성을 내고 심지어는 술이나 환각제 등에 빠지거나 그것에 중독 되는 일까지 저지르게 되옵니다.

뿐만 아니라 저희들이 처한 현대 사회를 되돌아 볼 때 인류의 탐욕과 분노와 어리석음이 오늘날 어떤 일들을 저지르고 있는가를 한탄하지 않을 수가 없사옵니다. 살인·강도·강간·사기·아편 등의 무서운 범죄가 저희 주변에서 끊임없이 발생하고 있사옵니다.

과학기술의 발달은 가공할 살생무기의 개발에 집중되고, 지나친 생산과 소비는 하나밖에 없는 지구의 자원을 고갈시키고 있사옵니다.

성의 개방은 성의 타락을 가져왔고, 매스컴의 놀라운 보급에도 불구하고 믿을 만한 정보는 없사오며, 사원의 수는 급증하는 데도 바른 법과 진지한 종교인은 찾아 보기가 어렵사옵니다.

당신의 가르침을 외면한 인류는 오늘날 이 지경에 이르고 있사옵니다. 이러한 시대에 살고 있는 저희들로서 그 책임의 일부를 또한 무겁게 느끼지 않을 수가 없사옵니다.

그러나 저희들의 마음 속을 들여다 볼 때 무엇보다도 가장 가증스러운 악함은 자기에겐 별로 허물이 없다고 생각하는 그 오만인 듯 싶사옵니다.

한 몸의 목숨을 위해 얼마나 많은 중생이 아픈 살을 제공하고 있사오며, 한 몸의 편안함을 위해 얼마나 많은 사람들이 힘든 노동을 바치고 있사옵니까. 내 손으로 극악한 일을 하지 않고도 깨끗하게 지낼 수가 있음은, 얼마나 많은 사람들이 대신 그 극악한 일을 해주고 있기 때문이옵니까.

그럼에도 불구하고 자기는 악한 일은 한 일도 없고, 하지도 않을 것이라는 오만한 생각을 일으킬 뿐만 아니라 조금만 선심을 쓰면 이것을 자랑하고 오래 오래 알아줄 것을 바래, 그러지 못할 때는 심히 원망하고 그가 못되기를 바라오니 이 얼마나 가증스런 악함이옵니까.

부처님, 저희들의 허물은 이렇게 한없이 무겁고 무겁사옵니다. 이 막중한 죄를 어찌 감히 너그럽게 용서받기를 바라겠습니까. 받아야 할 과보의 괴로움은 그것이 비록 지옥과 같은 것이라고 할지라도 마땅히 달게 받겠사옵니다. 차라리 그렇게 함으로써 마음이 오히려 가벼워질듯 하옵니다.

다만 저희들이 지금 당신 아래 엎드려 지난 잘못을 슬피 뉘우치며 용서를 비는 뜻은, 이제 남을 위해 조금이라도 봉사의 일을 하지 않고는 배겨낼 수 없는 자신들의 절박한 죄책감 때문이옵니다.

당신의 중생에 대한 사랑과 슬픔은 바다처럼 넓고 어버이처럼 인내로우시기에 저희들은 지금 이렇게 당신 아래 엎드려 슬피 뉘우칠 용기를 가졌사옵니다. 부디 저희들의 이 참회를 받아 주시와 다시 한 번 저희들로 하여금 당신의 가르침 속에서 새로운 출발을 내딛게 하여 주옵소서.

저희들은 더욱 다져진 의지력으로 당신이 경계해 주신 다섯 가지 일을 굳게 지킴은 물론, 그 참다운 뜻을 적극적으로 실천에 옮기고자 하옵니다.

살생을 멀리함에 그치지 않고 한 걸음 더 나아가 모든 사람의 생명을 존중하고, 다 함께 평화롭게 살 수 있는 길을 힘써 찾겠사옵니다.

도둑질을 멀리함에 그치지 않고 한 걸음 더 나아가 서로 힘을 모아 생산하고 고루 나눠 갖는 복지사회를 건설하겠사옵니다.

사음을 멀리함에 그치지 않고 한 걸음 더 나아가 서로 사랑하고 화목하는 즐거운 가정생활을 힘써 꾸리겠사옵니다.

거짓말을 멀리함에 그치지 않고 한 걸음 더 나아가 과감히 진실을 말하고 서로 신뢰할 수 있는 인간관계를 힘써 이룩하겠사옵니다.

음주를 멀리함에 그치지 않고 한 걸음 더 나아가 진실한 깨달음을 구하고 당신의 바른 법이 세상에 오래 오래 머물도록 힘써 정진하겠사옵니다.

부처님, 삼가 진심을 다해 당신께 저희들의 뜻을 이렇게 엄숙하게 약속 드리옵니다. 바라옵건대 이 뜻을 갸륵하게 여기시와 지난 잘못을 너그럽게 용서해 주옵소서.

그리하여 저희들로 하여금 이 세상이 온통 흐리고 더러워도 그에 물들지 않고, 악을 멸해 정의를 실현하는 저 영광스러운 보살의 길을 힘차게 걸어 나가게 하옵소서.

나무 석가모니불

나무 석가모니불

나무 시아본사 석가모니불

후 기

언제인가 필동 선생님댁에 들렸을 때, 선생님께서 책이 나왔다고 하시면서 '현대한국불교의 방향'을 보여주시던 때가 어제 같은 느낌입니다. 선생님께서는 석굴암의 부처님을 처음 뵈었을 때의 감동을 생각하며 책표지를 만들었다고 말씀하셨고, 또한 동아일보의 모기자가 '현대한국불교의 방향'에 대한 서평을 '저자의 참회문과 발원문이 인상적이다'라고 하였다며 미소 지으시던 때가 어제 같은 느낌입니다. 그때가 언제인가 책 뒷장을 찾아보니 1984년으로, 벌써 14년의 세월이 흘렀습니다.

원래 현대한국불교 방향은 경서원에서 지형으로 제작되었고, 그후 선생님께서 입적하신 뒤 일승보살회에서 지형을 인수하여 마스터 방식으로 인쇄를 해왔는데 세월이 흐르고 나니, 글씨의 크기가 좀 작고, 인쇄상태가 나빠졌습니다. 이에 선생님께서 공부하셨던 광륵사의 회보인 '광륵지'에 꾸준히 연재하면서 전산사식하였던 것을 모으고, 일부는 새로 전산사식하여 현대한국불교의 방향을 새로이 출간하게 되었습니다. 현대한국불교의 방향은 14년이 지난 지금 읽어도 항상 새로운 느낌입니다. 올해로 선생님께서 입적하신지 10년이 됩니다. 현대한국불교의 방향이 새로운 활자로 단장되어 대중에게 좀더 쉽게 다가가, 선생님께서 발원하셨던 현대를 이끌어가는 한국불교가 되는데 일조를 할 수 있으면 하는 바램입니다.

그간 교정에 수고하여 주신 지성남 법우, 오치숙 법우, 정의행 법사님, 유춘옥 법우 등 도움을 준 모든 분들께 부처님의 가피가 항상 하기를 기원합니다.

1998년 7월 15일
무등산 광륵사에서 신 능인 합장

2019년 간행본 후기

스승님의 31주기 추모재를 기하여 스승님의 가르침을 많은 불자들과 함께 나누고자 사단법인 일승보살회에서 스승님의 불교시론집(佛敎時論集)『현대한국불교의 방향』을 다시 발간하게 되었습니다.

내용은 변함이 없이 35년 전 그대로이나 읽기 편하도록 글자크기와 서체를 변경하였습니다.

35년 전에 고민하셨던 한국불교의 많은 문제들이 현재도 여전히 진행형으로 남아있는 것 같아 안타깝지만 스승님의 주옥같은 가르침이 단절되지 않고 후학들에게 면면이 이어지기를 바라면서 법공양을 올립니다.

스승님의 가르침이 불자들에게 지혜의 씨앗이 되어 한국불교 속에 부처님의 올바른 가르침이 더욱 깊이 뿌리 내리기를 발원합니다.

이러한 법공양과 발원의 모든 공덕을 법계에 회향하오니 일체 생명들이 부처님과 같은 깨달음을 얻어지이다.

불기 2563년(2019년) 기해년 10월 5일(음 9월 7일)
사단법인 일승보살회 회원 일동